祁学恩 著

烦了
就坐下来喝一杯
清茶

中国商业出版社

图书在版编目（CIP）数据

烦了，就坐下来喝一杯清茶/祁学恩著.--北京：中国商业出版社，2018.3

ISBN 978-7-5208-0183-6

Ⅰ.①烦… Ⅱ.①祁… Ⅲ.①人生哲学-通俗读物 Ⅳ.① B821-49

中国版本图书馆 CIP 数据核字 (2018) 第 016621 号

责任编辑：姜丽君

中国商业出版社出版发行
010-63180647 www.c-cbook.com
（100053 北京广安门内报国寺 1 号）
新华书店经销
北京明月印务有限责任公司印刷

*

720×1010 毫米　16 开　15.5 印张　260 千字
2018 年 5 月第 1 版　2018 年 5 月第 1 次印刷
定价：39.80 元

****

（如有印装质量问题可更换）

前　言

有时，人也有这样的感受，当忙忙碌碌一天下来，真正有时间静下来喘口气的时候，却总是坐立不安，脑子里想得最多的，不是如何安顿身心，稳住心神，享受生活的美好和曼妙，而是一直担心着一些不该担心的事情。为什么这样？主要还是被物欲所累，舍不得、丢不下身外之物。久而久之，眼里，心里，装的都是纷杂的物象，不管属不属于自己，都想据为己有。倘若得到些许，便又不忍放下；倘若未得分毫，便又拼命求之。因而，每天处于焦虑之中，也在所难免。烦了，就坐下来喝一杯清茶，泡茶如人生，需恰到好处;时间短了，茶没有入味，淡了;时间长了，入味太浓，苦了……味因水觉甘美，心因茶而和宁;茶终于

寂静，水终于无音。茶凉时，水静了，水静时，茶清了;时光悠远，世事淡然;有一种情怀，淡香如茶，有一种人生，清澈如水。可是人生并不这样。我想大多数人经历的那些个事情，往往并不起眼，日子就是简单的重复，踏踏实实的经过一天又一天。就算胸怀豪情万丈，走的还是平常的路，过的还是普通的日子，这才是人生。无论是凄风苦雨中的清茶还是山风清朗的甘泉，这都只是插曲，生活终究是生活，平实简单才是生活的基调。

目录
Contents

第一章
品味爱情漂流瓶里的一颗巧克力　/001

第二章
欣赏婚姻常青树上的一丝和风　/031

第三章
给父母教育子女的另一只眼睛　阿陶的烦恼　/061

第四章
留给子女成长感恩的一架纸钢琴　/091

第五章
留给女人美容最有效的一种护肤品　/121

第六章
把握与朋友真诚交往的放大器　/151

第七章
留给我处世修养成为一道亮丽的风景线　/181

第八章
给每一位品尝生活清香怡人的一杯清茶　/211

第一章
品味爱情漂流瓶里的一颗巧克力

/ 第一章 /
品味爱情漂流瓶里的一颗巧克力

爱情，是我们人生中的重要组成部分，不管是豆蔻年华、风华正茂还是耄耋之年，都离不开美好的爱情，它贯穿了我们的一生。爱情是美好的，同时也是苦涩的，因为美好的事物总是来之不易，会有许许多多烦恼和痛苦伴随着它，如果我们在"执子之手，与子偕老"的过程中怀揣着一颗禅心，就像在漂流瓶里放进了一颗巧克力，虽然它不一定是甜的，可我们敢肯定它一定是香气氤氲、沁人心脾的。

1 口能吐玫瑰，也能吐蒺藜

小薇的烦恼

小薇说："小元师傅，因为我的男朋友阿炎一个月都不理我了，我好烦恼啊。"

我说："那，你告诉我他为什么和你闹别扭，总不会无缘无故就不理你了吧？"

"也没有什么特别严重的，我还不是就说了一句话吗？可我也是为他好。"

"你说的什么话啊？让我也听听。"

"也没什么啦，我就说看你整天邋遢的样子，和你在街上一起走都觉得寒碜。"

小元的故事

我说："有一个故事你愿意听听吗？"小薇点点头。

在茂密的山林里，一位樵夫救了一只小熊，老熊对樵夫感激不尽。

有一天樵夫迷路了，遇见了母熊，母熊安排他住宿，还以丰盛的晚宴款待了他。翌日晨，樵夫对母熊说："你招待得很好，但我唯一不喜欢的地方，就是你身上的那股臭味。"

母熊心里快快不乐，说："作为补偿，你用斧头砍我的头吧。"樵夫按要求做了。

若干年后，樵夫遇见了母熊，他问："你头上的伤口好了吗？"母熊说："噢，那次疼了一阵子，伤口愈合后我就忘了。不过那次你说过的话，我一辈子也忘不了。"

我看了看小薇又说，有一位很漂亮的女孩子，失恋以后非常痛苦，你知道为什么吗？因为男朋友分手时对她说："你去死吧！像你这种又丑又蠢的女孩子，谁会要你？"这位失恋的小姑娘受不了这种侮辱，结果寻了短见。

但是，另一位并不太美丽的女孩子就比较幸运，虽然她得了绝症，很痛苦，

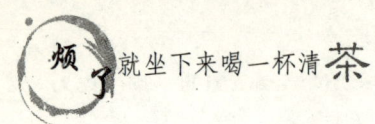

但她的男朋友安慰她说:"人定胜天,因为你很配合医生的治疗,大家都盼着你早日康复呢!"没想到,这位女孩子真的奇迹般地活了下来,而且他们还结了婚,现在过得很幸福。

有时候一句话就是一辈子啊,一个人口能吐玫瑰,也能吐蒺藜。小薇,你能明白吗?

小薇的感悟

小薇说:"我明白了,小元师傅,真正伤害人心的不是刀子,而是比刀子更厉害的东西——语言。我说过之后,也有点后悔,可是我抹不开面子,我该如何来挽救这个错误,如何才能同他和好呢?"

我笑了笑说,还有一个故事。

有一群弟子要去朝圣。

师父拿出一个苦瓜,对弟子们说:"随身带着这个苦瓜,记得把它浸泡在每一条你们经过的圣河,并且把它带进你们所朝拜的圣殿,放在圣桌上供养,并朝拜它。"

弟子朝圣走过许多圣河圣殿,并依照师父的教言去做了。

回来以后,他们把苦瓜交给师父,师父叫他们把苦瓜煮熟,当作晚餐。

晚餐的时候,师父吃了一口,然后语重心长地说:"奇怪呀!泡过这么多圣水、进过这么多圣殿,这苦瓜竟然没有变甜。"

弟子听了,立刻顿悟。

你明白了吗,小薇?

小薇说:"明白了,小元师傅,你是要我努力去做好自己该做的事情,这样苦瓜也能变成甜的。"

轻轻地告诉你

我轻轻地说:"小薇啊,你很聪明,也很可爱,那就按照你所领悟的去做吧。不过我告诉你,苦瓜的本质是苦的,不会因圣水圣殿而改变。而爱情则是苦的,由爱情产生的各种烦恼也是苦的,我们尝过情感与生命的大苦的人不可能告诉别人失恋是该欢喜的事,因为它就是那么苦,这个层次是永远不会变的。可是不吃苦瓜的人,永远不会知道苦瓜是苦的。一般人只要有苦的准备,那么煮熟了这苦瓜,吃它的时候第一口苦,第二三口就不会那么苦了!"

小薇很高兴。我接着又说:"还不仅如此,我们的生命与爱情也是这样的,我们要时时准备受苦，不是期待苦瓜变甜，而是用心认识那苦滋味中的智慧和美好，那才是真正的甜蜜。"

2　不要为生气而种花

小武的烦恼

小武说："小元师傅，我已经失恋一年多了，我好伤心，有时候都恨自己无能，连一个女孩子都无法挽留，我还有什么用呢？亲戚朋友都劝我想开点，可是我无法解脱，好痛苦啊，我不知道该怎么办。"

小元的故事

我说："小武啊，你可没有你的名字坚强啊，我也给你讲个故事好吗？"

小武说好。

从前有一位禅师晚饭后去郊外散步，他遇到一个放声大哭的年轻人。

禅师问年轻人："你为何如此伤心？"

小伙子答道："我失恋了。"

禅师闻听连连抚掌大笑道："糊涂呀糊涂！"

小伙子停住了哭，气愤地质问："我都失恋了，你为什么还如此取笑我？"

禅师摇头道："不是我取笑你，而是你自己在取笑自己啊。"

见小伙子不解，禅师接着说："你如此伤心，可见你心中还是有爱的。既然你心中有爱，那对方就必定无爱，不然你们又何以分手？而爱在你这边，你并没有失去爱，只不过失去了一个不爱你的人，这又有什么值得伤心的呢？我看你还是回家去休息吧。休息好了，赶紧好好工作。该哭的应是那个人，她不仅失去了你，还失去了心中的爱，是多么可悲啊！"

失恋的小伙子听罢破涕而笑，恨自己连这浅显的道理都没看透，于是向师傅鞠了一个躬，转身离去。

在爱情的道路上，每个人都不可能一帆风顺，有时还会遭遇失恋。但是失恋没有什么可怕及痛苦的，更不应该过于悲伤，你能明白吗，小武？

小武的感悟

小武说："我明白了，失恋只不过是失去一个不爱我的人而已，只要心中有爱，就没有失去爱，我有什么可悲伤的呢？不过，我也不知道是怎么搞的，这一

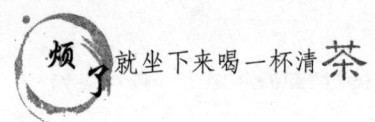

年多来,我就是忘不掉她,做梦都能梦见她,总是无法割舍,一想起将永远失去她,心里就隐隐作疼。"

我说:"小武啊,这是人之常情。我再给你讲一个故事吧。"

金代禅师非常喜欢兰花,在寺旁的庭院里栽植数百盆各色品种的兰花,在讲经说法之余总是全身心地照料。大家都说,兰花好像是金代禅师的生命。

一天,金代禅师因事外出。有一个弟子接受师父的指示,为兰花浇水,但不小心将兰花架绊倒,整架的兰花盆都被打翻了。

弟子心想,师父回来看到心爱的兰花这番景象,不知要愤怒到什么程度?于是就和其他师兄弟商量,等禅师回来后勇于认错,并且甘愿接受任何处罚。

金代禅师回来后,看到这种情况后却一点也没生气,反而心平气和地安慰弟子道:"我之所以喜爱兰花,为的是要用香花供佛,并且也为了美化禅院的环境,并不是想生气才种啊!世界上的一切都是无常的,不要执着于心爱的事物而难割舍,那并不是禅者的行径!"

金代禅师的"不是为生气而种花"的禅功,深深地感染了弟子。弟子放下了一颗忐忑的心,更加精进于修行了。

小武听到这里,高兴地说:"谢谢小元师傅,我明白了,我们不是为了生气才恋爱的,爱情不是为了伤心才去进行的,即便是心爱的东西失去了,我们也不能一味沉溺于伤心和留恋之中。我会振作起来的!"

轻轻地告诉你

我轻轻地说:"是啊,金代禅师不是为生气而种花,同样,我们也不能为生气和伤心去做某一件事、爱某一种物、爱某一个人。要知道,世间的事物总是变化无常,我们不必执着于既已失去的心爱的事物而难以割舍。毕竟,我们喜爱一种事物的初衷并不是因为失去它时要伤心。不仅仅是爱情,我们人生中的很多东西都是这样,既然这些事物或人已经失去,就不要难以割舍,不妨由它去吧。只有这样,调整了自己的心态,我们的人生才会没有那么多的烦恼和痛苦,才会充满了快乐,才能拥有真正美好的事物。"

3 恰当使用你手里的小蜘蛛丝

依依的烦恼

依依苦恼地说:"小元师傅,我和我爱人阿陶爱得很深,可他总是说我自私,只顾自己不顾别人,结果我们闹僵了,我现在已经在娘家住了很长时间,我要让他尝尝说话不负责任的后果。可是有时候我想孩子,想回去,但又总是拉不下面子,吃什么都不香,好烦躁啊,我不知道该怎么办。"

小元的故事

我说:"依依大姐啊,你爱人到你娘家找过你吗?"

"没有。"

"这就对了。"

"小元师傅,人家是诚心向你求助,你怎么能这样嘲笑我呢?"

我说:"如果你要是诚心的话,你早就应该自己回家了,知道你为什么没有回去,你爱人为什么没有来央告你回去吗?因为他说得没错。你本身一生气撒下孩子和爱人,一个人回娘家,本身就是只顾念自己而不顾念别人,你知道这样做的后果吗?"

依依面露愧色。我说我给你讲个故事吧。

有一天,佛祖在地狱的井口往下望,只见无数生前作恶多端的人正因自己的邪恶而饱受地狱之火的煎熬,脸上的表情无比痛苦。

正在这个时候,一个强盗看到了慈悲的佛祖,马上祈求佛祖救他。佛祖知道这个人生前是个无恶不作的大盗,他抢劫他人财物、任意屠杀生灵,但他也不是一件善事都没做过。有一次,在他走路的时候,正要踩到一只小蜘蛛,突然心存善念,动了恻隐之心,移开脚步,放过了那只小蜘蛛,这是他一生中做过的罕见善事。

想到这里,佛祖认为他还有一丝善心,于是决定用那只小蜘蛛的力量来救他脱离苦海。

佛祖从井口垂下去一根蜘蛛丝,大盗拼命抓住了那根蜘蛛丝,然后用尽全力向上爬。可是其他在井中接受煎熬的人看到这样的机会,都蜂拥着抓住了那根蜘蛛丝,无论大盗怎么破口大骂,他们就是不肯松开双手。

蜘蛛丝上的人越来越多了,大盗担心蜘蛛丝太细,不能承受这么多人的重

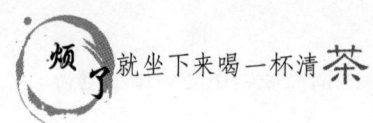

量,从而将自己脱离苦海的唯一希望毁坏,于是便用刀将自己身后的蜘蛛丝砍断了。结果,蜘蛛丝突然消失了,所有人又重新跌入了万劫不复的地狱。大盗连最后的一点怜悯之心都没有,所以佛祖也放弃了对他的怜悯之念。

在生活中经常会遇到这样那样的事情,只顾念自己而不顾念别人,甚至连别人的感受都不顾,或者连一句话都不让爱人说,那你手中的蜘蛛丝就会消失。

依依的感悟

依依说:"我明白了,小元师傅,只顾念自己的人同样不会得到别人的顾念,就像我现在这样,由于我经常不顾念他,他现在根本就不来接我了。我现在就回去找我的爱人和孩子。"

依依说完便高高兴兴地走了,可是没过一个月她又回来了,她说:"小元师傅,我听了你的话回去后,对阿陶无微不至地关怀,什么都听他的,什么事情都顺着他、顾念他,可是昨天他突然对我发火,说你别这样好不好,我都受不了你了。"

我听她委屈地说完后回答道,你这是没有恰当运用佛祖给你的蜘蛛丝啊。那好吧,我再给你讲一个故事。

有一天,佛光老禅师见到克契禅僧,问道:"岁月匆匆,你来这里学禅已有十二个春秋了,但你怎么从来不向我问道呢?"

克契禅僧回答:"老禅师每天都很忙,学僧我实在是不敢打扰啊。"

时光飞逝,一晃又是三年过去了。

佛光禅师在路上又遇到了克契禅僧,又问:"你在参禅修道上,有什么问题吗,怎么不来问我呢?"

克契禅僧回答:"老禅师很忙,学僧不敢随便同您讲话啊!"

很快又过了一年,克契学僧经过佛光禅师禅房外面,禅师再次对克契禅僧说:"你过来,今天有空,请到我的禅室谈谈禅道。"

克契禅僧赶快合掌作揖说:"老禅师很忙,我怎么敢随便浪费您老的时间呢?"

佛光禅师见克契禅僧过分顾念别人,这样下去,再怎样参禅也是不能开悟的。于是,佛光禅师决定采取主动的做法。

佛光禅师又一次遇到克契禅僧时,问:"学道坐禅,要不断参究,可是,你为什么老是不来问我呢?"

克契仍然说:"老禅师,您很忙,学僧不便打扰啊!"

佛光禅师当下大声喝道:"忙!忙!你为谁在忙呢?我也可以为你忙呀!"

佛光禅师这一句"我也可以为你忙",直指克契禅僧的内心,他立刻便恍然大悟。

"依依大姐啊,你是否明白了呢?"

依依说:"小元师傅,你的意思是不是顾念别人没有错,但是在顾念别人的同时也要顾念一下自己?恰当处理好自己在爱情中的位置,爱情才不会出现烦恼?"

轻轻地告诉你

我轻轻地说:"是的,依依大姐。佛祖给了你一根救命的蜘蛛丝,目的就是为了救你出苦海,可是你却让给了别人,这本身是值得赞扬的,但你也不能自己不出来啊,这不就是违背了佛祖的初衷了吗?!恰当使用手中的蜘蛛丝,爱情才会达到真正的和谐。"

依依点点头。

我接着说:"还不只是在爱情中如此,在我们的人生当中这样的事情有很多,想当年如果雷锋在救助别人的同时也顾念一下自己,没有牺牲生命,他活到现在又会为别人做多少好事啊,是不是?所以顾念别人是没有错的,但也要有顾念自己之心。如果只顾别人而不顾自己,虽可见我们的爱人之心,却不能善待自己,我们也就失去了更多顾念别人的机会。"

4 给不了鲜花,就给把凳子

阿甘的烦恼

阿甘说:"小元师傅,最近我的爱人阿珠总是因为一点鸡毛蒜皮的小事情和我争吵,我现在都开始怀疑我们之间到底有没有爱情了,我不知道该如何处理。你不知道,她总是刚刚和我吵完就向我道歉,我根本就转不过弯来,令我无比烦闷,你说我该怎么办?"

小元的故事

我说,阿甘老板,你先别急,听我给你讲个故事。

这一天,天刚破晓,马居士就兴冲冲地抱着一束鲜花和供果赶到大佛寺参加寺院的早课。

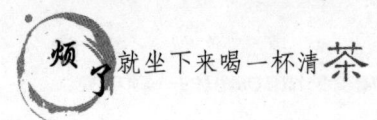

可是，其刚踏进大殿，左侧便突然跑出一个人，正好与马居士撞个满怀，将他捧着的水果撞翻在地。马居士看到满地的水果忍不住叫起来："你看！你这么粗心，把我供佛的鲜花全部弄坏了，你得给我一个交待！"

那个人是刘居士，也是来参加早课的，他道歉中带有责怪，说："都已经撞翻了，顶多说一声对不起就够了，你干吗那么凶啊？"

马居士十分生气："你这是道歉吗？什么态度？自己错了还要怪人吗？"

接下来，两个人互相咒骂起来，相互指责的声音越来越大。

广圄禅师正好经过这里，问明原委后说："刘居士莽撞的行为是不应该的，道歉的态度是欠缺自然和诚恳的；但是马居士明知道人家这个时候面子上过不去，道歉自然欠缺随和，还不肯接受别人的道歉也是不对的。这都是愚蠢不堪的行为。能坦诚地承认自己的过失并及接受别人的道歉，才是智者的举止。"

我说："阿甘你在听吗？"

阿甘的感悟

阿甘说："我在听，小元师傅，我是在边听边思考：生活中有很多事情等着我们去做，我们没有必要把宝贵的时间浪费在无谓的争执上。因此，我们既要敢于坦诚地承认自己的过失，又要有接受别人道歉的雅量，为了一点小事没有必要做无谓的争吵。"

我说："对，人非圣贤，孰能无过？过而能改，善莫大焉。我们不能忘了自己是来干什么的，我们是来献花的，怎么可以因为一点小事情吵架而误了大事呢？"

阿甘说："那么，小元师傅，我该如何去做呢？"

我说，我再给你讲一个故事。

唐朝开元年间有位梦窗禅师，渡船刚要离岸，远处来了一位骑马佩刀的将军，大声喊道："等一等，等一等，载我过去。"他一边说，一边把马拴在岸边，拿了鞭子朝小船走来。

船上的人纷纷说道："船已经开了，不能回头了，干脆让他等下一班船吧。"船夫也大声喊道："请等下一班船吧。"将军非常失望，急得在水边团团转。

这时，坐在船头的梦窗禅师对船夫说道："船家，这船离岸还没有多远，你就行个方便，掉过船头载他过河吧。"船家一看，是位气度不凡的出家师傅开口求情，就把船开了回去，让那位将军上了船。

将军上了船后，就四处寻找座位，无奈座位已满。这时，他看到了坐在船头佛光禅师当下大声喝道:"忙!忙!你为谁在忙呢?我也可以为你忙呀!"

佛光禅师这一句"我也可以为你忙",直指克契禅僧的内心,他立刻便恍然大悟。

"依依大姐啊,你是否明白了呢?"

依依说:"小元师傅,你的意思是不是顾念别人没有错,但是在顾念别人的同时也要顾念一下自己?恰当处理好自己在爱情中的位置,爱情才不会出现烦恼?"

轻轻地告诉你

我轻轻地说:"是的,依依大姐。佛祖给了你一根救命的蜘蛛丝,目的就是为了救你出苦海,可是你却让给了别人,这本身是值得赞扬的,但你也不能自己不出来啊,这不就是违背了佛祖的初衷了吗?!恰当使用手中的蜘蛛丝,爱情才会达到真正的和谐。"

依依点点头。

我接着说:"还不只是在爱情中如此,在我们的人生当中这样的事情有很多,想当年如果雷锋在救助别人的同时也顾念一下自己,没有牺牲生命,他活到现在又会为别人做多少好事啊,是不是?所以顾念别人是没有错的,但也要有顾念自己之心。如果只顾别人而不顾自己,虽可见我们的爱人之心,却不能善待自己,我们也就失去了更多顾念别人的机会。"

4 给不了鲜花,就给把凳子

阿甘的烦恼

阿甘说:"小元师傅,最近我的爱人阿珠总是因为一点鸡毛蒜皮的小事情和我争吵,我现在都开始怀疑我们之间到底有没有爱情了,我不知道该如何处理。你不知道,她总是刚刚和我吵完就向我道歉,我根本就转不过弯来,令我无比烦闷,你说我该怎么办?"

小元的故事

我说,阿甘老板,你先别急,听我给你讲个故事。

这一天,天刚破晓,马居士就兴冲冲地抱着一束鲜花和供果赶到大佛寺参加寺院的早课。

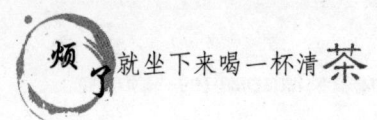

可是，其刚踏进大殿，左侧便突然跑出一个人，正好与马居士撞个满怀，将他捧着的水果撞翻在地。马居士看到满地的水果忍不住叫起来："你看！你这么粗心，把我供佛的鲜花全部弄坏了，你得给我一个交待！"

那个人是刘居士，也是来参加早课的，他道歉中带有责怪，说："都已经撞翻了，顶多说一声对不起就够了，你干吗那么凶啊？"

马居士十分生气："你这是道歉吗？什么态度？自己错了还要怪人吗？"

接下来，两个人互相咒骂起来，相互指责的声音越来越大。

广圄禅师正好经过这里，问明原委后说："刘居士莽撞的行为是不应该的，道歉的态度是欠缺自然和诚恳的；但是马居士明知道人家这个时候面子上过不去，道歉自然欠缺随和，还不肯接受别人的道歉也是不对的。这都是愚蠢不堪的行为。能坦诚地承认自己的过失并及接受别人的道歉，才是智者的举止。"

我说："阿甘你在听吗？"

阿甘的感悟

阿甘说："我在听，小元师傅，我是在边听边思考：生活中有很多事情等着我们去做，我们没有必要把宝贵的时间浪费在无谓的争执上。因此，我们既要敢于坦诚地承认自己的过失，又要有接受别人道歉的雅量，为了一点小事没有必要做无谓的争吵。"

我说："对，人非圣贤，孰能无过？过而能改，善莫大焉。我们不能忘了自己是来干什么的，我们是来献花的，怎么可以因为一点小事情吵架而误了大事呢？"

阿甘说："那么，小元师傅，我该如何去做呢？"

我说，我再给你讲一个故事。

唐朝开元年间有位梦窗禅师，渡船刚要离岸，远处来了一位骑马佩刀的将军，大声喊道："等一等，等一等，载我过去。"他一边说，一边把马拴在岸边，拿了鞭子朝小船走来。

船上的人纷纷说道："船已经开了，不能回头了，干脆让他等下一班船吧。"船夫也大声喊道："请等下一班船吧。"将军非常失望，急得在水边团团转。

这时，坐在船头的梦窗禅师对船夫说道："船家，这船离岸还没有多远，你就行个方便，掉过船头载他过河吧。"船家一看，是位气度不凡的出家师傅开口求情，就把船开了回去，让那位将军上了船。

将军上了船后，就四处寻找座位，无奈座位已满。这时，他看到了坐在船头的梦窗禅师，于是拿起鞭子就打，嘴里还粗野地骂道："老和尚，快走开。没看见你大爷上船了吗？快把座位让给我。"这一鞭正好打在梦窗禅师的头上，鲜血顺着他的脸颊汩汩地流了下来。禅师一言不发，把座位让给了那位将军。

看到这一切，大家心里既害怕将军的蛮横，又为禅师抱不平，人们纷纷窃语："这位将军真是忘恩负义，禅师请求船夫回去载他，而他不仅抢了禅师的位子，还打人家。"从大家的议论声中，将军明白了一切。他心里非常惭愧，懊恼不已，但身为将军，他又不好意思认错。

不一会儿，船到了对岸，大家都下了船。梦窗禅师默默地走到水边，洗掉了脸上的血污。此时，那位将军再也忍受不住了，他走上前，忏悔地说："禅师，我真对不起您。"

谁知，梦窗禅师不仅没有生气，反而心平气和地说："不要紧，我知道你为了和平在经受战争的磨难，难免心情不好。你那么辛苦，把凳子给你是应该的啊。"

阿甘听到这里，恍然大悟，说："我明白了，如果在爱情和生活中我们都能够给对方多一点宽容、多一点理解和尊重，那么世界上就会少一些怨恨和矛盾，人与人之间会相处得更好。"

轻轻地告诉你

我轻轻地说："是的阿甘。'如果爱人打了我的左脸，我应该把右脸也伸过来给她。'这不是退让和怯懦，也不是思想愚昧，而是人性中的宽容与理解，也是给爱人的一种特殊的爱，但是给的时候却不能赌气地给，要微笑着给。我们生活在这个世界上，必须协调的生活层面太多了，比如，在社会上，如何与亲朋好友取得协调；在教育上，如何与师长们取得沟通；在经济上，如何量入为出；在家庭上，如何培养夫妻、亲子的感情；在生活上，如何使身体健全；在精神上，如何选择自己的生活方式，能够如此才不会辜负我们宝贵的生命。想想看，为了一点小事就破坏了多少年来积累的感情和相爱的心境，值得吗？给对方一点宽容和理解，就会自然而然地消除怨恨与烦恼，爱情也就会随之变得美好而有情趣起来。"

5 女影星的距离之美

小薇的烦恼

小薇说："我又来了，因为最近我发现阿炎没有以前对我好了，我觉得他对

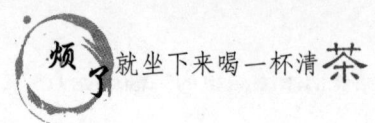

我们的朋友，甚至一个陌生人都比对我好，我越是要求他对我好，他就越是冷淡我，他好像有逆反心理一样，烦死我了，你快救救我吧小元师傅。"

小元的故事

我说："谁也救不了你，要救还得你自己。"小薇说："我不明白你的意思，我就是因为不知道怎样救自己才来找你的。"我说："我更救不了你，你应该静下心来好好想想为什么会出现这样的情况。"

小薇一听我不管她，竟然哭了起来。我说，那好吧，我给你讲个故事。

宋朝的雪窦禅师喜欢四处云游访学，这天禅师在淮水旁遇到了曾会学士。

曾会问道："禅师，您要到哪里去？"

雪窦很礼貌地回答道："不一定呢，也许会去往钱塘，也许会到天台那边去看看。"

曾会建议道："灵隐寺的住持珊禅师跟我交情甚笃，我写封介绍信给您，您带去交给他，他一定会好好招待您。"

于是，雪窦禅师来到了灵隐寺。但他并没有把曾会的介绍信拿出来给住持过目，而是潜身在普通僧众之中过了3年。

3年后，曾会奉令出使浙江时，便到灵隐寺去找雪窦禅师，但寺僧却对他说不知道有这么一个人。曾会不信，便自己去云水僧所住的僧房内，在1000多位僧众中找来找去，好不容易才找到雪窦。曾会不解地问道："为什么您不去见住持而隐藏在这里？是不是我为你写的介绍信丢了？"

雪窦禅师微笑着回答道："不敢，不敢。我只是一个云水僧，一无所求，所以我不会做你的邮差的！"

说完拿出介绍信，原封不动地交还给了曾会，两人相视而笑。曾会随即将雪窦引荐给住持珊禅师，珊禅师甚惜其才。后来，苏州翠峰寺缺少住持，珊禅师就推荐了雪窦去任职。在那里，雪窦终成一代名僧。

讲完这个故事，我说："小薇啊，你知不知道你对阿炎的要求太多了，也就是说奢望越大，你得到的就越少，你现在明白了吗？"

小薇的感悟

小薇说："我明白了，反过来也就是说，越是无所奢求，得到的反而会越多。"

我说："对，俗语说，知足常乐，无欲则刚。在生活中，只有那些无所奢求的人才能够活得开心、过得幸福。你如果爱他，就应该无所奢求地为他付出，真心地对他好。"

小薇一听兴高采烈地回去了，可是不久又回来了。她哭着说："我回去按照你说的去做了，不去想他对我好不好，只管自己对他好，刚开始几天果然像你说的那样，他对我非常好，我们无话不谈、亲密无间，可是后来，我发现他又有点腻烦了，我好心烦啊。"

我说，不要哭小薇，我再给你讲个故事。

一名富翁如愿以偿地娶到了一位美丽的女影星。在新婚之夜的洞房里，他们深情款款地注视着对方。

新郎说："咱们既然做了夫妻，就该以诚相待。我有几个私人的小秘密要告诉你，请你不要吃惊。"

新娘风情万种地浅浅一笑："谁没有几个小秘密啊。既然你肯把隐私告诉我，我也决定把我的小秘密告诉你。"

新郎用手抓下了头顶上的发套，对新娘说："其实我已经秃顶了。"

没想到新娘把一头长发也随手摘了下来："这有什么大惊小怪的，我生来就是全秃的。"

见新郎盯着自己的秃头发愣，新娘主动坦白道："你看我的双眼皮漂亮吗？其实是人工割的。"

新郎毫不吃惊："这不算什么，你看我的左眼——"他边说边把自己的左眼从眼眶里取了出来，原来他的左眼是假的。

新郎接着说："不但是我的左眼，我的牙也是假的。"

新娘听了不以为然："我的鼻子已经隆过五回了。"

新郎说："我脸上的皱纹是通过手术拉平的。"

新娘欲言又止，过了一会儿才说："我也不瞒你了，其实我这漂亮的脸蛋是整了8次容才整成这样的。"

新郎边脱上衣边说："我的心脏是靠搏起器才能维持跳动的。"

新娘也脱下乳罩："我是做了隆胸手术后胸部才这么丰满的。"

新郎的动作慢下来："既然你这么坦白，我把我最大的秘密也告诉你吧。由于经济危机的爆发，我已经快破产了。"

新娘也像下了最大的决心："本来我不想让人知道，但你对我这么好，我就告诉你好啦，其实我原来不是女人，我是做了变性手术的……"

第二天，两个人就离婚了。

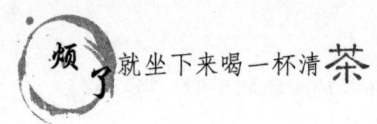

我的故事把小薇讲得目瞪口呆!她说:"小元师傅,不会这么惨吧?"我说:"那如果要是这么惨呢?如果这是你呢?阿炎对你那么好,你会对他说吗?"

小薇不知道该如何回答。

轻轻地告诉你

我说:"无论是在现实生活中还是在爱情中,我们每个人都拥有自己的秘密或隐私,我们有权保留,也有权告诉别人。即使你和别人彼此之间非常真诚,但有些秘密还是不说为好,说了反而失去了距离之美。当然,这并不是让我们人与人之间设防、不真诚待人,特别是对自己的心上人,更不能虚伪和不真诚,我说的是保留那么一小点秘密,保持那么一点小距离,你就会更清醒地看清你自己和对方,真诚及亲密不能过头,过于真诚和亲密就会使彼此失去距离之美。"

6 巢里果没少,油灯随它灭

依依的烦恼

依依说:"小元师傅,我最近和阿陶的隔阂越来越大了。"我说:"为什么呢?"依依说:"我觉得他的工资没有全部交给我,好像还留了一部分。有一次我到他们公司,发现他和一名女同事说说笑笑的,我怀疑他们有什么暧昧关系,肯定是把工资花在她身上了。"

我说:"你落实清楚了吗?你跟他谈过没有?"

依依说:"没有,他已经快半个月没有同我说过话了,这哪儿还有什么爱情可存啊?"

小元的故事

在很久以前,有一对比翼双飞的鸽子,恩恩爱爱栖居于一个巢穴中。在果实成熟的秋天,它们同心协力,辛勤地采集着果实,将整个鸽巢都积满了丰润的鲜果。两只鸽子心满意足,和睦欢快地过着日子。

可是,此后很长一段时间,天未下雨,在干燥的气候下,巢中的果实水分减少,变得干瘪,满满的一巢果子便缩成了半巢。

雄鸽十分发现巢中的果子只有半巢,心生恼怒,认为果子一定是被雌鸽偷吃了。

/第一章/
品味爱情漂流瓶里的一颗巧克力

于是，雄鸽嗔怒地斥责雌鸽："采集果实那么辛苦是为了以后没有食物时做准备，而你却偷吃了一半，实在是太不应该了！"

雌鸽一听感到很委屈，连忙争辩说："我根本就没有偷吃果子，果子是自己变少的！"

雄鸽认为雌鸽是在狡辩，便更加生气了。它怒睁圆眼，大声叫道："果子怎么会自己减少呢？一定是你偷吃了！"

雄鸽不由分说，就用它那尖利的嘴使劲地乱啄雌鸽，雌鸽无可奈何，只得独自飞走了。

没过几天，天降大雨，雨水淋湿了鸽巢，巢中的果子得到了雨水的滋润，一个个又都膨胀饱满起来，慢慢地恢复到原来的样子，盈满了鸽巢。直到这时，雄鸽才恍然大悟，原来是自己冤枉了雌鸽。

雄鸽越想越后悔，禁不住内心的悲伤，向着无垠的天空凄惨地叫道："雌鸽啊，你在哪里？雌鸽呀，你往何方去了呢？"

雄鸽的悲鸣就这样在林间不停地飘来飘去，可是回答它的却只有风声雨声。

依依的感悟

我的故事还没有讲完，依依就说："明白了，雄鸽只凭主观判断而酿成了大错，你的意思莫非是说，我也是在进行着主观臆断？"

我说："对，好在你现在还没有说出去伤害到他。你要知道，判断是非一定要在做好了调查工作，掌握了确切的证据之后再下结论。如果阿陶这一个月确实是只发了那么多工资呢？还有，同事之间工作上的交谈也是正常的，你为什么偏偏要那么想呢？你要记住，遇事切不可凭主观判断、固执己见，否则只会酿成大错，到时候后悔都来不及。"

依依说："多谢小元师傅指点，幸亏我还没有和他直接谈就先来找你了。可是他半个多月都不和我说句话，总是不应该的吧，爱情可不是此处无声胜有声啊。"

我说："依依大姐你想想，如果你要是没有遇见我，那你又要去找谁呢？其实你找我是没有什么用处的，关键是你得学会找你自己。这样吧，我再给你讲一个故事吧。"

过去，有四个和尚为了修行，参加了禅宗的"不说话修炼"。

四个和尚当中，有三个道行较高，只有一个道行较浅。由于该修炼必须点灯，所以点灯的工作就由道行最浅的和尚负责。

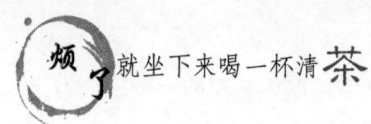

"不说话修炼"开始后,四个和尚就盘腿打坐,围绕着那盏灯进行修炼。经过好几个小时,四个人都默不作声。因为这是"不说话修炼",无人出声说话是很正常的现象。

油灯中的油愈燃愈少,眼看就要枯竭了,负责管灯的那个和尚见状大为着急。此时,突然吹来一阵风,灯火被风吹得左摇右晃,几乎就快熄灭了。

管灯和尚实在忍不住了,他大叫道:"糟糕!火快熄灭了。"

其他三个和尚原来都在闭目打坐,始终没有说话。听到管灯和尚的喊叫声,道行在他上面的第二个和尚立刻斥责他说:"你叫什么!我们在做'不说话修炼',怎么开口说话。"第三个和尚闻声大怒,他骂第二个和尚说:"你不也说话了吗?太不像话了。"第四个道行最高的和尚始终沉默静坐。可是,过了一会儿,他就睁眼傲视另外三个和尚说:"只有我没有说话。"

四个参加"不说话修炼"的和尚,为了一盏灯,先后都开口说话了。最好笑的是,有三个"得道"的和尚在指责别人"说话"时都不知道自己也犯下"说话"的错误了。

依依听到这里说:"你的意思是他不和我说话,我也有错?"

轻轻地告诉你

我笑了笑说:"依依大姐,你能认识到自己的错误,这很好。我并不是说全是你的过错,你的爱人也有过错,也可能是他工作中遇到了不顺利的事情,心里烦闷,怕一和你说话,惹你生气,所以才犯了不和你说话的错误。当别人做错了事的时候,我们会指责人家,可是我们在指责别人的时候自己也应该被指责,但我们却忘了指责自己。我要说的是,当我们在指责别人之前,应先想想自己该不该受指责。"

7 纸包不住火,鹦鹉也要救

艾老的烦恼

艾老太太说:"小元师傅,我有一件事情已经藏在心里几十年了,也折磨了我几十年。"

我说:"那你还不赶紧放下?"

艾老太太说:"当年我老头子老赵喜欢的是我的双胞胎姐姐,但是我却非常爱老赵,于是在我的苦苦哀求之下,我冒充姐姐嫁给了老头子,这么多年我的心里一直都跟有个石头似的。最近老赵病了，我突然有了想向他说的想法，可是又怕都已经过一辈子了，到老了再失去他，心里好烦闷。"

小元的故事

我说："艾老太太，我能理解这种幸福和痛苦交织在一起的折磨，你听我给你讲一则故事好吗？"

从前有一只孔雀，有一天飞到一个染匠家里，不小心掉进了一个金色的染缸里。染匠看见了，想从缸里把它捉住。孔雀一看慌忙飞走，但是由于羽毛湿了，飞不高，起起落落的，全身弄得都是尘土。它看到自己身上肮脏不堪，就跳进河里洗了个澡。从河里出来，它身上的毛色都变得像金子一样灿烂。

其他孔雀们看见它的毛色和平常的孔雀不一样，很是奇怪，就问它："你是什么孔雀？"

金色的孔雀回答道："我是天帝敕封的使者，天帝敕封我做禽兽之王。"

孔雀们心里想："它的样子虽是只孔雀，可是毛的颜色却同我们不一样。"孔雀们便把这事报告了狮子，狮子又把这事报告给了大狮子王。大狮子王立即派一位使者去察看虚实。使者看见那金色的孔雀坐在大白象的身上，禽兽们都围绕着它，就好像是在侍候兽王一样。使者看过后，回到了大狮子王跟前，把这一情形详细报告给大狮子王。大狮子王听了报告，便带着军队来到那里，看见孔雀正坐在大白象身上，群兽围绕，老虎、豹等猛兽跟在它的左右，其余的那些小孔雀只能远远地躲在一边。

大狮子王心里很不高兴，便想了个办法，从孔雀群中选派了一只孔雀，叫它去找那孔雀王的母亲。这孔雀在山中找到了孔雀王的母亲。孔雀使者回来后，对其他孔雀说："它的确是普通的孔雀，不是王种，我在山中亲眼看见了它的母亲。"

孔雀们说："我们可以去试一试。"便走近了那孔雀王。孔雀们有这样一条规矩，只要有一只孔雀叫，其余孔雀若不跟着叫，身上美丽的羽毛就会脱落，于是孔雀们便叫了起来。孔雀王心里想：我要是不叫，毛就会掉落。要是从象背上跳下来叫，必定会被象杀死。我今天要叫，也宁可在象背上叫。

它只好也跟着叫起来。大象一听到它的叫声，知道它只是一只普通的孔雀，就用鼻子把它抓了下来，用两只脚把它踩死了。

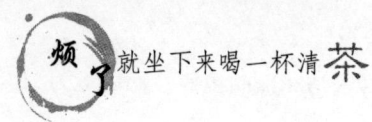

艾老的感悟

艾老太太此时已经听得老泪纵横，说："小元师傅，你别说了，我知道纸是包不住火的，欺骗总会败露，我会向老赵说出实情。"

我说："是啊，欺骗别人可能会一时得逞，但事情总会有败露的时候，那时不但威信扫地，还可能会带来更严重的后果。所以，做人做事还是坦坦荡荡的好。"

艾老太太心里放下了包袱，轻轻松松地回去了，可是没过几天，她又愁容满面地来了。她说："小元师傅，我回去告诉了老头子，你猜他怎么说？他说他和我结婚的那一天夜里就知道了，只是一直都没有说破，怕伤我的心。你不知道我有多高兴。可是没有高兴几天，老头子的病检查出来结果了，是癌症。我心里就没有了着落，所以又来问你，你说我这次是向给他说实话好呢，还是说谎好呢？我不知道该如何办？"

我说，那我就再给你讲个故事吧，艾老太太。

从前，有一个贫穷的沙门。他穷得一无所有，终日以乞讨为生，但他是个虔诚的佛教徒，从不伤害生灵，甚至不惜牺牲自己。

有一次，这个沙门一连三天都没吃到一点儿东西，饿得头昏眼花。他路过一个人家，便跌跌撞撞地走进去讨饭。这是一个富商之家，家里富丽堂皇，陈设极其考究。女主人见他饿得可怜，便令佣人摆上丰盛的饭菜款待他。这沙门大喜过望，独自狼吞虎咽地吃了起来。

这家的男主人是个珠宝收集者，经常会高价收购来自世界各地的奇珍异宝，家里珍藏的名贵珍宝应有尽有，简直成了珠宝陈列馆。

这天回家，他兴高采烈地拿回一颗珍珠，这是颗光彩照人、价值连城的珍珠。他兴冲冲地走进房内，只见有一个沙门在独自吃饭，便把珠子放在桌上，转身进内室去换衣服。就在他刚刚转身离开的时候，家里养的一只鹦鹉飞了过来，一口将那颗珍珠吞在肚里。

不一会儿，男主人换好衣服和妻子一起出来了。他忽然发觉那颗宝贵的珍珠不见了，便急忙向沙门问道："那珠子哪儿去了？"

沙门一听愣住了，随即回答道："什么珠子？我没看见啊。"

男主人又追问道："那么，可曾有人来过吗？"

沙门回答："不曾有人来过。"

于是男主人勃然大怒，说道："我刚才明明把珠子放在桌上，而这里除你之外再无一人，珠子转眼之间就不见了，肯定是你偷的！你这没良心的家伙，我们

第一章
品味爱情漂流瓶里的一颗巧克力

好心好意地布施饭菜招待你,你却恩将仇报偷人家东西。今天你老老实实地把珠子交出来,我就饶你一命,否则就把你活活打死!"

沙门闻言并未惊慌,反而坚定地说道:"我没拿,绝非是我拿的!"

男主人听罢大怒,抄起一根木棒,劈头盖脸地向沙门打去。沙门被打倒在地,鲜血直流。

此时,那只吞了珠子的鹦鹉正飞过来饮水,恰好与男主人挥舞的木棒相撞,当即被击中身亡。这时,沙门说:"住手!我告诉你吧,是这只鹦鹉吞了你的珍珠。"

男主人一听,忙吩咐仆人把鹦鹉的肚子剖开,果然取出了那颗珍珠。男主人手持珍珠,奇怪地问道:"你明知是鹦鹉吞了,可你为什么不早说呢?也免得受此皮肉之苦。"

沙门回答道:"我持佛戒,不得杀生。本想告诉你真相,又担心鹦鹉遭剖腹之祸。现在鹦鹉已经死了,说出来也无所谓了。如果鹦鹉未死,你就是打死我,我也不会讲的。"

男主人听罢,内心十分惭愧,连连向沙门赔礼道歉。而沙门却平静得像不曾发生过此事一样,脸上毫无怒色。

艾老太太听罢说:"我明白了,沙门是为了心中的鹦鹉不遭受残害才不得不说谎的,这时候他的谎话是善良的谎言。也许因为它的一句谎话,就可以救鹦鹉的性命,所以他宁愿自己遭受毒打和痛苦也不愿意讲出真相,我知道该怎么做了。"

轻轻地告诉你

虽然艾老太太因为明白了我故事的含义而心中有所明朗,但是又为她老伴的病情担心,我体察以后说:"你说得很对,每个人心中都有善念,每个人也应该诚实地说出一些事情的真相。但有些真相说出来后,往往会导致善念的毁灭。假如你要是说出来真相,也许你的老伴就会从此一蹶不振、精神颓废,那么你心中美好的那份追求也就会从此毁灭,而当你决定要接受说谎的折磨,来给老伴快乐的时候,你已经把这种谎言变成了另一种伟大美好的语言。所以说,无论是爱情还是其他事情,为了心中的善念,有些真相不可以说。"

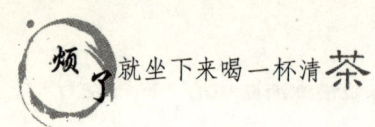

8 狮子对麻雀的诺言

小武的烦恼

小武说:"小元师傅,我最近交了一个女朋友,她叫小灵,有一次我和几个朋友合伙搞了点小生意,我告诉她如果赚了钱就给她买个白金戒指。而生意是做成了,可是我分到的利润却不够给她买的,她非常生气,非要跟我分手不行,我烦死了,所以想找你说说话。"

小元的故事

我说那好吧,我照例也给你讲个故事。

很久以前,一只狮子王正同大象斗得不可开交。

狮子王好不容易才把大象杀死,休息了片刻,开始吃它的肉。不料,大象的一根小骨头突然卡住了狮子王的咽喉,它立刻便呼吸困难,晕死了过去。好一会儿功夫,狮王才苏醒过来。它无力地抬起头四处张望,见树上有一只麻雀正捉虫充饥。

狮王开口向麻雀求救:"小麻雀,请你把我喉咙里卡着的骨头取出来吧!我以后找到食物一定会与你分享。"

麻雀听到狮王的许诺,非常高兴,迅速从树上飞下来,跳进了狮王嘴里。它使出全身力气,终于用嘴啄出了骨头,狮王得救了。

过了几天,狮王追击一群野兽,收获颇丰。麻雀得知狮王有了食物,匆匆飞来,找狮王要些食物充饥。不料,狮王好像把以前的约定和救命之恩全忘记了,它责备麻雀说:"我是狮王,什么动物都能捕杀来吃,这是司空见惯的事。你这个小麻雀也太傲慢了,以为进我的嘴里救我一命,就要我来感激你?"

麻雀反唇相讥:"我虽然是只小鸟,但也不一定被你杀死。如果你不忘恩情,重视前约,多少给我些食物的话,我也不会恨你,也不说你的坏话。"

然而,狮王始终不分给麻雀一块肉,而只顾自己饱食,然后大摇大摆地离去。

麻雀心想:"我救过它一命,反而受到它的轻蔑和嘲笑。如果不出这口怨气,我死不罢休。"

麻雀下定决心,常常跟随在狮王的后面飞。

有一次,狮王又去袭击群兽来吃。吃饱后,就在树荫下舒服地睡着了。一直

第一章
品味爱情漂流瓶里的一颗巧克力

在树上等候机会的麻雀，扑到狮王额上，用全身之力啄去了它的一只眼珠。

狮王惊醒后，愤然起立，周围什么也没有，只听到一只麻雀在树枝上鸣叫。

狮王向麻雀怒吼起来："混蛋！你怎敢啄坏我的眼睛？"

麻雀在树上叫道："你不报答救命之恩，反而一直都仇视我。为出这口恶气，我啄瞎你一只眼睛。你自视为森林之王，却一点也不懂得知恩图报，我不会跟你再打交道了！"

麻雀说完就拍着翅膀飞走了。

小武的感悟

小武说："我明白了，这个故事是说，只要对别人做出承诺就要兑现。如若不然，自己种下的恶果，只能由自己来吞食。"

我说："是这样，无论在什么时候，只要对别人做出了承诺就要认真履行，兑现承诺，真正做到'言必信，行必果'。这个故事里麻雀虽然有它的过错，不应该冤冤相报，是不可原谅的，但是事情的起因毕竟是狮子不履行诺言造成的。同样，正是因为你不履行自己的诺言，才造成了小灵要和你分手的局面。"

小武说："好了小元师傅，你不用担心了，我就是借钱也会给她买戒指的。不过，我有点担心她以后会同我分手，你看以前我对我那个女朋友多好呀，可她最后还是和我分手了。"

我说，看来我还需要再给你讲个故事。

有一个商人遇到了难处，他的生意越做越小，于是他便请教智尚禅师该如何做。

禅师说："后面的禅院有一架压水机，你去给我打桶水来！"

半晌，商人汗流浃背地跑来，说："禅师，压水机下面是枯井。"

禅师就："那你就去给我到山下买一桶来吧。"

商人去了，回来后仅仅拎了半桶水。

禅师说："我不是让你买一桶水吗，怎么才半桶呢？"

商人红了脸，连忙解释说："我不是怕花钱，山高路远，实在不容易啊！"

"可是我需要的是一桶水，你再跑一趟吧！"禅师坚持说。

商人又到山下买了一桶水回来。

禅师说："现在我可以告诉你解决的办法了。"于是带他来到压水机旁，"将那半桶水统统倒进去。"

商人非常疑惑，站在井边犹豫着。

"倒进去！"禅师命令道。

于是，商人将那半桶水倒进了压水机里。禅师让他压压水看看。商人压了水，可只听那喷口呼呼作响，没有一滴水出来，那半桶水全部让压水机吞进去了。

他又拎起那整桶水全部倒进去，再压，清澈的水果然喷涌而出。商人恍然大悟。

我说："小武啊，你明白了吗？"小武说："明白了，我们付出了多少，就会收获多少。"

轻轻地告诉你

我说："嗯，你说得很对，天下没有白吃的午餐，要想收获，就先要付出。付出和收获永远是成正比的，这是一条放之四海而皆准的真理。你不对你的女朋友付出，凭什么想得到她的爱？凭什么怪人家和你分手？你说你很爱你过去的女朋友，那么，我来问你，你都对她付出过什么？爱不是光凭嘴说说就算了，而是要付诸行动。告诉你吧，不仅仅是爱情，任何事情都是这样，我们付出了多少，就会收获多少。"

9 无字情书和温言良药

小薇的烦恼

我说："小薇啊，为什么闷闷不乐啊？"小薇说："小元师傅，我现在因为阿炎，已经被搞得疲惫不堪，我真的好累，有时候我都觉得我们是不是属相不合，真怕谈了几年之后，分手了，那才叫失败呢。"

小元的故事

我说，哦——原来是这样啊，那我就给你讲个故事开开心吧。

从前，有位小伙子爱上了一位美丽姑娘，他壮着胆子给姑娘写了一封求爱信。没几天，她给他回了一封奇怪的信，这封信的封面上署有姑娘的名字，可信封内却空无一物。小伙子感到奇怪，如果是接受，那就该明确说出来；如果不接受，也可以明确说出来，干吗故弄玄虚呢？

小伙子鼓足信心，日复一日地给姑娘写信，而姑娘却照样寄来一封又一封无字信。

第一章
品味爱情漂流瓶里的一颗巧克力

一年之后，小伙子一共寄出了整整99封信，他都灰心了。

因此，他对第99封回信无论如何都不敢打开，小伙子害怕再次受到打击，终于没有勇气拆开它。他再也不敢抱任何希望，心灰意冷地把那第99封回信放到了一只精致的木匣中，从此不再给姑娘写信。

两年后，小伙子和另外一位姑娘结婚了。新婚不久，妻子在一次清理家什时偶然翻出了木匣中的那封信，好奇地拆开一看，里面的信纸上写着：我已做好了嫁衣，在你的第100封信来临的时候，我就做你的新娘。

当夜，已为人夫的小伙子爬上大厦的楼顶，手捧着99封回信，望着万家灯火的美丽城市，不经意间已是潸然泪下，后悔莫及。

小薇的感悟

小薇说："哦，我明白了，小元师傅的意思是，有些事情就是这么怪，如果害怕失败往往就会真的失败。是吧？"

我说："是的，我们想要的很多东西都不是轻而易举就能得到的，它往往需要漫长的时间考验，它还会设置很多的障碍来考验我们。无论是追逐爱情还是追求人生，都不要害怕失败，假如你已经失败了100次，那就请开始第101次努力吧。"

小薇说："谢谢小元师傅，你知道我男朋友总是说我说话不好听，说我是个野蛮女友、不温柔，我就搞不明白了，温柔有什么好的？"

我说，你问我温柔有什么好的，我也不知道。这样吧，我还给你讲个故事。

在一座大城市里住着一个富翁，他的脾气很坏，有一次他生了病，却不愿求医看病。

后来，他的朋友请来一个大夫给他看病。

"我不愿买他的药，他说话声音太大、太粗鲁，还总自以为是。"富翁说道。

朋友又请了另外一个大夫给他看病。这个大夫说话声音虽然很小，张嘴就喊亲爱的先生，可是富翁却说："不，我不要他看，他说话阴阳怪气的。"

于是，朋友又请求第三个大夫为他治病，这个大夫衣冠楚楚、谈吐文雅。

"把酬金拿去，"富翁不满地说，"我不打算听你的忠告，因为你说的话文绉绉的，全是成语，我听不明白。"

由于富翁拒绝看病、吃药、见大夫，他的病情开始恶化，命在旦夕。

一天，一个亲和力很强的年轻大夫到这座大城市度假，富翁的好友得知后，

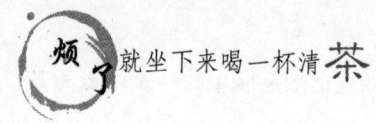

便前去拜访他。

"请您救救我的朋友行吗？"他恳切地说，"他的病很重，他的脾气很暴躁，又讳疾忌医。不过，也许由于您态度和蔼可亲，他会听从您的劝告的。"

年轻的大夫穿着最好的衣服，来看富翁。

"大伯，"他温和地说，好像真的是在叫自己的长辈一样，"您今天感觉好些了吗？我看您的气色不错，嗯，我来瞧瞧，是有点严重，可能跟最近的心情有关，不过我相信您很快便会痊愈的。"

大夫吩咐仆人拿些冰块，将它敷在病人的额头上，富翁顿时感到舒服多了。

"您是否愿意让我开点药给您吃？"

富翁默默地点点头。

年轻的大夫在药中掺了点蜜水，富翁报以微笑，慢慢地吞服下去了。

"呵，很甜。"他喝完药深深地吐了一口气，不一会儿，便安静地进入了梦乡。

富翁醒来后，感觉好多了，烧也退了。

其他的大夫问年轻的大夫，他是怎样给这怪老头治好病的。

年轻的大夫笑着说："温言柔语才是治病的良药啊！"

小薇一听，说："温言柔语是治病的良药？"

轻轻地告诉你

我温言道："是啊，你没有觉得你很喜欢同我说话吗？因为我从来不和你说生硬冰冷的话。对于一个病人来说，在很多时候，医治他的心灵往往比医治他的肉体产生的效果要好。这世上真正的良药是温言柔语。因为，好话让人听了舒服，心情也自然会好，如果心情好，病很快也就会好起来。同样的道理，如果用温言柔语对待自己的心上人，我想会比做一个野蛮女友要好得多。"

10　一千根琴弦和一个声音

老易的烦恼

老易说："小元师傅，我现在将近古稀之年，本来已经到了和爱情绝缘的年龄，可是我最近却遇见了这样的烦心事。不瞒你说，我的老伴去世多年，我又当爹又当妈辛辛苦苦地把一双儿女拉扯大，现在他们都成了家，有了自己的孩子，我却感到了人生的寂寞。我在我们社区组织的夕阳红文艺队里认识了一个老太太

第一章
品味爱情漂流瓶里的一颗巧克力

老文,我们两个经过几年交往,互相了解,可谓是情投意合。我根本就没有想到到了这把年纪还能再次沐浴爱情。可是,就在我们打算结婚的时候,我儿子小勇和女儿小兰却给了我致命的打击,说是只要我敢结婚,就同我断绝父子父女关系,我们两个老人现在陷入了绝望之中,不知道该怎么办才好。你看,我的头发就是近来才变白的。"

小元的故事

我说,听了你的事情以后,我很痛心,我相信有一天小勇和小兰会来找我谈心的,你不要太伤心了,我来给老先生说个我听说的事情,你看对你有没有什么帮助。

从前,有一老一小两个相依为命的瞎子,每日里靠弹琴卖艺维持生活。一天,老瞎子终于支撑不住病倒了。他自知不久将离开人世,便把小瞎子叫到床头,紧紧拉着小瞎子的手,吃力地说:"孩子,我这里有个秘方,这个秘方可以使你重见光明。我把它藏在琴里面了,但你千万记住,你必须在弹断一千根琴弦的时候才能把它取出来,否则,你是不会重见光明的。"小瞎子流着眼泪答应了师父。老瞎子含笑离去。

一天又一天,一年又一年,小瞎子将师父的遗嘱铭记在心,不停地弹啊弹,将一根根弹断的琴弦收藏着。当他弹断一千根琴弦的时候,当年那个弱不禁风的少年小瞎子已到垂暮之年,变成了一位饱经沧桑的老者。他按捺不住内心的喜悦,双手颤抖着,慢慢地打开琴盒,取出了秘方。

然而,别人告诉他,那是一张白纸,上面什么都没有。泪水滴落在纸上,他笑了。

很显然,老瞎子骗了小瞎子。但这位过去的小瞎子如今的老瞎子拿着一张什么也没有的白纸,为什么反倒笑了?因为就在他拿出"秘方"的那一瞬间,突然明白了师父的用心。虽然是一张白纸,但是他从小到老弹断一千根琴弦后,却悟到了这无字秘方的真谛——在希望中活着,才会看到光明。

老易的感悟

老易说:"你说得不错,小元师傅,只有活在希望中才会看到光明。"

我说:"是啊,很多人抱怨生活中缺少或没有光明,这是因为他们缺少或没有希望。无论是在多么艰难的困境中,只要活在希望中就会看到光明,这光明也将会伴随我们的一生。老易啊,你不要这么悲观,希望不是没有,如果你们是真心相爱的话，我相信你们会走到一起的。"

老易说："我也想啊，可是我觉得很难。"

我说这样吧，我再给你说一件最近报纸上刊登的报道。

说是一个煤矿发生塌坑事故，有13人埋在坑道里，矿工家属们挤在矿坑口喊叫着："我丈夫怎么样啊？""我父亲还活着吧？快点救呀！"

这些母亲、妻子、儿女、兄弟姐妹，他们都诚恳地向上天祷告："救救我们家那个干活儿的人吧！"他们哭喊着，对正在进行的救助工作投注了全部希望。

这时，联络员传来消息："13个人中有12个平安无事。"接着，他念出了12个人的名字。家属们松了一口气。

"啊，这可太好啦！"

可是，有一名青年矿工的名字却不在幸存者的名单中。他那年轻的妻子嘴唇颤抖，强忍悲痛。"我丈夫不行了吗？"

"不，还不能这么说。我们已经呼喊他的名字啦，可没得到回答，所以还不知道他在什么地方。情况还没最后弄清，请不要灰心，直到最后也要把他救出来。"救助队的负责人眼望着这位刚刚结婚的妙龄新娘，怜悯之心油然而生。

"我相信他一定活着，无论如何也要把他救出来！"这位少妇两只盈满泪水的大眼睛里透出一种强烈的愿望，充满了对救护队长的哀求之意。

她坚定地相信丈夫还活着，把全部思念之情倾注到了坑道里的丈夫身上。她对着地下坑道念叨着："你要振作精神活下去呀，为了你和我，你不能死。他们一定会救出你的。"

这位青年矿工在矿坑塌陷的一刹那间仓皇逃跑，弄错了方向，和其他人失散了，所以独自一人被埋在坑道间隙的一小块场地里，加上被隔离的地方与地面联络线路相距很远，所以他就像被深锁在孤独的密室里一样与外界完全断绝了联系。他在600公尺的地下强忍着饥饿和阴暗环境的侵袭，费尽心力，使自己那生命之灯继续燃烧下去。

事故发生后，已经过了整整13个小时。突然，在他耳边出现了妻子的声音，虽然声音很小，但还能依稀可辨。

"你要挺住！要活下去！他们一定会救出你的。"

啊，这是多么清晰而亲切的声音，爱人在呼唤着自己！我不能死，要活下去！

青年矿工被深锁在黑暗的矿坑里，一直都用妻子的鼓励支撑着自己那即将衰竭的气力。与此同时，妻子在坑外心急如焚，她不断地向地下的丈夫呼叫，对周围人们不可思议的目光毫不理睬。她坚定地相信,自己的声音一定能传给坑道内的丈夫。

抢救工作格外困难,由于抢救不及时,原来幸存的12个人被抬出坑口的时候已经是12具尸体。他们的家属悲痛欲绝,号啕大哭。现在只剩下青年矿工一个人了。到了第六天,奇迹终于出现了:他被救出来时仍然活着。

"我能在黑暗的矿坑里活到现在,全靠妻子的激励。"青年矿工以充满着对心爱妻子的感激之情向人们诉说着。

老易听完后说:"这件事情我也听说过,可是我有点不解,这和我们的事情有什么联系?"

轻轻地告诉你

我轻声说:"有联系,有很大的联系。现在你就像那个意外陷入矿井的年轻人,你陷入了儿女们反对的泥坑,而老文太太就是在井外一直呼唤你的妻子——有时候爱不仅仅是一种情感,更是一种激励。问题是你要懂得这种激励,才能爬出深井,看到光明。很多人认为,爱只是一种美好的情感。其实,爱不仅仅是一种情感,还是一种力量,一种能够激励人度过困境的巨大力量。所以,我相信你会得到晚年的爱情和幸福的。"

11　爱情易碎,请小心轻放

爱情的烦恼

如果把爱情比喻成一个单独存在的个体,那么它也是充满了烦恼的,远远不只是我们上面遇到的这些,现实生活中还有很多很多:A爱B,B不爱A;A爱B,B也爱A,A和B却怎么也走不到一起;A不爱B,B也不爱A,A和B却偏偏走到了一起等等,自然就出现了无法预料和无法统计的烦恼,这种种的烦恼有时候我们无法找人诉说,也没有人能够给我们讲故事来解脱,那么,只有靠我们自己找一个安静的地方,感悟,放下,自己给自己解脱。为什么这样说呢?

小元的故事

照例,让我们从故事中找出禅机吧。因为禅就像爱情中的一颗巧克力,它的个中滋味,也只有吃了的人才会知道。

曾经有这样四个人,一个是即将结婚的年轻人,三个是已经结婚的过来人。

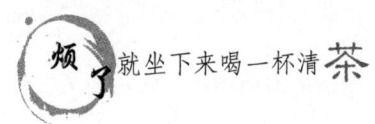

有一天，他们四个在一起讨论：爱情是什么？

年轻人说："爱情是伟大的魔术，可以使顽石点头、铁树开花。比如古希腊神话中有个国王叫皮格马利翁，他爱上了自己雕塑的一尊少女石像，从此便魂不守舍、心弛神往，天天守着那少女石像，拥抱她、亲吻她，和她说悄悄话，求她嫁给他。果然，精诚所至，顽石点头。一天，这石头雕的少女居然活了，还毫不犹豫地投入到了皮格马利翁的怀抱！怎么样，爱情是什么？难道不是一首最美丽的歌、一幅最迷人的画、一片最多情的海吗？"

三个过来人听了，都把头摇得像拨浪鼓。三个过来人发表了如下高见——

第一个说："爱情是一种最弱不禁风的许诺，听起来也许山盟海誓，气壮山河，但其实最娇气！不信我讲个故事。南朝时，齐朝刘瑱的妹妹嫁给了鄱阳王，不料鄱阳王因罪被诛，刘妹十分伤心，从此大病不起、气息奄奄。刘瑱就请画家画了幅画——画上的鄱阳王正搂着一个美女做照镜子状，其情亲昵之极，刘妹见了此画勃然大怒，从此不再伤心，她的病一眨眼工夫就好了。只不过用了一幅假画，就使那热气腾腾的爱情在转眼间变成了咬牙切齿的恨！"

第二个说："爱情是一道最不堪一击的防线，别看它壁垒森严，其实，只要轻轻一碰就足以使它全线崩溃！比如，有个贫穷女工常读莫泊桑的小说，就深深地爱上了莫泊桑，甚至决定以身相许，哪怕是做他的女仆人。一天，她勇敢地前来看望莫泊桑。不料莫泊桑不在，开门的恰好是莫泊桑的一个朋友，他是一个小痞子。这小痞子发现来访者并不认识莫泊桑，也不知道莫泊桑还没有女友，就故意骗这个女孩说：'莫泊桑陪他的情人到哀特列塔去了！'结果，不幸的女孩立刻晕倒在门边，而小痞子也就趁机扶女孩上车，送她回家，假惺惺地哄她、劝她、安慰她，直到使女孩委身于自己。后来，这个不幸的女孩最终沦落成了妓女。而当莫泊桑知道了这一切时，早已来不及了！如果爱情真的固若金汤，上述悲哀的故事还会发生吗？"

第三个说："爱情不过是一种最纯粹的想像！比如，唐伯虎曾画过一幅仕女的背景画，画上的女子姿态妖娆、楚楚动人。收藏此画的书呆子一心想看到这女子的正面，就天天对着那画想入非非，还神魂颠倒地害了相思病。有个画家有心救他，便趁他睡着时悄悄地换了那幅画，只不过画上的仕女已转过身来——满脸大麻子！那书呆子一见此女原来如此，便不再为之牵肠挂肚，他的病立刻就好了！你看，只要剥夺了想像的可能性，就可以让高贵的爱情立即变成一杯索然无味的白开水！"

听了三位过来人的话，即将结婚的年轻人差点气得蹦起来："你们这是什么

第一章
品味爱情漂流瓶里的一颗巧克力

意思？"三位过来人异口同声道："很简单，爱情是易碎品，一不小心就会被打烂！"

爱情的感悟

过了几天，那个年轻人结婚了，在他结婚后的第二天，就给那三个过来人打来电话说："你们说得太深刻了！爱情的确是易碎品！但是，你们不知道吧，爱情还是一颗巧克力，它的味道真的好美，只可惜你们把装巧克力的瓶子给打碎了，把巧克力撒在了地上没有尝到。哈哈，我可是小心轻放，正在慢慢品尝哦！"

轻轻地告诉你

朋友们，爱情是脆弱的，小小的打击就可能使它支离破碎；爱情是强大的，它可以使两个陌生人变成一家人。但脆弱也好，强大也罢，爱情是易碎品，我们有100个理由小心轻放，因为它需要我们的精心呵护。只有精心呵护的爱情，我们才能品尝到它内中的巧克力的美好。

第二章
欣赏婚姻常青树上的一丝和风

第二章
欣赏婚姻常青树上的一丝和风

婚姻,是爱情中成长起来的一棵美丽的树,而美好的婚姻又是一个幸福家庭的顶梁柱,不论是贫民百姓还是达官贵人,都不愿自己的婚姻遭到破坏。人们希望自己的婚姻稳定,希望自己的婚姻幸福,但是谁都不能把自己的婚姻锁进保险箱中,因为婚姻生来便与和风、阳光同在,同时也与世俗、烦恼并行。如果我们想让婚姻这棵树常青、美丽,就需要忍让、包容、真诚、温和,还需要我们耐得住寂寞并拥有无比的勇气,更需要我们保持一颗禅心。因为,禅就像一丝温暖的和风,能时刻为我们吹走婚姻这棵树上的灰尘和烦恼,让它长久地呈现出生命的绿色来。

1 浪漫的小勺子

小薇的烦恼

这一天,小薇和小炎一起来找我,还给我带来了一包喜糖,说他们结婚了,特地来谢谢我对他们的帮助。然后小薇非常烦恼地说:"小元师傅,自从我们结婚以后,我感觉没有以前浪漫了,生活好乏味,我问小炎还爱我吗?他说当然爱。可是,我怎么找不到原来的感觉了呢?难道两个人谈了那么久恋爱,不应该结婚吗?我现在有一种恐惧感,害怕面对将来的婚姻生活。"

小元的故事

我说:"那小炎有这种感觉吗?"小炎点点头。我说:"我明白了,你们苦苦追求的东西终于得到了,就不知道珍惜了是不是?"两个人又赶紧摇头。

我笑了笑说,知道你们不是,我是和你们开玩笑呢,听我给你们讲一个故事好吗?两个人一起使劲点头。

我说,很久以前有两个人结伴到山里去露营。晚上吃完饭,一个人坐在山上欣赏夜景,另一个人收拾餐具,然后过来叫赏景的人去睡觉。

这时候,收拾餐具的那个人问赏景的人:"你看到了什么呀?"

赏景的人回答:"我看到满天的星星,深深感觉到宇宙的浩瀚、造物主的伟大,我们的生命是多么渺小和短暂……那你又看到什么了?"

那个收拾餐具的人冷冷地道:"我看见有人把我们的帐篷、干粮、餐具偷走了。"

小薇和小炎听到这里哈哈大笑起来。

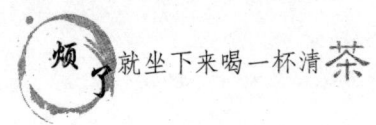

小炎的感悟

小炎说:"我明白了,小元师傅,你的这则故事是想告诉我们,只看星星不顾眼前的这种纯浪漫主义者可能会冻死饿死。"

我说:"嗯,你说得不错。但是完全埋头于事务中而没有想象力的现实主义者又是多么枯燥乏味。生活需要的是二者的结合。特别是你们从浪漫的爱情,刚刚过渡到婚姻这么一个严肃的生命过程中更要把握好这一点。你们明白吗,小薇?"

小薇点点头。

过了一会,她的小眉头一皱,又问道:"可是我们现在的生活真是一团糟,我们两个谁都不想做家务,吃完了饭把餐具放在那里谁也不想洗,直到我们实在没有干净的餐具了,两个人才开始剪刀石头布,谁输了谁洗。这么年轻就要请保姆的话,别人会笑话的。更可气的是,有一次我们两个因为做家务还吵了嘴,没想到结婚以后的生活这么琐碎、烦忧。"

我说,那我就再给你们讲一个故事吧。

有一天,佛祖对禅师说:"来,我带你去看看地狱。"

他们进入一个房间,许多人围着一只正在煮食的大锅坐着,他们又饿又失望。每个人都有一只汤匙,但是汤匙的柄太长,所以食物没法送进口里。

"来,现在我带你去看看天堂。"佛祖又带着禅师进入到另一个房间。这个房间与上个房间的人的情景一模一样,也有一大群人围着一只正在煮食的锅坐着。所不同的是,这里的人看起来又快乐又知足,而他们的汤匙同刚才那群人的一样长。

禅师奇怪地问佛祖:"为什么同样的情景,这个房间的快乐,而那个房间的人却愁眉不展呢?"

佛祖微笑着说:"难道你没看到,这个房间的人都学会了喂对方吗?"

我说到这里看了看小薇和小炎,若有所思道:"这就是天堂和地狱的区别,你们是想进天堂呢还是想下地狱呢?"

他们齐声说:"当然是想进天堂了,那还用说?"

轻轻地告诉你

我轻轻地说:"天堂就在你们身边,就是你们将要面临的婚姻生活,你们将来还会有孩子,一家三口多幸福啊,到时候什么样的天堂你们都不想换。可是,要想得到快乐和知足,只有学会了互相'喂对方',为他人着想,才能实现幸福的愿望。不仅仅是婚姻，在你们的社会活动中也是如此，只有互相关心、互相照顾，为他人着想，我们才能其乐融融地生活。"

2　耳朵和玫瑰香不只属于自己

艾老的烦恼

这一天，艾老太太戴着黑袖章来找我，我就知道出了什么事情。我说："艾老太太，是不是老赵驾鹤仙去了？"艾老太太点点头。我说："那就好，他终于脱离苦海了，他的一生是快乐的，因为有了你善良的小谎言，他免去了很多痛苦、恐惧的折磨，你应该高兴才对啊，为什么这么难受呢？"艾老太太说："可是我毕竟失去了他，我爱了他一辈子，他最后还是抛弃了我。"

小元的故事

我说，这样吧，艾老太太，我给你说一件事情，不知道你听说过没有——

光度禅师在没有得道之前，常常会在一家杂货店遇到一位老妇人。她深色的双眼充满着戒备和渴望。每当她见到光度禅师时总是喋喋不休，唠叨个没完。有时光度禅师碰到自己心绪烦乱，也不得不耐着性子听下去。

"我要去昆明了。"一天，她对光度禅师说，"那里四季如春、空气干燥，对防止我的关节炎发作再适合不过了。"

光度禅师这才发现了她僵硬弯曲的手指。

"就你一个人去？"光度禅师问她。

"对，就我一个人。"她说，"我是个孤老婆子，寡居已经很久了。可我遇到了许多像你这样的大好人，你们愿意和我唠扯唠扯。"

光度禅师一下子感到自己像个罪人。她愉快、乐观——丝毫没有对自己的生活感到厌倦和悲伤。她就是用无处不与人交谈来充实着自己晚年平庸的生活。聆听的耳朵就是她的需求。

光度禅师猛然意识到，他的耳朵不仅仅属于他自己！

艾老太太听到这里，说："我愿意听人唠叨啊，可是他永远都不会和我说话了。"

我说："你误会了艾老太太，她也是个孤寡老人，她为什么就能找到快乐呢？就是她善于找聆听的耳朵，你为什么就不能去找呢？"

艾老太太说："对啊，我为什么就不能找呢？"

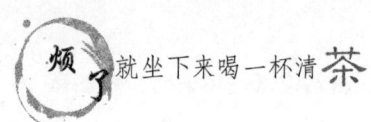

我说:"还不仅仅如此呢,耳朵不仅仅属于我们自己,同样,爱也不仅仅属于一个人,我们每个人又何尝属于我们自己?"

艾老的感悟

艾老太太说:"我明白了,你的意思是老赵不仅仅是我一个人的,我也不仅仅属于我自己,我要把对他的爱换一种方式给更多的人,比如我的儿子小良、孙女毛毛、亲戚、邻居,还有更多的人?"

我说是的,是这样,你要把悲痛和怀念变成一种爱,一种大爱,让更多的人得到这种爱,也许这正是老赵想要的呢。

艾老太太说:"我明白了,可是我该如何去做呢?"

我说,对一个人的爱和怀念可以有多种方式和方法,你要根据自己的情况而定,我不妨再给你说一件事,你听听是否对自己有帮助。

罗斯夫人有一个幸福的家庭。她很爱她的丈夫,丈夫也很爱她。

然而,厄运总是不请自来。丈夫在驾车回家的路上,撞上高速公路的护栏,车毁人亡。噩耗传来,罗斯夫人简直不敢相信这是真的,甚至忘记了流泪,整个人像掉了魂似的。警察告诉她,出事地点是事故多发地带,那地方有一个急弯,这已是今年的第三起车祸了。

没了丈夫,罗斯夫人形单影只,沉湎于丧夫的痛苦中难以自拔。3个月后,她慢慢清醒过来,决定要做一点事。

她在丈夫出事的地方开垦了一大片土地,全部种上玫瑰,她要让玫瑰陪伴丈夫长眠。

第二年春天,玫瑰开放了,一朵朵争奇斗艳,成为了高速公路旁边的一道美丽风景。有的人知道罗斯夫人,有的人不知道,但他们路过此地时都会不自觉地减速,因为他们已看到了玫瑰,闻到了幽幽的玫瑰香。他们愿意在此多停留一会儿。

从此,那地方便极少再发生车祸。

轻轻地告诉你

我轻轻地说:"艾老太太,幽幽玫瑰香既是一种对丈夫的爱,也是一种纪念,更是对人们的一种提醒,她对丈夫的爱从悲痛伤心升华到了一种博爱和积德,我们为什么不呢?这个世界还有很多事情等待着你去做呢,教育好你的小孙女,为社区做点力所能及的事情,何必一味沉湎于伤心之中呢?也许你的快乐和博爱，才是老赵真正需要的。"

3 假王妃难回平常

小灵的烦恼

这一天，寺里来了一位陌生的姑娘。经她自我介绍以后，我才知道她是小武的妻子小灵，一转眼他们已经结婚一年多了。小灵说，现在很后悔自己嫁给了小武，说他一点本事都没有，只知道在公司做一个月千把块钱工资的修理工。她的妹妹小珊嫁了一个商人，回家都是开着私家车、穿名牌，到了他们家做客，屁股都不想沾他们家的破凳子，一副王妃的派头，好让人羡慕，做梦都想过她那种王妃般的生活。

小元的故事

我说："小灵姑娘啊，你愿意听我给你讲个故事吗？"小灵点点头。

有这么一位女子，出身于一个平常的家庭，做一份平常的工作，嫁了一个平常的丈夫，有一个平常的家——总之，她十分平常。

忽然有一天，报纸大张旗鼓地招聘一名特型模特，饰演王妃。她的一位好心朋友替她寄去一张应聘的照片，没想到，这个平常的女子从此便开始了她的"王妃"生涯。

太艰难了，她阅读了许多有关王妃的书，她细心地揣摩王妃的每一缕心事，她一再重复王妃的一颦一笑、一言一行……

"不像，不像，这不像，那也不像！"导演、摄影师无比挑剔，一次又一次让她重来。

现在，平常女子已能驾轻就熟地扮演王妃了，进入角色也无需费多少时间。而糟糕的是，现在她要想恢复到那个平常的自己却非常困难，有时要整整折腾一个晚上。每天早晨醒来，她必须一再提醒自己"我是谁"，以防止毫无来由地对人颐指气使；在与善良的丈夫和活泼的女儿相处时，她必须一再告诫自己"我是谁"，以避免莫名其妙地对他们喜怒无常。

有一次，这个平常的女子深感痛苦地对我说："一个享受过优厚待遇和至高尊崇的人，回到平常实在是太难了。"

她说这话时，仍然像个王妃。

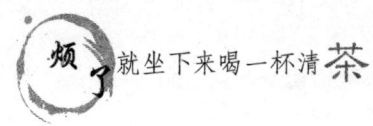

小灵的感悟

小灵听完说:"平常有什么好的?她就那么想回到平常?"

我说,看来我还需要再给你讲一个故事。

一位少妇回家向母亲倾诉,说她的婚姻很糟糕,丈夫既没有很多的钱,也没有好的职业,生活总是周而复始、单调乏味。

母亲笑着问:"你们平常在一起的时间多吗?"

女儿说:"太多了。"

母亲说:"当年,你父亲上战场,我每天期盼的是他能早日从战场上凯旋归来,与他整日厮守,可惜他在一次战斗中牺牲了,再也没有能够回来,我真羡慕你们平常时能够朝夕相处。"

母亲沧桑的老泪一滴滴掉下来。

女儿仿佛明白了什么。

轻轻地告诉你

我心情沉重地说:"小灵啊,你明白了点什么吗?假王妃为什么那样渴望回到平常的生活?因为她在体味了那些所谓的宫廷奢侈的生活和勾心斗角以后,忽然发现真正幸福美好的生活,还是和丈夫、女儿终日厮守的平淡、平凡、平常、稳定的婚姻生活。无论是王妃还是平常的女人,都渴望婚姻的稳定,而最有保证的还是与世无争的平常人的生活。母亲为什么羡慕女儿,因为她觉得能和丈夫平常在一起拥有就是幸福,失去了才是真正的痛苦呢。"

4 珍惜你身边的沉香木

小勇的烦恼

这一天,老易的儿子小勇和儿媳小露来找我,小勇说:"小元师傅,听我爸爸说你能给人解除烦恼,所以,我们在去民政局办离婚手续之前就先来到你这里,想得到你的一点帮助。"

我说:"那好,既然你们这样相信我,我也想为你们做点什么,我来问问你们,你们离婚是因为你们其中一个有了外遇,还是由于有第三者插足?"

"都不是。"

"那是因为什么?你们说给我听听。"

小勇说:"她动不动就大吵大闹的,老是嫌弃我不修边幅、没有本事,人家

第二章
欣赏婚姻常青树上的一丝和风

谁谁的老公多么能赚钱了,我一听就烦。"

小露说:"你还嫌弃我不会打扮,年纪轻轻就像个老太太一样呢。"

小元的故事

我说,哦,明白了,你们耐心听我讲个故事好吗?

很久以前,有一个富有的老人,他非常担心从小娇生惯养的儿子没有生存能力。他害怕自己庞大的财产反而会给儿子带来不祥,与其把财产留给孩子成为祸害,还不如尽早教会孩子该如何奋斗。

老人诚恳地与儿子谈话,对儿子讲述了自己的愿望。他感动了儿子,于是,儿子决定出海去探险,寻找属于自己的天地。

儿子打造了一艘大船,出海探险。一路上,他经过险恶的风浪、路过无数的岛屿,最后在一个人迹罕至的小岛上发现了一种树木。

这种树木高达十余米,数量奇少无比,一片森林中可能只有一两棵。砍下这种树的外皮,木心的部分就会散发出一种奇异的香气。最奇怪的是把它放到水中时,其不会像别的木头一样浮上水面,而是会沉到底下。他心想,这真是个奇怪的宝贝呀!

他又历尽艰险,把奇香无比的树木带到市场上出售,希望卖个好价钱,可是市场上竟然没人看得上这种颜色黑暗、毫不起眼的木材。

在他旁边有个卖木炭的小贩,每天早早地就卖完木炭收了工。刚开始时他还忍得住,后来就越来越动摇了:看来这木头就是个普通的玩意儿,似乎远没有木炭好卖,干脆我也把香树烧成木炭来卖好了。

第二天,他便把香木烧成木炭,挑到了市上,不到一天的工夫就全部卖完了。他为自己及时采用了他人的赚钱办法而感到得意,便高兴地回了家,将事情原委兴高采烈地向父亲描绘了一番。

老人听着听着就落下泪来。原来,儿子烧成木炭的香木正是世界上最珍贵的树木"沉香",只要切下一块磨成粉屑来,其价值就会超过一车的木炭。

小勇的感悟

小勇说:"我明白了,小元师傅的意思是让我们不要羡慕别人,要珍惜身边的,只有身边的才是最珍贵的,对吗?"

我说:"是这样,我们不珍惜的东西往往是最珍贵的东西。我们在不断地得到一些东西,同时也在不断地失去一些东西。对于得到的东西,一定要学会珍惜。如果不懂得珍惜，就会轻易地失去所得，而这轻易失去的东西往往就是我们最珍贵的东西。"

小露说："小元师傅，可是我们老是吵架，总是无法忍让对方，有时候我们真的感觉自己是世界上最没有本事的夫妻，除了吵架之外什么都不会，我们感觉生活真的很无聊和没有情调。"

我说，让我再给你们讲一个故事好吗，当你们听完了这个故事，再决定是否离婚。

在一个偏僻的小山村，有一对残疾夫妇，女人双腿瘫痪，男人双目失明。

春天，男人背着女人到山坡上播下一粒粒种子；夏天，男人背着女人在庄稼丛中除草施肥；秋天，男人背着女人在忙碌地收获着丰收的果实……一年四季，女人用眼睛观察生活，男人用双腿丈量生活。

时光如水，却始终未冲刷掉洋溢在他们脸上的幸福。

当有人问他们为什么幸福时，他们会异口同声地反问："我们为什么不幸福呢？"

男人说："我虽然双目失明，但她的眼睛看得见呀！"女人说："我虽然双腿瘫痪，但他的双腿能走呀！"

轻轻地告诉你

讲完故事，我轻轻地说："难道你们两个比这一对可敬的残疾夫妇还没有本事吗？人家两口子虽然身残，但是志坚，依然生活得很快乐、很幸福。告诉你们吧，生活是多姿多彩的，关键是看你以什么样的眼光看待它，拥有一个正确的视角，你会发现——生活是多么美好！"

5 唾沫是用来消化食物的

小珊的烦恼

小灵带着妹妹小珊来找我，小珊把私家车在寺门口一停，愁眉苦脸地就要哭。

我说："小灵，你现在还羡慕你妹妹王妃似的生活吗？你要知道家家有本难念的经啊。"

小珊说："看来我姐姐说得不错啊，我还没开口，小元师傅就知道我来干什么了。"

我说:"不是我厉害,是因为你已经告诉我了。"

小珊说:"可是我并没有告诉你啊。"

我说:"你告诉了,你看烦恼都在你的脸上写着呢。"

小珊说:"是啊,这些天我好苦恼,我怀疑我老公阿嘉在外面包养了二奶,他现在有时候彻夜不归,更多的时候都会漠视我的存在。"

小元的故事

我说:"原来是这样啊,那你看见他和别的什么女人在一起了吗?"

小珊摇摇头说:"这是我的猜测,你不知道,女人的感觉是很灵敏的。"

我说,看来你这是自己在找烦恼呢。那好,让我来给你讲个故事吧。

四祖道信禅师还未悟道时,曾经向三祖僧璨禅师请教。

道信虔诚地请求道:"我觉得人生太苦恼了,希望你指引我一条解脱的道路。"

三祖僧璨禅师反问道:"是谁在捆绑着你?"

道信想了想,如实回答道:"没有人绑着我。"

三祖僧璨禅师笑道:"既然没有人捆绑你,你就是自由的,就已经解脱了,你何必还要寻求解脱呢?"

后来,希迁禅师在接引学人时,将这种活泼机智的禅机发挥到了极致。

有一个学僧问希迁禅师:"怎么才能解脱呢?"

希迁禅师回答:"谁捆绑着你?"

学僧又问:"怎么样才能求得一方净土呢?"

希迁继续问道:"谁污染了你?"

学僧继续追问道:"怎么样才能达到涅槃永生的境界呢?"

希迁禅师回答:"谁给了你生与死?谁告诉你生与死有区别?"

学僧在希迁禅师的步步逼问之下,开始迷惑不解,继而恍然大悟。

我说到这里问小珊:"你悟出了点什么了吗?"

小珊的感悟

小珊摇摇头。我说:"世上本无事,庸人自扰之。在生活中,很多人往往会给自己寻烦恼,自己给自己套上枷锁,从而搞得自己疲惫不堪。而我们应当学会解除这些束缚,给自己减压,从而让自己活得轻松、活得快乐。"

小珊说:"我明白了,小元师傅,你的意思是要想活得开心,就不要自寻烦

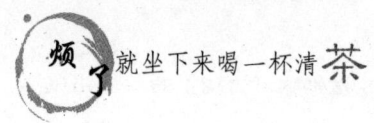

恼，不要整天怀疑这怀疑那的，把自己搞得心力交瘁。可是我该怎么去做呢？"

我说，谁都不能让谁去干什么，谁都不能强迫别人去做什么，或者不做什么，我只能给你讲个故事，然后，由你自己决定自己该干什么。

小珊说："好的，我会用心听，用心领悟的。"

我说有一次，有一个人去侮辱佛陀。

他朝佛陀的脸上吐了一口唾沫。

佛陀擦了擦脸，然后问他："你还有什么要说的？"

好像他说过什么似的。

这个人糊涂了，因为他从来没有料到佛陀会有这样问他，他走了。可他整夜不能入睡，越来越感觉自己做了件绝对错误的事，觉得有罪恶感。

第二天早上，他来了，跪在佛陀脚下说："饶恕我吧！"

佛陀说："现在谁来饶恕你？你对着吐唾沫的那个人已经不存在了，吐唾沫的那个人也不在了。所以，谁将饶恕谁？忘了它吧，现在，什么事都无法做了，一切都已经结束了！因为没有人了，昨天的两个人都已经死了，还能做什么呢？今天你是一个崭新的人，我也是一个崭新的人。"

轻轻地告诉你

我说："你明白了吗，小珊？人生中难免会有不快和忧愁，不单单是婚姻。当新的一天来临时，我们都是一个崭新的人，因为昨天的我们已经不存在了。所以，我们应当学会忘记不快和忧愁，因为那都是昨天的事了。希望你能记住，每一天都是全新的，过去的就应该让它成为过去，这样你才能得到快乐。唾沫不是用来侮辱人的，而是用来消化食物和烦恼的；同样，我们的眼睛和大脑也不是用来自寻烦恼的，而是用来寻找幸福的。"

6 钻石在身边，不要羡甘露

小兰的烦恼

老易带着他的女儿来见我，来了之后，老易就走了。我一看就知道事情非常严重。

小兰红着脸说："小元师傅，我有婚外恋了，你不会耻笑我不守妇道吧？"

我不置可否："你说来听听。"

小兰说："我的丈夫小辉毫无生活情趣，只知道做他的破工作，想来也可能是我的潜意识中故意寻找快乐,有一天我去逛商场,遇见了一个服装店的老板,生意做得很红火,还知道享受生活,他好浪漫哦。他已经因为我而离了婚,我也想离婚,可是一想到孩子,我的心里就隐隐作疼,不知道该如何是好。"

小元的故事

"原来是这样,你听我给你讲个故事好吗?"

小兰说:"我来就是想听你给我讲故事的。"

印度有一个叫哈费特的人,一天晚上做了个奇怪的梦,梦中有一位僧侣告诉他说:"如果你能够找到第一块钻石,你将得到整个钻石矿!钻石就在淌着白沙的河里。"

第二天早上醒来,他的脑子里都是钻石的影子。

于是,哈费特心一横,把他所有的家产全部变卖换成了钱,然后踏上了寻找钻石的路。他风餐露宿,在外面找了很多年,可连一颗钻石也没找到。当一切希望都破灭的时候,他自杀了。

买下哈费特房子的那个人,有一次在后院的河水中洗衣服。当太阳照过来时,河里的沙子忽然变成了白色,河沙中有什么东西在闪闪发光,他挖出来一看,原来是一块天然的钻石。

于是他就拿来铁锹和筛子,把河水中的沙子全都挖了出来,用筛子筛过以后,各种大大小小的钻石纷纷呈现在他的面前,散发着耀眼的光芒。

后来那个人把其中几个大的钻石献给了维多利亚女王,女王封他做了大官,从此,便过上了丰裕的生活。

哈费特辛辛苦苦地去寻找钻石,结果什么也没有得到,他哪里能想到,其实钻石就在他的家里!

小兰的感悟

小兰说:"我听明白了,小元师傅的意思是,其实我不用到处寻找快乐和情趣,小辉就是我要寻找的浪漫。"

我说:"是的,小兰施主,辛辛苦苦去寻找的东西往往就在我们身边。很多人都在四处奔波,不辞辛苦地寻找一些珍贵的东西,可到头来却一无所获。其实,我们所寻找的东西往往就在自己身边,关键在于我们要珍惜自己拥有的东西,并善于发现它。"

小兰说:"你说的道理我明白,可是我怎么就发现不了小辉的可贵之处

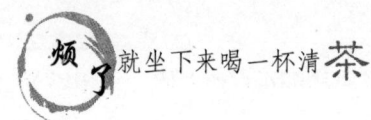

呢?"

我说,那我就再给讲一个故事吧,到底是谁最珍贵,还是要凭你自己的感觉,遵从你自己的意愿。

从前,圆音寺的横梁上有个蜘蛛有了佛性。

有一天,佛祖光临圆音寺,对蜘蛛说:"我来问你个问题,世间什么才是最珍贵的?"

蜘蛛想了想,回答说:"世间最珍贵的是'得不到'和'已失去'。"佛祖点头离开了。

过了1000年,佛祖又来了,对蜘蛛说:"那个问题你有更深的认识吗?"

蜘蛛说:"我觉得世间最珍贵的是'得不到'和'已失去'。"

又过了1000年。有一天,刮起了大风,风将一滴甘露吹到了蜘蛛网上。蜘蛛望着晶莹透亮的甘露,顿生喜爱之情。突然,刮起一阵大风,将甘露吹走了。蜘蛛一下子觉得失去了什么,感到很伤心。

这时佛祖又来了,问蜘蛛:"世间什么才是最珍贵的?"

蜘蛛说:"世间最珍贵的是'得不到'和'已失去'。"

佛祖说:"好,那我让你到人间走一遭吧。"

蜘蛛投胎到了一个官宦家庭,名叫蛛儿,一晃长到16岁,成了婀娜多姿的少女。

有一天,皇帝在后花园为新科状元郎甘鹿举行宴席。席间,来了许多妙龄少女,包括蛛儿和长风公主。蛛儿觉得这是佛祖赐予她的姻缘。但是,几天后,皇帝下旨让新科状元甘鹿和长风公主完婚;蛛儿和太子芝草完婚。蛛儿深受打击,灵魂就要出壳。太子芝草赶来,对蛛儿说:"在后花园众姑娘中,我对你一见钟情,如果你死了,我也就不活了。"说着就拿起了宝剑要自刎。

这时,佛祖来了,他对蛛儿说:"你可曾想过,甘露(甘鹿)是由谁带到你这里来的吗?是风(长风公主)带来的,最后也是风将它带走的。甘露是属于长风公主的,他不过是你生命中的一段插曲。而太子芝草是当年圆音寺门前的一棵小草,他仰慕了你3000年,你却从未低头看过它。我再问你,世间什么才是最珍贵的?"

蛛儿终于大彻大悟。

我说:"小兰,你明白其中的道理了吗?"小兰似懂非懂。

轻轻地告诉你

我进一步引导她说:"世间最珍贵的,既不是'得不到',也不是'已失去',而是我们现在所拥有的。得不到的无所谓珍贵不珍贵,而已失去的却只能作为永远的回忆,只有现在拥有的才实实在在地在我们手中。所以,我们应该好好珍惜现在所拥有的,别等到失去之后才追悔莫及啊。到底谁是你得不到的,到底谁是你应该失去的,你要好好想清楚,不过我还是要提醒你,世间最珍贵的正是我们现在所拥有的!"

7　甩甩手告诉自己,决不打折

小良的烦恼

艾老太太的儿子小良说:"小元师傅,我的婚姻没有什么坎坷和痛苦,轻易就认识了我老婆,追求她似乎也不是特别难,我有点越是轻易到手的越不珍贵的感觉。我们定婚之后,妈妈拿出自己的积蓄为我们操办了婚事,买了房子,一切都是那么顺利和轻而易举,听着别的哥们说着自己那种苦苦追求的痛苦和快乐,好羡慕,好想重来一次。"

小元的故事

我说:"小良啊,你这就叫身在福中不知福,你可知道你这些容易的事情背后,隐藏了你母亲多少的不容易和你妻子多深的爱吗?"

小良听我一说,有点迷茫。

我说,那好吧,我给你讲个故事听听。

弟子们问禅师道:"老师,怎样才能成功呢?"

禅师说道:"今天咱们只学一件最简单、最容易的事。每人把胳膊尽量往前甩,然后再尽量往后甩。"

说着,禅师示范了一遍,说道:"从今天开始,每天做300次,大家能做到吗?"

弟子们疑惑地问道:"做这样的事干什么?"

禅师答道:"做完这件事,你们一年后就会知道怎样能够成功了!"

弟子们说道:"如此简单的事,有什么难的?"

一个月之后,禅师问弟子们:"我让你们做的事,有谁坚持做了?"

大部分的人都骄傲地说道:"我做了!"

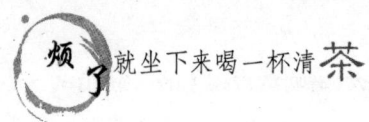

禅师满意地点点头说:"好!"

又过了一个月,禅师又问道:"现在还有多少人坚持?"

结果只有一半的人说:"我做了!"

一年过后,禅师再问大家:"请告诉我,最简单的甩手运动,还有几个人在坚持?"

这时,只有一个人骄傲地说:"老师,我做了!"

"我曾经说过,做完这件事,你们就知道如何能够成功了。"禅师对弟子们说道:"现在我告诉你们,世间最容易的事,常常也是最难做的事,最难的事也是最容易的事。说它容易,是因为只要愿意做,人人都能做到;说它难,是因为真正能做到并持之以恒的,终究只是极少数人。"

后来,只有那个持之以恒的弟子成了禅师的衣钵传人。

小良的感悟

小良说:"我明白了,小元师傅,世间最容易的事往往也是最难做的事,我的婚姻的轻易得来,背后一定隐藏着亲人们很多艰辛的努力。我会记住的,我会珍惜的。"

我说:"世间的事没有难易之分,也没有痛苦和幸福之分,之所以要分,那是我们自己的心理上在分,在作怪,也许你不知道,你的哥们对你的容易不知道有多羡慕呢。"

小良说:"小元师傅,你知道我妈妈和我爸爸的爱情和婚姻吧?"

我说:"略知一二。"

小良说:"我觉得我的婚姻和我爸爸妈妈的婚姻,和我妈妈对我爸爸的爱情相比,我们的婚姻最多也就是六折,或者更低,简直没有办法相比。"

我说:"如果艾老太太听了你对她的赞扬,不但不会高兴,而且会感到非常伤心。"

"为什么?"小良十分惊讶。

我说,我看我还是给你讲个故事听听,你自己想想其中的道理吧。

有一个人呢,因为父亲去世,就去寺里请佛光禅师诵经超度。这个人很关心诵经的费用,于是不停地问佛光禅师:"诵一卷《阿弥陀经》要多少钱?"

佛光禅师看不惯这个人小气的样子,就毫不客气地回答道:"一卷《阿弥陀经》需要十两银子。"

那人认为太贵,就讨价还价说:"禅师,十两银子太贵了吧!能不能打八折，八两如何？"

佛光禅师心里觉得好笑，但还是点头道："好吧！"

在诵经佛事进行的过程中，那人听到佛光禅师念念有词地说："十方诸佛菩萨，请将今天诵经的一切功德，回向给亡者，让他能往生东方世界。"

那人听了之后觉得不对头，就向禅师抗议道："不对呀！禅师，我只听说过人过世以后往生西方极乐世界，没听说往生东方世界呀？"

佛光禅师调侃道："往生西方极乐世界需要十两银子，你坚持要打八折，只好送亡者到东方世界去啦！"

那人很尴尬，只好说："我再加二两好了，你还是让我父亲去西方世界吧！"

轻轻地告诉你

我痛心地说："小良啊，婚姻不是买衣服买菜，可以讨价还价，人生在世，有些东西是无法打折的，像亲情、友情、爱情、婚姻、家庭等等。如果我们试图把它们当作商品来衡量，像做生意一样对待它们，就会使本来美好的东西变质或者腐朽。你一定要记住，人生中有很多东西是无法打折的。"

8　婚姻需要畅言，但不需要针

阿珠的烦恼

这一天，阿甘老板和妻子阿珠让我给他们评评理，阿珠说："小元师傅，我每次提醒他开车要注意安全，小心别撞了车，他都说我是乌鸦嘴，能不能说点吉利的话。我这是关心他，难道有什么不对吗？"

阿甘说："同样是句话，为什么你说的就那么难听，你难道就不能说老公一路平安之类的？"

小元的故事

我说："是不是要等你们吵完了，再听我讲故事呢？"夫妻二人就不再说话了。

我又说，夫妻在一起过日子，那日子比树叶子都稠，难免会磕磕碰碰的，你们就要学会忍让。不过，阿甘兄弟，你既然知道阿珠是一片好心，又知道她不太善于表达，那为什么还要苛求她呢？夫妻之间就是要畅所欲言，有什么就说什

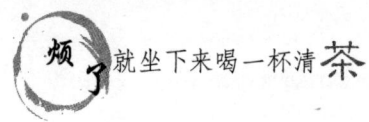

么。难道这样不好吗?

阿甘虽然没有反驳我,但是我知道他心里的积怨还没有化解。我说,那我就不多说了,听我给你们讲个故事好吗?

昙照禅师每日对信徒说法,第一句话总是:"快乐呀!快乐呀!人生好快乐呀!"

但是,有一次他生病了,躺在床上不断地叫唤道:"痛苦呀!痛苦呀!好痛苦呀!"

住持和尚老远就听到了,过来责备他道:"一个出家人,生了点小病,就不住地叫苦喊痛,像什么话!"

昙照说:"健康快乐,生病痛苦,这是自然的事,为什么不能叫苦呢?"

住持回答:"以前你不是这样的呀。我记得有一次你掉进水里,快要淹死了,后来被人救起后,面不改色心不跳的。当时你那种视死如归、无惧无畏的样子,令全院的和尚很是佩服。而现在,你怎么变得这么娇气呢?况且,你平时不停地讲快乐、快乐的,怎么生了这么点小病就毫无顾忌地大叫痛苦呢?"

昙照对住持和尚道:"你过来一下,到我的床前来!"

住持到了他床边,昙照禅师轻声问道:"住持和尚,你刚才说我以前讲快乐呀,快乐呀!而现在又不住地叫痛苦呀,痛苦呀!请你告诉我,究竟是讲快乐对呢,还是讲痛苦对呢?"

按照佛法,答快乐还是痛苦都是错的。因此,住持无言以对。

阿甘的感悟

阿甘说:"我明白了,小元师傅,你说的就是人生中无论是婚姻还是其他什么事情都要随其自然,有快乐就表达出来,有痛苦也不必隐瞒,不要计较别人是如何表达的,阻止和计较别人的表达是不对的。"

我说:"是的,人生中总有酸甜苦辣,每个人都能感受到喜怒哀乐。因此,我们应顺其自然,遇到快乐的事情就该开开心心、高高兴兴的,而如果遇到不幸的事情,叫叫苦,抱怨抱怨也是可以理解的。人要学会表达自己的感情,刻意隐瞒只会让快乐失去意义,让痛苦更加不堪。就像你们现在,本来是件互相关心的好事情,现在弄得都不快乐,是不应该的。"

阿珠说:"听到没?阿甘,你崇拜的小元师傅都说我是对的呢。哼,以后你就给我老实点,别整天没事找事的,以后再这样,小心我跟你离婚。"

我一听,这分明是阿珠在没事找事嘛,就说:"阿珠啊,这可是你在没事找

第二章
欣赏婚姻常青树上的一丝和风

事啊！无论是谁，这样都是不对的，都会自尝后果。你们愿意我再给你们讲个故事吗？"

很早以前，有一个没发生过灾祸的国家，那里五谷丰登、人民安宁，既没有疾病流行，也没有灾害发生，举国上下无忧无虑，一片歌舞升平的景象。

有一天，国王在官殿中对大臣们说："我听说天下有个叫灾祸的东西，种类很多，但不知道它到底是什么样子？"

众大臣也说："我们也听说过，但都没有见过它的样子。"

于是，国王便派遣一位大臣到邻近的国家购买灾祸。

天神知道此事后，便化装成一位商人来到市场上，摆出一个外表看似猪形的怪物，用铁索紧紧地捆绑着，等在一旁，静候那位大臣的到来。

果然，那位大臣来到怪物前，便停住脚步仔细地端详起来。他问商人："这是什么怪物啊？"

商人说："这是'祸母'，能够制造灾祸。"

大臣一听，非常高兴，心想：我可找到要买的东西了。他连忙询问价钱，商人说价值千万。大臣又问："它以什么为食"？

商人答道："此物专以针为食，每日要吃一升针。"

大臣将一切打听仔细后，便欢欢喜喜地把"祸母"买回了国中。从此以后，全国的百姓都停止了原有的工作，所有的人一天到晚只做一件事，那就是到处找针、造针，以喂养"祸母"。全国上下都因喂养"祸母"却找不够针而犯愁，没多久，这个国家就变得官府混乱、人民犯罪、五谷不收、病害肆虐、举国不安，百姓无以为生。这时，人们全都明白了：这就是灾祸呀。

于是，国王命令把"祸母"杀死焚烧，扔出国界。可是，当人们把"祸母"带到城外砍杀时，却刀砍不入。人们又架起柴堆，用火焚烧，"祸母"依然无恙。正当人们不知所措时，通体赤红的"祸母"突然窜入城中，入市烧市，入殿烧殿，整个城池顿时陷入到一片火海之中，转瞬之间便国破家亡。

轻轻地告诉你

我轻轻地说："这就是没事找事的后果，特别是夫妻之间，更不要没事找事，一会儿怀疑老公有外遇，一会儿怀疑老婆有婚外恋，或者因为一点小事情无理取闹，否则终会造成祸害，好端端地就把本来一个温馨和睦的家庭给破坏掉。在生活当中，很多人喜欢没事找事、无事生非，殊不知，这样没事找事最容易引发大事，甚至会造成祸害，不但害了别人，也害了自己。所以，你们一定要记

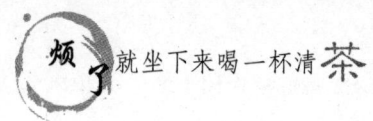

住：无论是婚姻还是生活中的其他事情，千万不要没事找事。"

9 木头会说话，落叶经常扫

阿陶的烦恼

阿陶和依依最近非常烦恼，他们告诉我他们夫妻相互之间的秘密越来越多，你欲言又止，我话说半截，结果搞得夫妻间的关系非常紧张。我问依依："你的秘密是因为你做了对不起阿陶的事情吗？"依依说不是。我又问阿陶："你的秘密是因为做了对不起依依的事情吗？"阿陶说："都是些从别人嘴里得知的其他人的秘密，我不想传播，可是憋在心里难受，想对依依说，又怕她知道了也不想说出去，也折磨她。"依依说我也是，不想背后说别人闲话，可是阿陶老是猜疑我有什么事情瞒着他。

小元的故事

我说："原来是这样啊，我想，你们可能搞错了概念，秘密和闲话是截然不同的，秘密是这个人做了什么见不得光的事情，或者不能张扬的某种事件，它是客观的；而闲话是别人没有，而你凭空制造或者猜想的，或者你自己这样认为人家怎么怎么样的，它是主观的。那么，既然是客观存在的，你为什么还要放在自己心里呢？依依啊，你忘了我给你说过的放下包袱的故事了吗？放下吧，这些秘密本来是不该让你负担的，而你偏偏把它压在心里，那你们怎么能不紧张呢？"

依依说："我明白了，小元师傅。"

阿陶却持怀疑态度。我说这样，咱们照例来从故事中寻找答案吧。

从前有一个国王，每天都很快乐，可是忽然有一天他脸上失去了笑容，从此闷闷不乐。

一些老百姓很担忧他，以为国王生病了，但宫廷大夫却说："国王像水牛一般强壮。"另一些老百姓又担心，怕是国王没钱花了，但宫廷司库说："国王拥有的财富和粮食多得很。"举国上下传说不一，议论纷纷，都希望找到真正的原因，以揭开这个秘密。

但是，真正知道这个秘密的全国只有一个人，那就是国王的理发师。有一天，正当他给国王理发时，偷偷对国王说："陛下，臣明白你为什么不高兴了。"

"可不许对任何人讲。"国王神色严肃地说。

/第二章/
欣赏婚姻常青树上的一丝和风

这位理发师不善于保守秘密,凡是他知道的事总会脱口而出。然而,这一次,他下决心不把这件事泄露出去,甚至连老婆追问他,他也坚决回答:"请原谅我,这一次我决不泄露秘密。"

当老百姓探听到他知道国王的秘密时,大家就不约而同地涌进他的家,他走到哪里,大家就跟到哪里,希望从他身上能够打听到一些消息。因此,他成了全国瞩目的中心人物。

有一次,理发师带着妻子在湖上游玩,立刻便有许多小船围拢过来,差点撞翻了他的船。此番过后,理发师为逃避人们的纠缠远离城市到了乡间。没想到,他又被周围的农夫包围住了。他到寺庙烧香拜佛,也被熙熙攘攘的香客围得水泄不通。理发师被弄得不得安宁,痛苦极了。

妻子很为理发师的处境担忧,但同时也勾起了她强烈的好奇心,她十分想知道这其中的奥妙。有一次,家里又是里三层、外三层地围满了人,妻子实在忍不住,跑到丈夫面前恳求道:"告诉我吧,我决不转告任何人。"此刻理发师实在忍受不住了,他飞快地跑出家,冲进国王的御花园。数百名群众在后面追赶着他。他钻进一个树洞里,不顾一切地扯着嗓门大声喊道:"陛下的头秃顶了!头秃顶啦!"

由于太紧张了,他的声音颤抖,以至于谁也听不清他嚷了些什么。然而,这样做了以后,理发师感到如释重负,轻松多了。他长长地吁出一口气,钻出树洞往家里走去。沿途,他感到空气格外清新,心情特别舒畅。

回到家里,当妻子恳求他将秘密和盘托出时,他非常轻松地说:"我再也没有什么秘密啦,因此也没什么可说的了。"

"可是你什么也没说呀。"妻子惊讶地反驳道。

理发师笑了笑,什么话也不再说了。

事也凑巧,由于国王十分喜爱打鼓,而且有精湛的打鼓技艺,于是,乐师们来到御花园选择优质木材为国王制鼓,恰好选中理发师藏身的那棵有树洞的大树。他们锯下大树,用大象把树木拖回王宫,用它制成了一个鼓。当鼓制成后,国王举槌击鼓。"咚!咚!咚!"大鼓发出了铿锵的声音。

国王满心欢喜,决定要在下一个盛大节日里在宫内表演一番。节日到了,数百名文武官员和百姓前来听鼓。

国王举槌猛击大鼓。大家聚精会神地聆听:"咚!咚!"但是除了鼓声以外,还伴有一个巨大的声音:"陛下的头秃顶啦,头秃顶啦。"

周围的人一下子就知道了国王的秘密,想笑不敢笑,都用手捂着嘴巴。

恼羞成怒的国王立刻下令把理发师逮来。

理发师被带到殿前。国王训斥道:"你为什么把我的秘密告诉给大树?"

理发师惊恐万分,把事情的经过统统照直对国王说了一遍。

"放了他!"国王见他忠诚老实,就命令道,"这不是他的过错,他不了解那棵树能重述人的话。"

百姓们焦虑地等待着,看国王将如何处置理发师。就在这时,大鼓重又嚷起来:"陛下的头秃顶啦,头秃顶啦!"大家面面相觑,不知如何是好,气氛显得异常紧张。

这时,国王打破了寂静,从容不迫地对众人说道:"是的,我承认这个事实。因为,我的头顶本来就秃了。"说着,国王坦然地笑了。他的心情突然变得十分愉快,因为他再也没什么可隐瞒的了。

阿陶的感悟

阿陶说:"我明白了,小元师傅,心中不要存有秘密,敢于示人才会快乐。"

我说:"对,不但婚姻是这样,做人也是这样,人们都对秘密有好奇心,尤其是对于大秘密,好奇心就更为强烈。替人保守秘密和心中装有自己的秘密是一件非常痛苦乃至可怕的事情。如果想活得快乐,最好的办法就是把秘密说出来。古人云'君子坦荡荡,小人长戚戚'。做人就要坦坦荡荡,才会快乐。"

依依说:"我明白了,小元师傅,可是我们这样相处得太久了,心中放的那些破事太多了,都不知道该从哪里说起才好,生怕说错了再闹什么误会。"

我说,这样,我再给你们说个故事好吗?

佛陀在世的时候,有一位弟子叫周利槃陀伽,非常愚笨,教他一首偈颂,念了前句忘后句、念了后句忘前句。没有办法,佛陀问他会什么,他说会扫地,佛陀就叫他扫地的时候念"拂尘扫垢"。他念久后心想,外面脏了,要用扫把去扫;心里脏了,要怎样清扫呢?突然之间,周利槃陀伽就开悟了。

鼎州禅师领悟到这一点,可比这位笨弟子容易多了。

一个秋天的傍晚,鼎州禅师和一个小沙弥在庭院中散步,突然刮起一阵瑟瑟秋风,树上的叶子纷纷扬扬地飘落下来。禅师弯下腰,将树叶一片片地捡起来,放到了口袋里。一旁的小沙弥说道:"师父,不要捡了,反正明天一大早我们都会打扫的。"

鼎州禅师一边继续蹲下来捡落叶,一边不以为然地说道:"咱们每一天都在打扫,难道地上就一定会干净吗?我多捡一片落叶,就会使地上多一分干净啊!"

小沙弥不服气地回答道:"师父,落叶那么多,您前面捡,它后面又落下来,您怎么捡得完呢?"

鼎州禅师边捡边说道:"落叶不光是在地上,还在我们的心里呀!地上的落叶捡不干净,但心上的落叶终有捡完的时候。"

小沙弥听后,终于懂得禅师为什么总是那么平静和慈祥了。

我把故事讲到这里,也从地上捡起一片落叶说,这东西可不只是秘密啊,它也像灰尘,经常会掩盖住婚姻和人生本来的颜色,是需要经常打扫的,你们能明白吗?

轻轻地告诉你

我看了看他们两个接着说:"我们不但要经常打扫尘埃,更要经常打扫心灵,把心里那些本不该我们承受和保存的东西打扫一下,因为其本来就已经客观存在,我们何必把其再掩藏在我们的心里,给自己增加负担呢?如果不经常打扫,就像你们现在积压了厚厚的一层,严重影响了我们心灵的卫生和夫妻之间的和谐,是很不应该的。只有将自己心里的枯叶一片一片地捡起,才会保持内心的洁净。你们要记住,打扫一片就会少一片,终有一天会打扫干净的。"

10　一袋烂苹果和一袋金币

小倩的烦恼

阿珠这一天带着她的妹妹小倩来找我。小倩鼻涕一把泪一把地哭个不停,说:"小元师傅,我们结婚都3年多了,他刚认识了一个女孩子才几天,竟然提出和我离婚,说要和那个女孩子结婚了。我为他付出了那么多,什么都给他了,青春、工作、感情,平时我不舍得吃不舍得花的供他读书,没想到他才毕业几年啊,竟然说和我没有了共同语言,早晚都是离,长痛不如短痛,还是离了吧。"

那你答应他了吗?

小倩说:"答应了,而且已经离了,可是我非常痛苦。"

小元的故事

我说:"小倩不要伤心,这样的陈世美别说是当今的社会,古来就有,我给

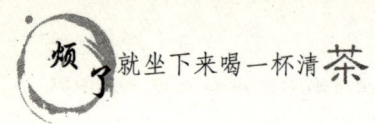

你讲个故事听听,如果你能受到启发是最好不过了,如果你听不出什么,再哭也不迟。"

从前有个书生,和未婚妻约好在某年某月某日结婚。到那一天,没想到未婚妻竟然嫁给了别人。书生受此打击,一病不起。家人用尽各种办法都无能为力。

这时,一位云游的僧人路过,得知情况后决定点化他。

僧人到他床前,从怀里摸出一面镜子叫书生看。

书生看到茫茫大海,一名遇害的女子一丝不挂地躺在海滩上。

路过一人,看一眼,摇摇头,走了。

又路过一人,将衣服脱下,给女尸盖上,走了。

再路过一人,过去,挖个坑,小心翼翼地把尸体掩埋了。

疑惑间,画面切换,书生看到了自己的未婚妻。洞房花烛,被她丈夫掀起盖头的瞬间。

书生不明所以。

僧人解释道:在海滩上的那个女人的尸体嘛,就是你未婚妻的前世,你是第二个路过的人,曾给过她一件衣服。她今生和你相恋,只为还你一个情。但是她最终要报答一生一世的人,是最后那个把她掩埋的人,那人便是她现在的丈夫。

书生大悟,刷地从床上坐起,病痊愈了。

我讲到这里,小倩已经停住了哭声。我说:"小倩你明白了几分呢?"

小倩的感悟

小倩刷地从蒲团上站了起来说:"小元师傅,你说我就是给他前生的尸体盖衣服的那个人?"

我说:"对,缘分不可强求,是聚是散都应随缘。什么是缘分?没人能说清。如果你相信缘分的存在,就应该明白,该是你的,早晚是你的;不该是你的,怎样努力也得不到。"

小倩喃喃地说:"是啊,是聚是散都应随缘。可是我该怎么样去做才能解脱呢?"

我说:"其实呢,你刚才的那一站,我就知道你已经解脱了,可是既然你这样问了,不妨再听我一个故事。"

从前,有一对很贫困的老夫妇,他们想把家中唯一的一匹值点钱的马拉到市场上去换点有用的东西。

于是，老头便牵着马去赶集了。他先用马与人换得一头母牛，又用母牛去换了一只羊，再用羊换来一只肥鹅，又把肥鹅换了母鸡，最后用母鸡换了别人的一口袋烂苹果。

在每次交换中，他都想给老伴一个惊喜。

当他扛着大袋子来到一家小酒店歇息时，遇上了两个富人。在闲聊中，他谈了自己赶集的经过，两个富人听后哈哈大笑，说他回去准得挨老婆子一顿骂或一顿揍。老头子坚称绝对不会，两个富人就用一袋金币打赌，说："只要今天你回家不挨老婆的骂，我们就给你一袋金币。"

于是，三个人一起回到了老头子家中。

老太婆见老头子回来了，非常高兴，她兴奋地听着老头子讲赶集的经过。每当老头子讲到用一种东西换了另一种东西时，她的话语里都充满了对老头的钦佩。

老太婆嘴里不时地说着：

"哦，我们有牛奶了！"

"哦，羊奶也同样好喝！"

"哦，我们有鸡蛋吃了！"

最后听到老头子背回一袋已经开始腐烂的苹果时，老太婆同样不愠不恼，大声说："我们今晚就可以吃到苹果馅饼了。"

结果，两个富人输掉了一袋金币。

私下里，有一个富人问老太婆："你为什么不责怪他？是不是提前有人来给你捎信说我们要打赌了？"

老太婆答道："没有，我是想啊，事情已经这样了，责备也于事无补，倒不如坦然地接受。"

小倩听到这里说："我明白了，小元师傅，你放心，我会坦然接受的。"

轻轻地告诉你

我高兴地说："你能从痛苦中很快自拔，我很高兴。不仅仅是婚姻，我想在你以后的人生之路上，希望你都能学会人家老太婆这种处事方法。其实，在我们的人生和社会活动中，很多事情都是这样，我们都要用一种不愠不怒的态度去对待。事情既然已经发生了，尤其是很糟糕的事情，与其抱怨，倒不如坦然地接受，因为抱怨也已于事无补。无论在何时，用积极、坦然的心态去拥抱生活都会减少争执，使生活快乐。"

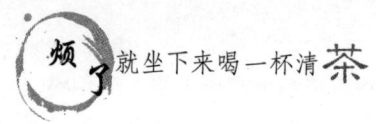

11 细思量,黄脸婆才是最美的树

婚姻的烦恼

现在的社会已不再是古代女子大门不出、二门不迈的旧时代了。随着时代的发展,女性在社会中越来越显示出不可取代的地位,丈夫和女性同事因为工作的关系、朋友的关系、邻里的关系接触也越来越多,而妻子和其他男性也同样会出现类似情况。同时,生存、生活、工作、学习等等的压力也越来越大,搞得一个个神经紧张,难免会出现这样或者那样的烦恼。但是,只要我们经常打扫心灵的尘埃,放松一下紧绷的神经,不去猜疑,不去攀比,不去自寻烦恼,这样我们的婚姻就能长久、稳定和美好。

小元的故事

今天我想给大家讲一个自寻烦恼和克制自己的笑话,不知道大家是否愿意听听。

说是在从前有个商人外出经商,3年来都不曾返家探望娇妻。经过几年的辛勤经营,他攒了小小的一笔积蓄,眼见年关迫近,思乡的情绪油然而生,于是他决定赶回家中与妻子团聚。

商人心想:3年多我都未曾回过家,妻子一定会非常想念我,我应该备办一份奇特的礼物送她,以慰劳她本分持家的辛苦。

商人信步到街上为妻子选购礼物,只见街道两旁摆放着各色货摊,摊贩们纷纷扯开喉咙大声吆喝着,以招揽顾客。商人的眼睛突然被一家店面深深地吸引住了,偌大的一间店里面空空荡荡,没有一点货物,主人坐在店中,喃喃低唱,不知是在唱颂什么。只见墙上贴了醒目的布条,上面写了"卖四句偈"四个大字,字体遒劲而有力。

商人好奇极了,心想自己跑遍天下,看到过不少货品,但从来没有听说过四句偈这种东西。他决定一探究竟,说不定能给妻子一个惊喜,于是对店主说:"请问这四句偈是多少钱?"

"如果你有意购买,我才告诉你这举世罕见的奇妙珍宝,而只是刺探的话,恕不答复。"店主懒洋洋地抬起眼皮。

"对不起,我是诚心诚意要购买这四句偈,请你告诉我吧!"

店主赶忙堆起一脸慈厚的笑容:"四句偈就是四句话,向前三步想一想,退

第二章
欣赏婚姻常青树上的一丝和风

后三步想一想,嗔心起时细思量,放下怒火最吉祥。看你忠厚老实的样子,特别减价卖三十两银子。"

商人啼笑皆非,原来这就是珍奇宝贝的四句偈,但自己既然做出了承诺,无奈只好以高价买下这四句话,心中却是懊恼极了。

等到商人一路跋山涉水、日夜兼程赶到家里的时候,已经是岁暮除夕的夜晚了。只见家里的窗棂透出晕黄的灯光,想必是妻子正在守候自己的归来。商人很高兴,踏入门槛,只见厅中摆了一桌的佳肴,两副碗筷整齐地各占一边。商人暗想:一定是贤惠的妻子知道自己赶路辛苦、饥肠辘辘。只是怎么不见妻子的人影?原来妻子已经在睡觉了。商人进入卧房正待叫醒妻子时,赫然发现帘帐前端端正正地摆了两双鞋子,一双男鞋,一双女鞋。商人怒火中生:"好哇!不要脸的贱人,竟然做出如此伤风败俗的勾当,坏我门风。"

商人转身冲到厨房,拿起锋利的刀子劈手便要砍下,这时四句偈突然浮上了他的心头:"向前三步想一想,退后三步想一想,嗔心起时细思量,放下怒火最吉祥。"商人转念一想,纵然要杀她,也要问个清清楚楚,让她死得明明白白、心服口服。于是粗鲁地叫醒妻子,大声骂道:"不知廉耻的女人,竟然背着我偷人,这一桌酒席,这一双鞋子,你做何解释!"

好梦正酣的妻子看到久别归来的丈夫对自己不但没有体恤慰问的情话,反而如凶神恶煞般要杀自己,终于按捺不住,尖起嗓门大骂:"没良心的东西,你这一出门三年未归,也不捎个信儿回家,我想年头已近,别人家里一家团圆,因此也为你准备了一双碗筷、一双鞋子,图个吉利圆满。你不问青红皂白,见面就要杀要砍的,既然这样你就杀好了,给你杀啊!"

"对不起,我误会贤妻了,哈哈!三十两银子买四句偈实在便宜!便宜!"商人手舞足蹈,抚掌大笑,一旁的妻子看得却一脸迷惑惊愕。

哈哈,当你看完了这个故事,你会明白,我想说的也不过几点:

首先就是,遇事不听解释,不分就青红皂白,结果酿成了许多误会和悲剧,这种事情经常会发生在我们的生活中。其实,只需冷静下来,弄清楚事情的原委,就可以更好地处理问题,避免误会和悲剧的发生,正所谓"嗔心起时细思量,放下怒火最吉祥"。

同时我要说的是,在婚姻当中最忌讳的就是不信任,瞎猜疑,自寻烦恼,没事找事,结果常常会酿成不该发生的惨祸,追悔莫及。

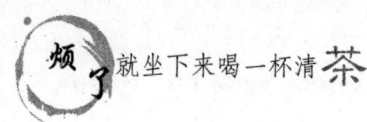

婚姻的感悟

我再给大家讲一个不知道自己的婚姻是幸福的一个小伙子的故事，希望能引起大家的感悟。

有一个小伙子，正垂头丧气地在河边来回走动着，他心烦意乱，真想跳进河里一死了之。

可是他又有些舍不得这个世界，正在犹豫不决。一位禅师经过他身边，停下来问道："小伙子，你有心事吗？"

小伙子深深地叹了口气说："我年近三十岁一事无成，一文不名，家里还有个叫人看了恶心的黄脸婆，这样的日子我真受够了。"

禅师听了微笑着问道："那么你的理想是什么呢？说出来，看看我能不能帮你实现。"

小伙子说："我曾经有两个理想，做个超级大富翁，如果这个不能实现，那么我想娶个漂亮的女人做妻子。"

禅师笑着说："这很容易，你跟我来吧！"说完，禅师转身就走，小伙子大喜过望，紧紧跟在后面。

禅师领着小伙子先来到一个超级富翁的豪宅，只见富翁正躺在床上大声咳嗽，脸色蜡黄，面前的金盆里是他刚刚吐过的带血丝的痰。禅师转身对小伙子说："这位富翁不惜牺牲自己的健康追求财富，为了得到财富，他付出了超负荷的精力，结果财富得到了，他却累倒了。他还不知道自己的三个儿子正祈祷他早日升天，好早日继承遗产呢。"

禅师说着，便领着小伙子来到另一个房间，只见富翁的三个儿子正在和几位漂亮小姐喝酒，一副声色犬马的样子。小伙子看了十分恶心，不由得掉转身子。

禅师对小伙子说："我们再去看看一位漂亮的女人吧。"

说着，禅师领着小伙子来到一位漂亮女人的家里。

那位漂亮女人正冲着一位佣人大发脾气，她甚至拿起手里的烟头朝佣人身上烫，佣人的皮肤很快就起了泡，但佣人却硬挺着，不敢呻吟。

禅师悄悄地对小伙子说："如果他发出惨叫的话，将招致更严厉的惩罚。"

漂亮女人折磨完佣人，要回房睡觉了，这时一个女佣走进来对她说："小姐，你先生求见。"

漂亮女人眼皮也不抬地吩咐道："叫他给我滚，顺便带个信儿给他，明天我就要和我的第十二任丈夫结婚了，他有兴趣的话，可以来参加我们的婚礼。"说完，便"啪"的一声关上了房门。

第二章
欣赏婚姻常青树上的一丝和风

小伙子看得目瞪口呆。

从漂亮女人家里出来后,禅师问小伙子,两个理想,你随便挑一个,我都可以想办法替你实现。

小伙子想了一会儿,说:"不,其实我什么也不缺,与富翁相比,我有他用金钱都买不来的健康。而至于那个漂亮女人,我老婆可比她贤淑善良多了。"

轻轻地告诉你

这里,我想告诉大家的是,不要身在福中不知福了,往往我们不知道珍惜的才是最珍贵的,我们苦苦寻找的就在我们身边,我们现在所拥有的才是最珍贵、最幸福的,在这个世界上最值得羡慕的是我们自己!

在生活中,在婚姻中,每个人都会遇到不尽如人意的事情,我们不妨换个角度去看这个问题,就会发现,其实我们什么也不缺,最值得羡慕的就是我们自己的婚姻。我们身边的黄脸婆才是我们可以依靠的一棵世界上最美丽的常青树,谁也无法媲美和取代,只不过需要我们经常静下心来感悟一下婚姻中的禅机,用清新的和风清洗一下上面的尘埃,就能享受婚姻的美丽、温馨和幸福。

第三章
给父母教育子女的另一只眼睛

/第三章/
给父母教育子女的另一只眼睛

孩子是父母生命中的一切,寄托了父母所有的希望,没有一个父母不希望自己的孩子成材。但是在实际生活中,很多孩子不但没有沿着父母的愿望走,反而成为一个平庸的人,有的孩子甚至视父母为仇敌。父母愤愤不平,自己含辛茹苦拉扯孩子,到最后希望破灭不说,还得不到孩子的理解。南怀瑾先生说:"现在天下父母以及所有老师都在做一件事——残害我们的幼苗。"当然,这句话听起来不太舒服愉快,但是我们的确是在做着这样的事——把天才变成庸才。而且随着孩子的成长,我们不断地增加着自己和孩子的烦恼。那么,不妨让我们来听几个小故事,看看能否找出点禅机,用另一只眼睛看待孩子的教育问题,消除我们日积月累的烦恼,让孩子在轻松快乐中健康成长。

1 关于总统和土豆的问题

阿陶的烦恼

这一天阿陶和依依来找我,说:"最近我和依依老是在孩子的教育上出现分歧。她也太惯着孩子了,什么都纵容她,孩子的学习成绩越来越差,有一次我说了孩子几句,依依差点和我翻脸。"

依依说:"孩子是需要欣赏的,不能用硬态度,你看人家那赏识教育说得多好,教育孩子的核心是要懂得孩子需要什么。"

阿陶说:"我妈在我小时候也不懂什么赏识不赏识,她只知道'棍棒底下出孝子,娇生惯养无义郎'。我不是照样考上了大学?孩子就是要严加管教才行。"

小元的故事

我说:"说实在的,我没有机会体验孩子的教育问题。不过呢,我曾经看过不少关于教育孩子的书,感触很深,你们想听我讲个故事吗?"

小约翰的父亲对小约翰的调皮捣蛋、不爱学习很是恼火。

这天,他把小约翰叫过来,对他说:"你怎么就不知道好好学习呢?你真不知害臊,人家华盛顿像你这么大的时候……"

小约翰打断父亲的话,说:"爸爸,华盛顿像你这么大的时候已经是美国总统了。"

阿陶和依依听到这里就笑了。依依说:"这样的事情,也经常发生在阿陶身上呢。"

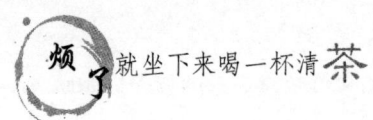

我说，还有一个也是关于总统的故事。

哈里·S·杜鲁门，在他当选美国总统以后，有记者到他的家乡采访他的母亲。

记者首先称赞道："有哈里这样的儿子，您一定感到十分自豪。"

"是这样。"杜鲁门的母亲赞同道，"不过，我还有一个儿子，也同样使我感到自豪。"

"他是做什么的呢？"记者问。

"他正在地里挖土豆。"

这次阿陶不笑了，陷入了沉思。我说："你们想到了什么？"

阿陶的感悟

阿陶说："两个故事都与总统有关，前者没有把总统当成平民百姓看待，所以得到了儿子的反诘，后者是母亲把总统与另一个儿子平等看待，我觉得杜鲁门的母亲真的很了不起。"

我说："是这样，这就是一个教育方法的问题，教育孩子不能凭着一时的意气，要方法得当，说话的措辞也要讲究，否则不但无法说服孩子，而且还会被孩子弄得很尴尬。杜鲁门的母亲在孩子的教育上就知道欣赏孩子，他能根据孩子的性格和喜好，赏识和鼓励自己的孩子做好自己喜欢做的事情，所谓因材施教、因需施教才是父母教育问题的根本所在啊。"

依依说："听听人家小元师傅说的吧，赏识，懂吗？我看你以后也要多看点这方面的书了，什么'棍棒底下出孝子，娇生惯养无义郎'，那些观念都太老土了，知道吗？"

我说："依依大姐啊，话不是这么说，一味的娇惯和纵容或者说赏识不当，也是非常有害的。我再给你们讲个故事好吗？"

一个孩子进幼儿园的时候，他的妈妈把他揽在怀里，对他说："那儿有很多小朋友和玩具，不要哭，妈妈会早早来接你。"

这个孩子上小学了。在校门口，他的妈妈经常摸着他的头对他说："不是幼儿园了，要好好学习，听老师的话，争取做个好学生。"

等孩子上了高中。走出家门的时候，他的妈妈也没忘记嘱咐两句："那个球不要再踢了。"或者说："不要熬夜，要劳逸结合。"

后来这个孩子考上了大学。临行前，他的妈妈双目忍泪，对他说："学会照顾自己，需要什么给家里写信。"

终于，在这个孩子走向社会的时候，他的妈妈对着他的背影，又说："不是在父母身边了，性子要收一收，和同事处好关系，好好工作。"

总之，在这个孩子的成长过程中，他的妈妈一直都在用一种近乎于临渴掘井式的忠告和娇惯规范纵容着孩子的行为。他的妈妈认为她应该这样做，认为这是一种发自内心的责任和爱。

终于有一天，这个孩子完全辜负了妈妈的期望，一事无成，做了和尚，这个孩子就是我。如果你想让你的孩子也像我一样当个小和尚，你就盲目地赏识如何？

呵呵，和依依大姐开玩笑了。

轻轻地告诉你

我接着说："然而，世界上就有那么一位母亲不这么做，她从孩子懂事起就告诉他：你要坚强，坚强得足以认识自己的弱点；你要勇敢，勇敢得足以面对恐惧。你要堂堂正正，在遇到挫折时能够昂首而不卑躬屈膝；你要能面对掌声，在胜利时能够谦逊而不趾高气扬。她告诉他：真正的伟人直率真诚，真正的贤人虚怀若谷，真正的强者温文尔雅。并且她和他一起向上帝祷告：请赐予他足够的幽默感，让他尽可能庄重而不盛气凌人，让他在拥有未来的同时永远不要忘记过去。这位母亲就是林肯的继母——萨利·布什。当然我的意思并不是说大家都要把自己的孩子培养成领袖或总统，但我们是不是想过，在用戒律式的言语忠告自己的孩子，以及娇生惯养纵容自己的孩子时，还有一种更健康的教育方式，那就是用勇气和坚强铸造孩子的心灵？"

2 对花朵的爱要学会节制

阿珠的烦恼

阿珠和阿甘夫妇来到寺院，那天我正在种花草。阿珠说："小元师傅，你不知道我们的孩子现在越来越不像话，喝酒抽烟，打架斗殴，学习成绩倒退到全班的中等水平，我对他是越来越失望，阿甘从来就不管孩子，可是孩子不害怕我，我说他他也不听，真烦人啊。"

阿甘说："这都怪谁啊，从小你就不让动他一指头，犯了错误我要揍他你就护着他，现在可好，管不住了不是？又把责任往我身上推！"

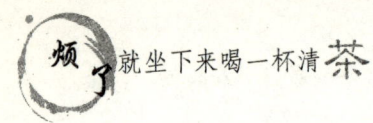

小元的故事

我说:"这不光是你们两个人的烦恼啊,很多家长都有这样的烦恼,主要是你们两个的教育方法都有错误和偏差,才导致了目前的状况,不过好在现在的状况只是暂时的,不是结果,我们还是有希望把孩子教育好的。你看,孩子就像是这些花草,你要善于管理,不任其发展,又不模式化严管,才能很好地帮助孩子成长。"

阿甘说:"说是这样说,可是怎样才能做到这些呢?"

我说,这样,你们好长时间都没有听我讲故事了,我就给你们讲个关于花草的故事吧。

从前有一位信徒在佛殿虔诚地拜了佛之后,信步来到禅院的花园散步,碰巧看到园头禅师在埋头修理花草。

只见园头禅师一会儿用剪刀将花草的枝叶剪去,一会儿把一些花草连根拔起,移植到另一个花盆中,一会儿又给枯萎的花草浇水施肥,给予特别照顾。禅师修修剪剪,忙得不亦乐乎。

信徒看了一会儿,不解地问道:"园头禅师,你到底是怎么照顾花草的?好好的枝叶,你把它们剪去。花草都已经枯萎了,你还要给它们浇水施肥,并且,把花草从这一盆移植到另一盆中,有必要这么麻烦地搬来搬去吗?"

园头禅师一边干活儿,一边问道:"施主有孩子吗?照顾花草,就像教育孩子一样,人要怎么教育,花草就要怎么照顾。"

信徒听后,疑惑地问道:"禅师,我更听不懂了,花草树木怎么能和人相比呢?"

园头禅师头也不抬,慢条斯理地说道:"照顾花草,怎么不能和人相比呢?你看,这株花看似枝叶繁茂,但花开得太多,就会开得不好,因此,就要剪下一些。并且,要及时剪除多余的枝蔓和杂叶,免得它们和花朵争夺养分。"

信徒听了,点了点头,又问道:"有些枯枝已经死了,为什么还要特别照顾呢,那样做不是白费力气吗?"

园头禅师望着那些枯枝,慈悲地说:"这些枯枝看起来已经枯萎死去,其实里面还蕴涵着无限生机,照顾得当,它们一样会开出美丽的花朵来。要知道,人性本善,只要悉心爱护、多加关心,它们就一定会获得重生的。"

说着,园头禅师又拿起一株花,移植到了另一个盆中,解释道:"将花从一个花盆移植到另一个花盆中,可以使它们吸收到更多更全的营养,这就像让年轻人离开不良环境,到另外的地方接触良师益友、求取更高的学问一样。"

信徒听后,欣喜地感叹道:"园头禅师,谢谢您给我上了一堂育才之道的

第三章
给父母教育子女的另一只眼睛

课！直到现在，我才真正知道应该怎样教育自己的孩子。"

我说，阿甘阿珠，这个故事应该很易懂吧？

阿甘的感悟

阿甘说："我明白了，小元师傅，你的意思是要我们像照顾和修理花草一样，培养和教育孩子。"

我说："是的，培养和教育孩子就如同照顾和修理花草，帮助他们改正一些缺点，去除一些陋习；在他们受到伤害时，给予他们鼓励与支持，让他们重整旗鼓；让他们多到外边走走看看，接触更多的人和事，吸收更多的观点，从而使得他们的思想更加完善、更加成熟；当他们萌发做有益事情的想法时，要给他们创造环境，帮助他们实现目标。你们的孩子现在染上了陋习，误入了歧途，并不代表他就无药可救了，他就像这些即将枯萎的花一样，你们只需给他换一个环境，悉心呵护，剪掉他身上那些陋习的枝杈，他会变成一朵美丽的花的。要多爱护他，关心他，不要轻言放弃。"

阿珠说："听到没有，别整天老是只关心自己的生意，你的爱也该往孩子身上转移一点了，还说我太娇惯他了。"

我说："阿珠啊，你要知道过分的爱也是有害的啊，听我给你讲件事情好吗？"

有一位著名的慈善家在家里设宴招待客人，忽然闯进了一个乞丐。那乞丐很年轻，却一副慵懒的样子。乞丐怪腔怪调地唱道："当官的，有钱的，可怜可怜我这个要饭的。"慈善家站起身看了乞丐一眼说："你去后院帮忙做些活儿吧，我会付给你工钱的。"那年轻的乞丐十分不满地冲慈善家说："从没见过像你这样吝啬的人，不愿施舍就算了，给你干活儿，没门儿。"说完扭头就走了。

慈善家也不理睬乞丐，接着招呼客人继续用餐。客人中有一位记者说："对不起，我想提一个问题。"慈善家点点头，示意记者可以提问。

记者说："第一，您是一位社会慈善家，刚才那样面对一个身无分文的乞丐，是否有损您的名声呢？第二，如果让您把您所有的钱财全部分给那些需要帮助的弱小者，或只给一个人，你会愿意吗？"

慈善家严肃地回答说："我先给大家讲一个故事——有一个小女孩，看见一只蛾正奋力破茧而出，看那蛾吃力挣扎的样子，小女孩顿生同情之心，便拿出剪刀将茧划破让蛾免去挣扎破茧之苦。蛾出来之后鼓着翅膀却飞不起来，最后蛾终于垂下翅膀死了。其实，蛾在破茧时的奋斗可以磨炼它的翅膀，让它的翅膀变得

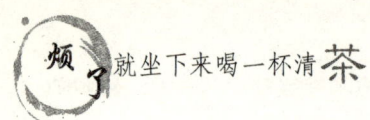

更加有力。但小女孩人为地将茧划破，剥夺了蛾自我磨炼的机会，才使它无法飞起来。小女孩付出的爱心最终却将蛾害死了。"

见大家有所悟地看着自己，慈善家解释说："第一，我并不认为那样做会对我的名声产生什么不好的影响，我给了那个乞丐用劳动挣钱的机会，他那么年轻，四肢健全，完全可以用双手养活自己。如果我和所有的人都献出爱心无条件地施舍，那么他就会逐渐丧失劳动的意识和能力，结果我们付出的爱心反而害了他。第二，我不会把我所有的钱财都分给弱小者，社会上的弱小者太多了，我的钱财对他们来说不过是杯水车薪，起不了任何作用。如果只给一个人，因为这些钱财不是他的劳动所得，他没有付出必然不会珍惜。最最重要的是，所有的人都必须懂得：用自己的劳动去换取自己需要的东西才是最幸福的。作为一名慈善家，并不是无条件地付出爱心，还是要懂得爱的节制。"

轻轻地告诉你

我讲完了故事，看他们不吱声，便接着说："人们往往赞美那些有爱心并付出爱心的人，可是有时爱心的付出却有可能变成一种伤害。比如对待自己的子女，有些父母正是因为不懂爱的节制，为孩子包办一切，结果子女在生活中得不到磨炼，一旦离开了父母的庇护走上社会却会吃更多的苦。很多时候，我们怀着好心给予过多的爱，结果却和我们最初的愿望背道而驰。面对需要帮助的人，我们既要奉献爱心，又应有所节制。要让他们在爱的激励下迎接生活的挑战，鼓起勇气在生活中磨砺自己，让自己成为一名强者，让自己由一个需要爱的人成为一个可以付出爱的人。阿珠呀，你要记住，过度的爱反而是一种伤害。像故事里提到的那个帮助破茧的小女孩，本是一片爱心，却得到了一个相反的结果。现在的孩子都是家里的小太阳，所有的一切做家长的全部包办，以致我们的孩子缺少自立的能力，无法适应瞬息万变的社会，最终会被社会所淘汰。爱，真的需要节制。"

3 棍子和刀抵不上一个微笑

小勇的烦恼

小勇和小露夫妻因为孩子的事情倒是没有吵过嘴，但是也照样有烦恼。

小勇说："每次他犯错误我就揍他，真不明白，现在的孩子咋就这么倔呢，怎么打他都不改，学习成绩也越来越差，烦都烦死我了。"

小露说："可不是咋的，我平时很疼孩子的，可是有几次小勇不在家，老师把我给找过去了,孩子办的那事,换了是我都没法忍,没有脸面在学校呆,我当场就揍了他一顿,可是他不犯这错就犯那错,我真的不知道该怎么办了。"

小元的故事

我说,这样吧,我也给你们讲一个打孩子的故事。

有一位年轻的父亲严厉地责打孩子,惊动了正在里屋念经的孩子的奶奶。

母亲把怒不可遏的儿子带到自己的屋里,指着木鱼说:"下次你要打骂孩子之前,先来这里敲敲木鱼,我不要你念经,是因为你的心不够平静。"

不久,孩子又犯了错,气愤的父亲决定不惜打断一根棍子,也要严加惩戒。但是,他突然想起自己母亲的话,于是提着棍子走到了母亲念经的地方。

"敲几下木鱼就可以了?"他实在不明白其中的禅理,但仍然拿起了那小小的木槌。

"喀!"木鱼发出清脆却又非常柔和的声音。平常母亲关着门念经,他只觉得木鱼的节奏十分清晰,却没想到敲打起来是这般响亮,但却一点也不刺耳。

这时,母亲说:"看看木棍,在那硬硬的槌头上包着布;再看看木鱼,在那下面有着厚厚而柔软的锦垫,所以你敲它,不必用多大力气,便能发出深远而厚实的声音来。"

父亲放下木棍走出去,把跪在地上的儿子扶起来,拉到了沙发旁。

小露的感悟

我说:"孩子的性格有时候会受到家长的极大影响,孩子为什么那样倔强?因为你这当父亲的倔强;孩子为什么老是犯错误?因为你老是犯错误。你的脾气暴躁,直接影响着孩子的健康成长。孩子就像那个木鱼一样,不需要你那么发狠地揍他,轻轻用语言敲打和警告、正确地诱导他,他就能改好,何必要发脾气揍他呢?那个父亲改了暴躁的脾气,慢慢的,孩子也改好了。"

小露说:"我明白了,小元师傅,我们以后坚决不打孩子了。"

我说:"不是不打孩子的问题,你们也要修身养性,把自己暴躁的脾气改一下,用实际行动给孩子做个榜样。你们知道吗?脾气暴躁的原因是因为心不够平静。很多人的脾气都不好,常常会发怒,也会因为脾气暴躁常常把事情办砸。脾气暴躁的原因不在于天性,而在于心性——心不够平静。如果一个人的心能够静下来,那他就没有什么坏脾气了。"

小勇说:"可是,小元师傅,如果孩子再犯了错误,我们该如何处理呢?总

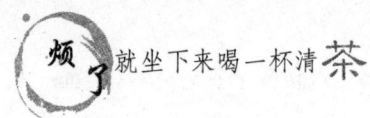

不能鼓励他继续犯错吧?"

我笑了笑,说,那就再听我一个关于微笑的故事吧。

这一天,玛丽听到有人敲门,还以为是好朋友来了呢,可是当她打开门时,发现一个持刀的男人正恶狠狠地看着她。

玛丽灵机一动,微笑着说:"朋友,你真会开玩笑!是推销菜刀吧?我喜欢,要一把……"边说边让男人进屋,接着说:"你很像我过去一位好心的邻居,看到你真的好高兴,你要咖啡还是茶……"

本来脸带杀气的歹徒渐渐腼腆了起来。

他有点结巴地说:"谢谢,哦,谢谢!"

最后,玛丽真的"买"下了那把明晃晃的菜刀,陌生男人拿着钱迟疑一会儿真走了,在转身离去的时候,他说:"太太,你将改变我的一生!"

我讲到这里说:"棍棒和菜刀,都是非常暴力的工具,但是其远远抵不上一个微笑的力量。你们能明白这其中的道理吗?"

小夫妻两个似懂非懂地点了点头。

轻轻地告诉你

我微笑着说:"《孙子兵法》中说过,攻敌时要留一条退路给敌人,若是把敌人团团围住而不留一条活路,敌人在走投无路的情况下只好决一死战,倾全力反击。因此,在与人对峙时要像玛丽对待歹徒那样给对方一条退路,与人与己都行个方便,一个微笑,一句机智的谎言便能挽救你的生命!教育孩子也是同样的道理,同样需要机智的微笑,当孩子和你产生了逆反心理,和你对抗,不听话的时候,你为什么不机智一点,报之以微笑?当孩子犯错误的时候,你为什么不能去机智地宽容,并引导他呢?一个持刀的歹徒,面对微笑都能改好,何况是一个正需要父母扶持和帮助的孩子呢?"

4 孩子都是画画和足球天才

小辉的烦恼

小辉和小兰给我带来他们的父亲老易和老文太太结婚的消息,我很高兴。

小辉说:"还有一点烦恼,想请教一下小元师傅,为了我们女儿的成长,我们两个算是操碎了心。小兰给女儿报了钢琴学习班、英语辅导班,我们两个舍不得吃舍不得花,弄点钱都花在她身上了,刚开始还好,她的钢琴已经过了六级,英语也过了四级,可是突然有一天,她让我给她买个足球,你说一个女孩子踢什么足球啊？不是我小气不给她买，我们那么多钱都花了，还在乎一个足球的钱？我们只可惜她的钢琴和英语已经取得了那么好的成绩，突然就放弃了，我们付出的努力和金钱不是白白浪费了？"

小元的故事

我说，那好吧，我就给你们讲一个关于足球的故事。

在里约热内卢的一个贫民窟里，有一个男孩子，他非常喜欢足球，可是又买不起。于是，就踢塑料盒、踢汽水瓶、踢从垃圾箱里捡来的塑料壳。他在巷子里踢，在能找到的任何一片空地上踢。

有一天，当他在一处干涸的水塘里猛踢一只吹起的猪尿脬时，被一位足球教练看见了，他发现这个男孩踢得很像是那么回事，就主动提出要送给他一只足球。小男孩得到了足球后，踢得更起劲了。不久，他就能准确地把球踢进远处随意摆放的一只水桶里。

圣诞节到了，男孩的妈妈说："我们没有钱买圣诞礼物送给我们的恩人，就让我们为我们的恩人祈祷吧。"小男孩跟随妈妈祷告完毕，向妈妈要了一把铲子便跑了出去，他来到一座别墅前的花园里，开始挖坑。

就在他快要挖好坑的时候，从别墅里走出一个人，问小孩在干什么，小男孩抬起满是汗水的脸蛋，说："教练，圣诞节到了，我没有礼物送给您，我愿给您的圣诞树挖一个树坑。"

教练把小男孩从树坑里拉上来说，我今天得到了世界上最好的礼物，明天你就到我的训练场来吧。

3年后，这位17岁的男孩在第六届世界杯足球赛上崭露头角，为巴西第一次捧回了金杯。一个原来不为世人所知的名字贝利，随之传遍世界。

小兰的感悟

小兰听到这里说："小元师傅的意思是，天才之路都是用爱心铺成的，并且在铺成这条路所有的爱心中，有天才人物自己的一颗？"

小辉说："你这是往哪里听呢？难道我们对孩子还没有爱心？"

我说："教练的善良，为巴西发现了一位闻名世界的足球明星。毋庸赘言，贝利有踢足球的天分，但是假如没有知名教练的发现贝利或许一事无成。正如我们常常说的：有千里马，还要有善于发现千里马的伯乐。同时，我们还应该看到的是，假如贝利不喜欢足球，任凭他有再高的天分也不会成材。当我们发现孩子

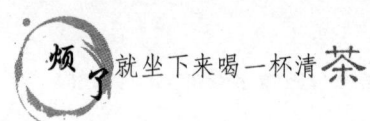

的喜好时，就应当顺势引导，满足他的需要，给他创造能够很好地发展他喜爱的空间和条件，而不是扼杀其喜好，让孩子按照父母的喜好去发展。"

小兰说："我明白了，小元师傅，我回去会给女儿买一只足球的。可是我们的女儿确实在英语和钢琴上已经走了很远，并且还获得过英语比赛的大奖并举办过钢琴演奏会呢，很多人都夸女儿将来会有出息。"

我说，看来我还要给你们讲一个故事听听才行。

晶晶和圆圆是两个爱画画的孩子。晶晶的妈妈给儿子一叠纸、一捆笔，还有一面墙。她告诉晶晶：你的每一张画都要贴在墙上，给所有来我们家的客人看。

圆圆的妈妈给了儿子一叠纸、一捆笔，还有一个纸篓。她告诉圆圆：你的每一张画都要扔在纸篓里，无论你对它是满意还是不满意。

3年后，晶晶举办了画展：一墙的画，色彩鲜亮，构图完整，人人赞扬。

圆圆没法展览，一纸篓的画，满了就倒掉，所有的人都只看到他手头上尚未画完的那一张。

30年后，人们对晶晶一墙一墙的展览的画已不感兴趣，而圆圆的画却横空出世，震惊了画坛。

人们把晶晶贴在墙上的画揭下来，扔进了纸篓，又把圆圆扔在纸篓的画拾出来贴到了墙上。

轻轻地告诉你

我接着轻轻地说："教育孩子应当用计深远啊，急于表现的结果是浮躁与浅薄，在鲜花和掌声的包围中，即使有一点点深刻的东西也会渐趋流俗。你们把孩子取得的一点点成绩都作为炫耀的资本，对孩子的成长是非常不利的，其也会跟着你们急功近利起来，不会再沉下心去学习。你们在教育孩子成长的过程中，不但要根据孩子的喜好和需要来培养她，而且还要沉住气，不要让孩子为一点点成功就阻碍了前进和成长的脚步。天才的造就需要爱心，也需要耐心。"

5 另一只眼睛的温暖

老易的烦恼

老易先生和老文太太这一天带着两个孩子来到寺里。老易说："真是太巧了，儿子儿媳女儿女婿都出差了，把两个孩子交给了我们，简直把我们两个老东西给折腾死了。孙子整天看电视，霸占着电视机不让我们看戏曲，更烦人的是他看完一部武侠片之后，要不停地给我们叙述，不管我瞌睡不瞌睡，揪着我的胡子就给我讲，我可真是没辙了。受罪倒是不怕，只怕这孩子的学习下降了，等他爸爸妈妈回来我该怎么交代？"

小元的故事

我说："看来你孙子挺喜欢讲故事的，不知道你喜欢听故事吗？"孩子点头。我说："我这可是给你爷爷讲的故事啊，你听不懂也想听？"孩子还是点了点头。

一名学中文的学生苦心撰写了一篇小说，请作家批评。因为作家正患眼疾，学生便将作品读给了作家。读到最后一个字时，学生停顿了下来。作家问："结束了吗？"听语气似乎意犹未尽，渴望下文。

这一问，煽起了学生的无比激情，他立刻灵感喷发，马上回答说："没有啊，下部分更精彩。"他以自己都难以置信的构思叙述了下去。

到达一个段落，作家又似乎难以割舍地问："结束了吗？"

小说一定勾魂摄魄，叫人欲罢不能！学生更兴奋，更激昂，更富于创作激情。他不可遏止地一而再再而三地接续、接续，最后，电话铃声骤然响起，打断了学生的思绪。

电话找作家，急事。作家匆匆准备出门。"那么，没读完的小说呢？"学生问。

作家莞尔："其实你的小说早该收笔，在我第一次询问你是否结束的时候，就应该结束了。何必画蛇添足、狗尾续貂？该停则停，看来，你还没能把握情节脉络，尤其是，缺少决断。"

决断是当作家的根本，否则便令绵延逶迤、拖泥带水，该如何打动读者？

学生追悔莫及，自认性格过于受外界左右，作品难以把握，恐不是当作家的料。

很久以后，这名年轻人遇到了另一位作家，羞愧地谈及往事，谁知作家却惊呼："你的反应如此迅捷，思维如此敏捷，编造故事的能力如此强盛，这些正是成为作家的天赋呀！假如正确运用，作品一定可以脱颖而出。"

当止不止不好，但想象力丰富却非常重要。两位作家，两种认定方式，各有千秋。

就像倒着走路的小恐龙有一天也会派上用场，倒着走的脚印会麻痹敌人。转过身来，谁都有大吃一惊的一面，重要的是要学会用另一只眼睛寻出金来。

老文的感悟

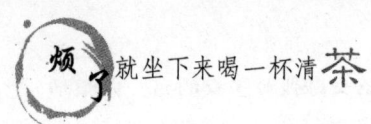

老易说:"你的意思是让我鼓励孩子多看、多讲,说明他在这方面有天才,让我们好好培养他,可是教育孩子好像已经和我相隔很远了,再说我的老脑子也跟不上时代了,他讲的那些我都听不懂啊。"

我说:"老易啊,这不是听懂听不懂的问题,而是有关孩子兴趣和爱好的问题,也许他的爸爸妈妈在教育的过程中就没有太注意,使孩子受到了压抑和限制,到了你这里就自由了些,有了解放爱好和兴趣的空间,这一点等小勇回来你一定要提醒他才是。"

老文说:"是这样,老头子就是太死脑筋。看问题的角度各有各的不同,也许每个人对孩子的评价和教育方法都有遗漏和不足,因此我们要紧盯住孩子的爱好和兴趣,分析孩子的情况,进行'查漏补缺',好好地教育孩子。"

老易说:"这个问题就算了,我听你们的,可是我们的这个外孙女就更可气了,她把我们家的小狗起名叫老易,把小猫起名叫老文,整天呼来唤去的。你说打她吧,她都十多岁了,也舍不得,不管吧,心里又不是滋味。"

我说,那好吧,再听我给你讲几件事情。

一个孩子问爷爷:"您有皮球吗?"爷爷说:"没有。"

不料孩子并不满足,而是一口气把这个问题问了四遍。

爷爷挺纳闷,于是在连续回答了四次之后反问了一句:"你为什么老问这个问题?"

孩子说:"我喜欢听您说'没有'。""为什么?""因为,您的胡子一翘一翘的特好看。"

于是爷爷笑了,胡子笑成了花。不为别的,就为了小孙子这个"喜欢",这就叫温暖。

在美国,曾有个小女孩给林肯写信,希望他留起胡子来。林肯极认真地读了这封信,不仅立刻给孩子回了信,还真的留起了胡子。

在印度,泰戈尔曾收到过一位小姑娘的信,信中问道:"爷爷,我想用您的名字给我的小狗命名,行吗?"泰戈尔不仅立即回信表示坚决同意,还特意在信中加了一句:"不过,在命名之前,最好先征求一下小狗的意见。"很显然,这也叫温暖。

难道不是吗?

老易哑口无言。

轻轻地告诉你

我接着说:"孩子是无恶意的,他们认为这就是美丽的童话、温暖的童话。什么是温暖?温暖是飘飘洒洒的春雨,温暖是写在脸上的笑容,温暖是义无反顾的响应,温暖是一丝不苟的配合。尤其是对于不谙世事的孩子,和正在走向成熟的孩子,我们的确没有理由让他们的希望搁浅。那么,当童心花一样地开着,我们的家长们,天下的爷爷们、外公们、奶奶们、外婆们,你们是否一丝不苟地呵护过?"

6 教孩子放下,送他不满的礼物

小良的烦恼

有一天,小良领着女儿毛毛来到寺里,说:"小元师傅,你不知道我女儿小小的年纪现在的,心思有多重,越来越不苟言笑,说起话来跟个大人似的,我们问她,她也不肯说,好像有点懒得理会我们的意思。虽然她学习很好,但是老师也不喜欢她,老师说同学们对她的印象就是清高和自傲,说她好像谁都懒得理会。真是搞不懂了,我们从来不惯她,她怎么变成这样了呢?"

小元的故事

我听后没有理会小良,而是问毛毛:"毛毛今年该初中毕业了吧?"毛毛斜了我一眼:"今年高一。"我说:"看不出来。"毛毛说:"就知道。"我说:"可是我知道你心里现在想的是什么,你一定在想,普天之下能懂我的有几个人?一个比一个自以为是,貌似聪明,实际上IQ低得很,思想浅薄得要命,懒得理会你们。"毛毛看看我没有说话。我又说:"你知道你为什么有这种想法吗?因为你读的书很多,也很聪明,能够看透太多的灾难、痛苦、幸福和眼泪,所以你孤独、寂寞、自满、骄傲,认为没有人能够理解你,是吗?"

毛毛说:"没想到你这个小和尚还能找到几分感觉。"

我说:"毛毛啊,你愿意听我说个故事吗?"

毛毛说:"好啊,让我瞧瞧你的肚子里有点墨水没有?"

一个青年背着一个大包裹,千里迢迢跑来找无际大师。他说:"大师,我是那样孤独、痛苦和寂寞,长期的跋涉使我疲倦到了极点;我的鞋子破了,荆棘割破双脚;手也受伤了,流血不止;嗓子因为长久的呼喊而嘶哑……为什么我还不能找到心中的阳光,找到快乐?"

大师问:"你的大包裹装的是什么?"

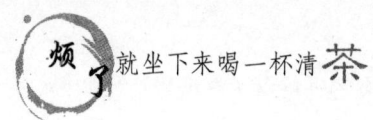

青年说:"它对我可重要了。里面是我每一次跌倒时的痛苦,每一次受伤后的哭泣,每一次孤寂时的烦恼……靠着它,我才能走到您这儿来的。"

无际大师带青年来到河边,他们坐船过了河。

上岸后,大师说:"你扛了船赶紧上路吧!"

"什么,扛了船赶路?"青年很惊讶,"它那么沉,我扛得动吗?"

"是的,孩子,你扛不动它。"大师微微一笑说,"过河时,船是有用的。但过了河,我们就要放下船赶路。否则,它会变成我们的包袱。痛苦、孤独、寂寞、灾难、眼泪,这些对人生都是有用的,它能使生命得到升华,但须臾不忘就成了人生的包袱。放下它吧!孩子,生命不能太沉重。"

青年放下包袱,继续赶路,他发觉自己的步子轻松而愉悦,比以前快了很多。原来,生命是可以不必如此沉重的。

毛毛的感悟

毛毛说:"嘿,有点意思啊,生命可以不必沉重,放下就是快乐!"

我说:"是啊,在生活中,我们放不下的东西太多了,以至于多了许多的不快乐与烦恼,甚至觉得生命是如此沉重。所以在生活中,我们应该学会放下,因为放下就是快乐,放下就会一身轻松。"

毛毛说:"小元和尚,我以后会来找你玩的,你很有意思,我就喜欢和有点水平的人玩,可惜如今的世道,真才实学的没有几个,太难遇到了。"

我一听她这么自满和骄傲,看看小良,说:"我可以再说一个故事吗?"毛毛说:"别问我爸爸,他也就我小学一二年级的水平。"

我笑了笑说,在西方有一个古老的故事,西方的父母经常会把这个故事讲给那些有志的孩子听,我虽然不是你的父母,但是我和你爸爸和你奶奶是好朋友,所以,我也想讲给你听听。毛毛说,别那么多废话了,干脆点,讲出来听听。

有一个国王添了一个很漂亮的王子,在孩子洗礼的那一天,有十二个仙女前来祝贺,每一个仙女都带来了珍贵的礼物。第一个仙女带来的礼物是智慧,国王很高兴地收下了。第二个仙女带来的是珍贵,国王同样高兴地收下了。第三个带来的是力量,第四个带来的是财富,第五个带来的是英俊,第六个带来的是情感,第七个带来的是健康,第八个带来的是朋友,第九个带来的是爱情,第十个带来的是知识,第十一个带来的是关怀,国王都十分高兴地一一收下了。但是到了第十二个的时候,国王愣住了,因为她带来的礼物是不满。

国王认为,我的儿子什么都不缺少,要什么有什么,怎么能够让他有不满呢?他毫不犹豫地拒绝了第十二个仙女的礼物,国王甚至对这个仙女有些不客气。

　　随着岁月的流逝，王子渐渐长大了，继承了王位的他英俊漂亮、性情温和、身体健康。但是，在他的心灵中却没有那种因为不满而产生的追求未来的雄心大志，没有因为不满而产生的要建功立业的抱负。对已经拥有的什么都满意，对自己的国家什么都满意，对于再平庸的大臣也没有什么不满意的，从来都不想着改革创新，从来都不想着励精图治。久而久之，因为他每一天都在志得意满的状态中，大臣们也都变得不思进取。他的国家落后了、穷困了，很快便沦落为一个落后的国家，不久就被邻国吞并了。

　　在他的国家被消灭的时候，老国王还没有死。面对灾难，他幡然醒悟，原因是他把佛送给儿子的最珍贵礼物拒绝了——不满对于儿子来说才是最珍贵的礼物。

　　我讲完了故事说："只有当一个人的心灵里时刻存在着不满，才会不断克服弱点，才会不断地向更高的目标进取。当记者请世界首富比尔·盖茨谈谈自己成功的秘诀时，他说：'没有什么秘诀，我就是一个一直都不满足的人，不满足已经取得的成就，不满足正在做的事情，总是激励自己，不断超越自己，不断开拓新的领域。'如果你要成为一个杰出的人，就请收藏好'不满'这个珍贵的礼物。"

轻轻地告诉你

　　我看了看毛毛，她不再言语，陷入到思考之中，停了一会儿我又说："毛毛啊，一个人取得成功的最重要因素，首先是她懂得放下包袱，善于轻装上阵，不至于把掌握的本领当作骄傲的资本；再就是看她对自己是否经常会有不满的感觉——是否对自己正在学习的知识不满，是否对自己取得的成就不满，是否对自己的生活状态不满等等。一个人只有对自己已经具有的东西不满，才会时刻都以饱满的热情投入，才会更充分地展示自己的才华，才会爆发出神奇的无穷无尽的创造力，才能成为一个伟大的成功者。"

7　沉重的竹篓和拨快的时钟

小晨的烦恼

　　这一天，小倩已经离婚一年多的丈夫小晨开着车来到寺院，我心说，怪不得和小倩离婚，原来娶了一个有钱的女人啊，是不是被老婆欺负了呢？小晨说："小元师傅，我以前听小倩的姐姐阿珠说起过你，但是我今天不是来听你讲故事来的，是有事情想求师傅。"我说："原来是这样，那你说来听听，只要是力所能及的事情，我一定不会推辞，尽管我不太喜欢你。"小晨说："小元师傅，请宽恕我这个罪人吧，你不知道，自从我和小倩离婚以后，我的心里老是有个疙瘩解不开，一想起我才三岁的女儿心里就疼，她现在正是需要良好教育的时候，我给孩子买了很多早教的书和光碟，却不敢送过去，我还给孩子报了一个幼儿智力开发班，钱都交了，你看这是发票，可是我真的不敢面对她们娘儿俩。"

小元的故事

我说，这样吧，我还是要给你讲个故事，你听完以后再决定由谁送过去好吗？小晨无奈地点了点头。

有位中年人，觉得自己的日子过得非常沉重，生活压力太大，想要寻求解脱的方法，因此去向一位禅师求教。

禅师给了他一个篓子要他背在肩上，指着前方一条坎坷的道路说："每当你向前走一步，就弯下腰来捡一颗石子放到篓子里，然后看看会有什么感受。"

他回答道："感到越来越沉重。"

禅师说："每一个人来到这个世界上时都背负着一个空篓子。我们每往前走一步就会从这个世界上捡一样东西放进去，因此才会有越走越累的感觉。"

中年人又问："那有什么方法可以减轻人生的重负呢？"

禅师反问他说："你是否愿意将名声、财富、家庭、事业、朋友都拿出来舍弃呢？"

那人答不出来。

禅师又说："每个人篓子里所装的都是自己从这个世上寻求来的东西，一旦拥有它，就要对它负有责任。"

我说，这个故事讲完了，你现在做出决定吧。

小晨的感悟

小晨咬咬牙，说："小元师傅，我看还是由我来亲自送过去吧。"

我说："这就对了嘛，既然放不下，就要对它们负责任。在生活中，我们往往感觉到负担越来越重大，是因为我们得到的越多，想得到的就越多。既然是自己得到了又不愿再失去的东西，或是还想得到更多的东西，就必须对已得到的和想得到的东西负有责任。只要这样，我们才能减轻人生的重负。"

小晨说："可是，我怕小倩到时候会拒绝我，骂我，不接受我对孩子的爱心。"

我说:"骂你,拒绝你,这都是意料之中的事情,因为你已经伤害了她。你要知道,治愈伤口是需要时间的,哪怕是再好的药。问题是你要学会等待,学会等待你才能把握幸福。"

"我明白师傅,可是孩子的教育问题可不能等啊。"小晨说。

我说这样吧,我再给你说个故事。

有个年轻的小伙子缺乏耐心,做什么事情都很急躁。有一次他与情人约会,去得太早了,姑娘还没来,他站在大树下长吁短叹:"为什么连约会都要等待呢?做什么事都让人不开心!"

正在这个时候,一个神仙出现在他面前,给了他一个钟表,说:"当你想把时间变快的时候,只要拨动钟表,就可以事如所愿了。"

小伙子高兴极了,他把钟表向前拨动了一小格,情人马上出现在了眼前。他想:"如果现在能结婚就更好了。"于是他又转动了钟表。在婚礼上,他和情人并肩而坐,悠扬的音乐和醉人的美酒都出现了。

他又想:"现在如果就是洞房花烛夜该多好啊!"于是他又转动了钟表。屋子里就只剩下他们两个人。

他心中的愿望层出不穷,于是不停地拨动钟表,得到了房子、吵闹的孩子,还有树上丰硕的果实……

时间就这样飞快地过去了,生命很快就要走到尽头了。临死之时,他开始后悔自己以前做任何事都那么急切,还没有认真享受过生活,生命便已经走到了尽头。如果可以重新来过,他一定可以等待,但是后悔已经晚了,因为那个神仙告诉过他,那个钟表只能向前而不能向后转。他躺在床上后悔莫及,痛哭流涕。

就在这时,可爱的情人突然出现在自己眼前,她还是那么年轻美丽,周围鸟语花香,蓝天白云,好可爱的一天呀!原来刚才的情形只是一场梦。

他高兴地跳起来,拉着情人的手说:"亲爱的,等你真是一种幸福!"

轻轻地告诉你

我轻轻地说:"小晨啊,我要告诉你的是,等待,有时候也是把握机会和向人忏悔的一种方式,我说的等待可不是坐在家里干等,而是让你在忏悔和行动之后等待结果,等待原谅,等待宽容,等待变化。对待工作不应拖拖拉拉,要立刻行动起来但人生中有些事却是必须要等待的。不管是爱情、婚姻、亲情,还是对孩子的培养问题,我们都不能急于求成,要耐心等待,决不能拔苗助长。"

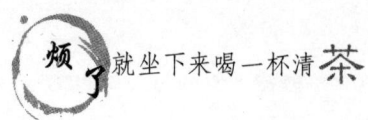

8 迂回教育和甘当椅子的智慧

小珊的烦恼

小珊开着车带着儿子,来到寺院门口以后,却并不进来。等了一会儿,只见她的丈夫阿嘉也开车过来,两个人这才进了寺院。小珊一脸的烦恼,说:"小元师傅,快救救我的孩子吧。"我说:"我怎么能救得了你的孩子?"小珊说:"你一定能救的!今天早上他上学走后,阿嘉发现钱包里的钱少了3000元,说要到学校找到儿子剁了他的双手。你不知道,阿嘉是个言出必行的人,所以,我才先到学校找到了儿子,把阿嘉叫到你这里来和你说说话。"

小元的故事

我一看情况危急,就说你带着孩子先到客房休息一会儿,我和阿嘉说几句话。

小珊带着孩子出去,我就问阿嘉,你能确定是孩子拿了你的钱吗?比如昨天你回家之前,是否和什么人接触过?比如你夜里的门是否锁好?还比如孩子有没有受到什么人的怂恿和威胁?那,现在你考虑这些问题的同时,我想给你说个笑话,消消气。

阿嘉长吁了一口气,说:"好吧!"

有一个老头儿退休后,和老伴儿在某所学校的附近买了一间简陋的房子。住下的前几个星期还很安静,可过不久就有三个年轻人开始在附近踢垃圾桶闹着玩。

老伴儿受不了这些噪音,出去呵斥这三个年轻人,但他们却踢得更来劲了。老头儿也受不了这些噪音,于是出去跟这三个年轻人谈判。

"你们玩得真开心。"老头儿说,"我喜欢看你们玩得这样高兴。如果你们每天都来踢垃圾桶,我将每天给你们每人十块钱。"

三个年轻人很高兴,更加卖力地表演"足下功夫"。

不料三天后,老头儿忧愁地说:"通货膨胀减少了我的收入,从明天起,只能给你们每人五块钱了。"

三个年轻人显得不大开心,但还是接受了老头儿的条件。他们每天继续去踢垃圾桶。

一周后,老头儿又对他们说:"最近没有收到养老金支票,对不起,每天只能给五毛了。"

"五毛钱?"其中一个年轻人脸色发青地说,"你耍我们吧,老头儿?我们会为了区区五毛钱浪费宝贵的时间,在这里专门为你表演吗?不干了!"

一个年轻人狠狠地踢了一下垃圾桶,三个人愤然而去。从此以后,老头儿和老伴儿又过上了安静的日子。

讲到这里我对阿嘉说:"当强制解决不了问题时,不妨换种方式。很多人都喜欢用粗暴、直接的方法来解决问题,殊不知,这种方法会带来很多负面影响,而且效果往往并不理想。当遇到某些问题时,不妨利用逆向思维换种方式解决,这样问题往往就会迎刃而解。阿嘉啊,要不这样,你先在这里想想刚才我问你的那些问题,然后再想想这个故事,我到客房去问问孩子。"

阿嘉的感悟

我到了客房,小珊说:"小元师傅,刚才我问过孩子了,的确是他拿的,可是都是学校的一些高年级的坏孩子逼他的,说要是少一个子就把孩子给废了。你说这可怎么办?"

我说:"顺其自然吧。孩子,你有勇气向爸爸承认错误吗?"

孩子点点头。当孩子向阿嘉说明了真相之后,阿嘉说:"谢谢小元师傅,遇事是不能冲动,应该缓一缓再做决定。要不然后果不堪设想啊。"

我说:"是啊,很多悲剧都是由于一时冲动和鲁莽造成的,如果我们在遇事时能保持冷静,有些事缓一缓再做决定,那么很多悲剧都可以避免,尤其是在教育孩子的问题上。"

小珊说:"现在的孩子也太可怕了,这样的事情都干得出,我看咱们还是报案吧,阿嘉。"

阿嘉说:"好。一定要惩治一下这些坏孩子。但是,儿子也不能饶恕,回去跪在门口一天,每路过一个行人,你就要向他们说明你为什么被罚跪!"

小珊看看我。我说,阿嘉啊,你能不能再听我讲一个故事?阿嘉无可奈何地点点头。

我说,有一天晚上,一位老禅师在禅院里散步,忽然发现墙角边有一张椅子,他一看就知道有位出家人违反寺规,越墙出去溜达了。

这位老禅师也不声张,他走到墙边,移开椅子,就地蹲着。一会儿,果然有一位小和尚翻墙,黑暗中踩着老禅师的脊背跳进了院子。

当他双脚落地的时候,才发觉自己刚才踏的不是椅子,而是自己的师傅。小和尚顿时惊惶失措,僵立在了那里,不知道说什么才好。

但是,更出乎小和尚意料的是,师傅并没有厉声责备他,只是以平静的语调

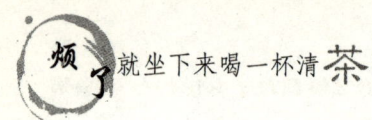

说:"夜深天凉,快去多穿一件衣服。"

就这样,老禅师宽容了他的弟子。他知道,此时此刻,小和尚已经知道错了,那就没有必要再饶舌训斥了。以后,老禅师也没有再提起过这件事,可是禅院里所有的弟子都知道了这件事。

从此以后,再也没有人夜里越墙出去闲逛了。

你们知道那个小和尚是谁吗?这个小和尚就是我啊。

轻轻地告诉你

我看了看阿嘉羞愧的样子和孩子羞愧时的样子差不多,就说:"我的师傅就像一位慈爱的家长,那么容易就宽恕了我的错误,我心里愧疚极了,从此我就下决心,决不做对不起师傅的事情,也决不做违反寺规的事情,潜心悟禅。对待一个犯错误的人,宽容是一种无声的教育。我们做人就要像我师傅那样有度量,要懂得宽容。当别人或者孩子犯了错误的时候,训斥并不一定能起到作用,有时不如宽容一下,给别人或者孩子提供一个冷静反省的时间,从而使其改过自新不好吗?"

9 委婉的螺钉,顺耳的忠言

艾老的烦恼

艾老太太来找我,我刚出去,她等了我一个上午。中午我从相国寺回来,艾老太太一见我就开始唠叨个没完。我说:"别急,艾老太太,喝杯茶,慢慢说。"艾老太太说:"小良又和他妻子吵架了,一个比一个凶,现在的年轻人咋就这么不可理喻呢?我把他们两个叫开,一个人被我训斥了一顿,谁知道儿媳妇竟然和我吵了起来,我可是为了他们小夫妻两个好啊,结果小良一看,逮着她揍了起来,我就揍小良,谁知道小良一气之下就走了,两天都没有回家了。"

小元的故事

我说,是这样啊,艾老太太,你别伤心,等小良的气消了,他自己会回家的,他又不是小孩子了。你一面喝茶,一面听我说个故事好吗?

艾老太太说,我来就是想听你讲故事的。

山顶上住着一位智者,他的眉毛和胡子都已雪白,谁也说不清他有多大年纪了。

附近村庄的男女老少都非常尊敬他,不管谁遇到大事小事都来找他,请求提些忠告。智者总是笑眯眯地说:"我能提些什么忠告呢?"

这天,又有年轻人来求他提忠告。智者仍然婉言谢绝,但年轻人却苦缠不放。

智者无奈,他拿来两块窄窄的木板,两撮钉子:一撮螺钉,一撮直钉。另外,他还拿来一个榔头、一把钳子、一个改锥。

智者先用锤子往一块木板上钉直钉,但是木板很硬,他费了很大劲也钉不进去,倒是把钉子砸弯了,不得不再换一根。一会儿工夫,好几根钉子都被他砸弯了。最后,他用钳子夹住钉子,用榔头使劲地砸,钉子总算弯弯扭扭地进到木条里面去了,但他也前功尽弃了,因为那根木条也裂成了两半。

智者又拿起了螺钉、改锥和锤子,他把螺钉往另一块木板上轻轻一砸,然后拿起改锥拧了起来,没费多大力气,螺钉钻进木板里了,没有一点缝隙。

智者指着两块木板笑道:"忠言不必逆耳,良药不必苦口,人们津津乐道的逆耳忠言、苦口良药,其实都是笨人的笨办法。硬碰硬没有什么好处,说的人生气,听的人上火,最后伤了和气,好心变成了冷漠,友谊变成了仇恨。我活了这么大,只有一条经验,那就是绝对不直接向任何人提忠告。当需要指出别人的错误的时候,我会像螺钉一样婉转曲折地表达自己的意见和建议。"

艾老的感悟

艾老太太说:"我明白,小元师傅的意思是我劝架和教育孩子,话说得不够委婉,太直接了吧。"

我说:"是的,人们通常认为,忠言必定逆耳,良药必定苦口,所以,在人际交往中经常会出现这种情况:说的人生气,听的人也不舒服。其实,忠言不必逆耳,良药也不必苦口,只要婉转曲折地表达自己的意见和建议,就能达到同样甚至是更好的效果。"

艾老太太说:"这话说起来容易做起来难啊!"

我说,这样,艾老太太,你再听我给你说个今天见的事情。

我从相国寺出来,走到鼓楼街车水马龙的大马路边上,围了一大群人,原来是一对年轻夫妻在吵架。男的有三十来岁,戴副眼镜,模样斯斯文文,像个教师。女的面容憔悴,哭得十分伤心,吵着要撞汽车寻死。

丈夫大声责骂妻子:"没知识,跑到大马路上当众出丑",并且越骂越凶,越骂越难听。妻子则越哭越响,一旁也有人在劝,可根本就不顶用。

这时,有位老人走上前,拍了拍那个男的肩膀,说:"你戴副眼镜,看起来

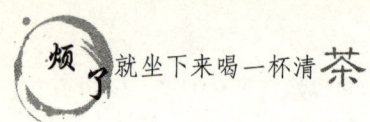

像个有文化有知识的人。你有知识，就不要闷在肚子里，要拿出来用……"老人故意把"用"字拉得很长，并且说得很响。那男的听到了这话，顿时觉得很惭愧，不骂了，站在那里发愣。

老人看男的似有所悟，又接着说："你既然这么有知识，就应该用你的知识来说服你的妻子，怎么可以张口就骂呢？这样做，不是辱没了你的知识吗？你们还是先找个地方，冷静下来，然后再好好地谈一谈吧。别在大街上这样，让人看了笑话。"

男的越听越惭愧，最后像泄了气的皮球，低着头一言不发。

这时，老人又走到女的身旁，说道："有话好说嘛，找亲朋好友道道苦，诉诉委屈去，把心里的不快讲出来，干吗要撞车呢？汽车可都是个大力士，你这么个瘦瘦弱弱的人，怎么能撞得过它呢，到头来吃亏的还是自己。"

众人一听，都大笑起来。那女的被大家笑得不好意思，倒也不哭了。

经过老人的一番劝解，夫妻俩不再闹了，而是相互搀扶着慢慢地走到公共汽车站，上车走了。

我心里很佩服这位老人的讲话技巧，艾老太太，你能明白我的意思吗？

轻轻地告诉你

我接着轻声说："艾老太太，把忠言说得委婉一些并不难，只要你把话说到点子上，说到对方的心坎上，就可以实现。在生活中，我们时常会遇到劝说别人和教育子女的事情，在劝说和教育时要注意语言技巧的运用，一定要把话说到点子上，说到对方的心坎上，把忠言说得顺耳一点，把良药调制得甜淡一点，这样，劝说和教育才能收到事半功倍的效果。"

10 活着的意义和以德报怨

依依的烦恼

这一天，依依带着上高中的女儿媛媛来见我。媛媛是个很秀气很忧郁的女孩子，气质有点像林黛玉。依依说："小元师傅，这孩子现在学习、品德、身体都挺好，特别是上了高中以后，一直都很乖。可是前一阵子突然就成这样了，成天想着要死，觉得活着没有意思。"

小元的故事

我问媛媛："是这样吗？"

媛媛点了点头。

我说："你为什么突然就有了想死的念头呢？"

媛媛说："我觉得我活着毫无用处。"

我又说："为什么呢？"媛媛："那一天我们上体育课，老师教了几个健身操的动作，我怎么都学不会，老师说我一点用都没有，这么简单的动作都不会，然后让全班的同学都做，结果他们都学会了，只有我不会。从此以后，我发现自己真的是没有用，过去会做的题目现在也做不对了，你说我这么一个没有用处的人，不死干什么？"

我说："原来是这样，你们的体育老师误解你了。还有，你的体育老师很没有文化啊，他不知道人为什么活着。"

媛媛说："是吗？那你说说人活着的意义。"

我说，其实我也搞不清楚，还是听我给你讲个故事吧。

有个人很不幸。

在他童年的时候，母亲就因为想不开而自杀身亡。母亲自杀的时候，他正好看见了，于是在他幼小的心灵中就留下了阴影，这种阴影一直都无法从他心里抹去。

在他15岁的时候，弟弟也自杀了。亲人们接连不断的死亡给了他一种错觉——死亡才是人的最终去处。于是他也就尝试死亡，但是屡次得救。

报恩寺的住持看他可怜，将他收容在寺中。但是，他认为自己没有任何用处，留在人间只能是痛苦，还不如一死了之。

一天，住持去看望他，见他精神萎靡，便对他说："我不能救你，你要自救！你可以每日坐禅，但是我要告诉你的是，坐禅其实是没有用的。"

那人疑惑地问道："既然没有用，那为什么还要坐禅呢？"

住持回答说："就是因为没有用，所以才要坐禅啊！"

那人顿悟了："人活着不是为了用处，而是为了一种自然的生存。"

媛媛的感悟

媛媛说："我明白了，小元师傅，人活着不是为了用处而是为了生存。真好！我以后可以经常来找你说话吗？还有，我可以领我的同学来找你吗？"

我说："当然可以。你很聪明媛媛，你一定要记住，生死是很自然的事，不应该刻意去追求，更不应该去寻死。人活着不是为了用处，不是为了寻找最终的去处，而是为了生存。为了生存而活着，活着就这么简单。"

媛媛说："嗯，我记住了，小元师傅，回去我就找我们老师算账，差点把我害死。"

依依也说："是要和他好好算算账，差点让我失去孩子，你说这个老师的素质怎么这么差啊？"

我说："你们母女两个再听我说个故事好吗？"二人点了点头。

从前有一位老人，他是个虔诚的佛教信徒。为了让儿子们多一些人生历练，他便对三个儿子说："你们三人出门去，三个月后回来，把旅途中最得意的一件事告诉我。我要看看你们哪一个所做的事最让人敬佩。"他的三个儿子听完后，就动身出发了。

三个月到了，三个儿子都回来了，老人就问他们每人所做的最得意的事。

长子说："有个人把一袋珠宝存放在我这里，他并不知道有多少颗宝石，假如我拿他几个，他也不知道。但等到他向我要时，我原封不动都归还给了他。"

老人听了之后说："这是你应该做的事，若是你暗中拿他几颗，你想你会变成什么样的人？"长子听了，觉得这话有道理，便退了下去。

次子接着说："有一天我看见一个小孩落入水里，我救他起来，他的家人要送我厚礼，我没有接受。"

老人说："这也是你应该做的事，如果你见死不救，你心里过得去吗？"次子听了，也没话说。

最小的儿子："有一天我看见一个病人昏倒在危险的山路上，一个翻身就可能摔死。我走向前一看，竟然是我的仇敌，过去我几次想报复他，都没有机会，这回我要弄死他可以不费吹灰之力，但是我不愿意暗地里害他，我把他叫醒，并且送他回了家。"

老人不等他说完，就十分赞赏地说道："你的两个哥哥做的也是符合良心的事，不过你所做的是以德报怨，那就更难得了。"

轻轻地告诉你

我讲完故事，轻声地又说："能做到以德报怨才是最让人敬佩的事！做该做的事，是不昧良心，但做到原来不易做到的善事则更能彰显人性的光芒。尤其是能做到以德报怨，宽恕仇敌并能适时援助对方时，才可以称得上是难能可贵。媛媛啊，你既然已经知道活着的意义就是为了生存，就该好好生活、好好学习，不该把精力浪费在那些没有意义的事情上。"

11　给孩子好环境，给孩子以希望

父母的烦恼

正所谓可怜天下父母心。父母在孩子的成长中无时无刻不在为孩子操心操劳，都希望自己的孩子能出人头地、成为有用的人才，在未来的社会里展翅翱翔。父母为了孩子能够接受良好的早期教育，四处奔波想找个好的幼儿园，想找个好的特长、智力开发班，接着又为孩子能上个好的小学、中学、大学操碎了心，可是在父母付出了这么多辛苦和汗水的时候，是否注意到疼爱和培育的方法是否得当？当为人父母者学会了一定的禅理之后，就会发现，原来这一切不必那么烦恼和沉重，原来这一切都可以非常轻松地去完成。

小元的故事

假如孩子的成长过程是一个漫无边际的沙漠，那么，今天我就给天下的父母们讲一个关于骆驼穿越沙漠的故事。

骆驼妈妈领着一群小骆驼在杳无人烟的沙漠中跋涉，它们已在沙漠中走了好多天，因此急切盼望着快点见到沙漠边缘的那一抹绿色。

热辣辣的太阳把沙子晒得滚烫，而口干舌燥的骆驼们却已经没有了水。虽然骆驼是沙漠之舟，但如果长时间缺水它们依然会渴死。水源是骆驼们穿越沙漠的信心和源泉，甚至是苦苦搜寻的求生目标。

这时，骆驼妈妈从背上解下一只水桶，对大家说："只剩这一桶水了，我们要等到最后一刻再喝，不然我们都会没命的。"

骆驼们继续着艰难的行程，那桶水成了它们唯一的希望，看着沉沉的水桶，每只骆驼心中都有了一种对生命的渴望。

但天气太炎热了，有的骆驼实在是支撑不住了。

"妈妈，让我喝口水吧。"一只小骆驼乞求着。

"不行，这水要等到最艰难的时候才能喝，你现在还可以坚持一下。"骆驼妈妈假装生气地说。

就这样，骆驼妈妈坚决地婉言回绝着一只只想喝水的小骆驼。

在一个大家再也难以支撑下去的黄昏，小骆驼们发现它们的妈妈不见了，只有那桶水孤零零地立在前面的沙漠里，沙地上写着一行字：我不行了，你们带上这桶水走吧，要记住，在走出沙漠之前，谁也不能喝这桶水，这是我最后的命令。

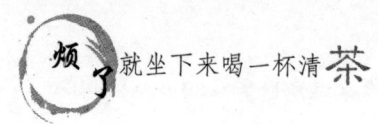

骆驼妈妈为了大家的生存,把仅有的一桶水留了下来。每只小骆驼都抑制着内心的巨大悲痛出发了,那只沉甸甸的水桶在骆驼背上轮流传递着,但谁也不舍得打开喝一口,因为它们明白这是骆驼妈妈用自己的生命换来的。

终于,小骆驼们一步步挣脱了死亡线,顽强地穿越了茫茫沙漠,并且找到了水源。在它们为能够活下来喜极而泣的时候,突然想到了骆驼妈妈留下来的那桶水。

一个小骆驼打开桶盖,它们看到里面盛着的却只是一桶沙子。

我想要说的是,在孩子的人生征程中,我们做父母的,教育孩子就是要给孩子以希望,什么时候都不能让孩子失望,只有带着希望出发,才能穿越人生中的沙漠!因为希望是我们前进路上的一面旗帜,能给我们以无穷的力量和勇气,指引着我们去克服千辛万苦。在人生的旅途中,我们都需要满怀着希望赶路,只有这样,我们才能穿越人生中的沙漠。

父母的感悟

好了,现在我再给天下的父母们讲一个关于环境的问题,古人说"近朱者赤,近墨者黑",讲的就是教育中择境而居的问题。

正值赶考时节,有位秀才欲赴省城大考,偏偏妻子身怀六甲,随时可能临盆。留她一人在家中不能安心,遂带着妻子同行,希望能赶到省城之后再生产。

一路旅途劳顿,也不知是否动了胎气,还是孩子急着想早一刻出来,妻子竟在半途中肚子痛了起来,眼看就要生产了。

沿途住家稀少,勉强前行了一段路后才找到一处人家,秀才急忙上前敲门。这户人家以打铁为业,刚巧铁匠的老婆也正要生产。算来也是秀才的运气好,现成的接生婆正好顺道帮妻子接生。

过不多时,秀才的妻子和铁匠的老婆各自安然产下了儿子,母子都很平安。两个男婴算来竟是同年同日且同一时辰生下的。

十六年后,秀才的儿子长大了,也继承父业,考上了秀才。老秀才大喜之余,想起铁匠的儿子与自己的儿子生辰八字相同,想来此时必定也是个秀才了。

回想当年收容妻子临盆之恩,秀才便准备了礼物,专程赶往铁匠家中,欲向他道贺儿子高中之喜。

等到了铁匠家中,只见老铁匠坐在门口吸着旱烟,屋内一个年轻后生,精赤着上身正忙着打铁。秀才将礼物呈上,并问老铁匠的儿子哪里去了。

老铁匠指了指门内,说道:"喏,不就在那儿。哪里也没去啊!"

老秀才诧异道:"是他,这可奇怪了。按命理说来,你儿子和我儿子生辰时刻相同，八字也一样，理应也该是个秀才，怎么会……"

老铁匠大笑："什么秀才，这小子从小就跟着我打铁，大字也识不得一个，拿什么去考秀才啊！"

老秀才至此才大悟，生辰命理相同，命运也会不同，因为处于不同的环境际遇，命运自然也大不相同。

轻轻地告诉你

让我来轻轻地告诉你："在我们这些已经成年的人当中，有的孝顺，有的叛逆，有的忠厚，有的聪明，有的邪恶，有的善良……这些我们不能怨天尤人，一切都是我们生存的环境造就的，我们想改变自己，只有选择好的生存环境，想成为什么人，就经常和什么样的人打交道。在我们对还未成年的孩子教育的过程中，一定要注意孩子在自然环境和人为环境以及交往环境的选择，没有什么命运可以盲目地信任，只有环境造化人。所谓生长在什么样的环境中，就会有什么样的命运。一个人的命运不是由生辰八字决定的，而是由生长环境决定的。生长在什么样的环境，就会有什么样的命运。所以，如果要想改变自己的命运和孩子的命运，就要先改变其生长的环境——择良而居，为孩子创造一个展现自己天才的优越的生存环境。"

第四章
禅是子女成长感恩的一架纸钢琴

/ 第四章 /
禅是子女成长感恩的一架纸钢琴

父母,不但给了我们身体、灵魂和生命,还是我们人生的第一任老师。他们为我们的成长含辛茹苦、呕心沥血,甚至可以在我们身处险境时为我们付出生命,而我们为他们做过些什么?我们小的时候只知道一味地反抗父母的教育,漠视父母的爱心,长大后有了自己的爱人,父母又成了我们身边一道不起眼的风景。忽然有一天,当我们为自己的孩子而烦恼的时候,发现那曾经驮过我们的肩膀再也无力把我们承载,那曾经慈祥的笑容布满了皱纹,那曾经被我们美慕的秀发已经成了苍苍白发,你是否还记得父母为我们做的那架纸钢琴?乌鸦尚能反哺感恩,而我们又能为他们做些什么呢?他们对我们一无所求,如果我们能通过努力学习健康成长成材,他们就会觉得是最好的回报;如果我们闲暇之时常回家看看,抱着一颗禅心和父母亲说会话,他们就会觉得是最大的感恩。

1 购买上帝的男孩和学英语的老头

小薇的烦恼

好长时间不见小薇了,这一天她突然来访。我说:"怎么样,最近和阿炎还幸福吧?"小薇说:"我们倒还算平安无事,可就是最近我爸爸妈妈太烦人,不回去看他们吧,总是给我打电话,一回去他们就唠叨个没完没了的。前几天我爸爸有病了,我到医院去看他,他竟然让我注意这注意那的,还说有啥千万别有病。我晕哦,我好心去看他,他竟然祝我有病,听起病字来我就浑身起鸡皮疙瘩,所以几天没有去医院,我妈打电话凶了我一顿。现在我的耳朵都起茧子了,好烦心啊。"

小元的故事

我说:"小薇啊,你为什么不换一个角度去感受父母和你的唠叨呢?如果你用一颗爱心去体验父母的唠叨呢?唉……依我看,我在这里给你干讲道理你肯定也烦我唠叨,这样吧,我照例只给你讲个故事。"

有一个小男孩捏着一美元硬币,沿街一家一家商店地询问:"请问您这儿有上帝卖吗?"店主要么说没有,要么嫌他捣乱,不由分说就把他撵出了店门。

天快黑时,第29家商店的店主热情地接待了男孩。老板是个60多岁的老头,满头银发,慈眉善目。他笑眯眯地问男孩:"告诉我,孩子,你买上帝干吗?"男孩流着泪告诉老人,他叫邦迪,父母很早就去世了,他是被叔叔帕特鲁普抚养大的。叔叔是个建筑工人,前不久从脚手架上摔了下来,至今仍昏迷不醒。医生

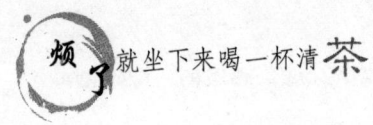

说，只有上帝能救他。

邦迪想，上帝一定是种非常奇妙的东西，我把上帝买回来，让叔叔吃了，伤就会好。

老头眼圈也湿润了，问："你有多少钱？""一美元。""孩子，眼下上帝的价格正好是一美元。"老头接过硬币，从货架上拿了瓶"上帝之吻"牌的饮料说："拿去吧，孩子，你叔叔喝了这瓶'上帝'就没事了。"

邦迪喜出望外，将饮料抱在怀里，兴冲冲地回到了医院。一进病房，他就开心地叫嚷道："叔叔，我把上帝买回来了，你很快就会好起来！"

几天后，一个由世界顶尖医学专家组成的医疗小组来到医院，对帕特鲁普进行会诊。他们采用世界上最先进的医疗技术，终于治好了他的伤。

帕特鲁普出院时，看到医疗费账单上那个天文数字，差点吓昏过去。可院方告诉他，有个老人帮他把钱付清了。那个老人是个亿万富翁，从一家跨国公司董事长的位置上退下来后隐居在该市，开了家杂货店打发时光。那个医疗小组就是老人花重金聘来的。

帕特鲁普激动不已，他立即和邦迪去感谢老头。可老人却已经把杂货店卖掉，出国旅游去了。

后来，帕特鲁普接到一封信，是那老人写来的，信中说：年轻人，你能有邦迪这个侄儿，实在是太幸运了。为了救你，他拿一美元到处购买上帝——感谢上帝，是上帝挽救了你的生命。但你一定要永远记住，真正的上帝，是人们的爱心！

小薇的感悟

小薇说："好感动啊，这个孩子太伟大了，我一定会换一种心态来感受父母的唠叨。"

我说："小薇啊，我救不了你的心烦，只有佛祖才能救得了。人家一个小男孩在叔叔病了的时候，到处给叔叔买上帝，而你呢，在父亲病了的时候，和你说几句话就感到心烦，这是多么不应该啊。而真正的佛祖其实就是你对父母的爱心！你明白吗？一滴水尚能折射出太阳的光芒，爱心更可亮丽生命的蓝天，正如歌中所唱的'爱是人间的春风，爱是生命的源泉'。"

小薇说："我明白了，小元师傅，我今天回去就守到医院里去，给父亲买最好吃的东西，用最好的药，找最好的医生给他看病。"

我笑了笑说，那倒也不必如此夸张，爱，不在于一时，不在贵重的物质。

/第四章/
禅是子女成长感恩的一架纸钢琴

小薇说:"那在于什么?"

我说,我再给你说个事情。

英语学习班新一期开学报名时,来了一位老者。

"给孩子报名?"登记小姐问。

"不,自己。"老人回答,小姐愕然。

老人解释:"儿子在美国找了个媳妇,他们每次回来,说话叽里咕噜,我听着着急,我想能够同他们交流。"

"你今年高寿?"小姐问。

"六十八。"

"你想听懂他们的话,最少要学两年。可两年以后您都七十了!"

老人笑吟吟地反问:"姑娘,你以为我如果不学,两年以后就是六十六吗?告诉你,孩子,我需要和孩子交流,就像同你交流一样,交流可以让我年轻,学了两年后才会变成六十六呢!"

轻轻地告诉你

我说:"你应该明白了,小薇,其实你的父母并不需要你为他做什么,他们能看到你很有成绩已经感到非常欣慰了。他们对你最后的要求,就是你别把耳朵藏起来,别把嘴巴封上,说白了,也就是你张张嘴巴这么容易的事情,就能回报父母的养育之恩。可是,往往是这些最简单的事情,我们这些做儿女的偏偏就很少有人能够做到啊。"

2　拐弯处的回头和松动的纽扣

毛毛的烦恼

毛毛骑着她洋气的小单车来见我,大老远的就在寺门口吆喝:"嘿,小和尚,本公主驾到,还不快来迎接?"我的师兄弟们说:"这位女施主,我们都是小和尚,但不知你找的是哪一个啊?"毛毛说:"就是喜欢给人家讲故事的那个。"我说:"毛毛找我该不是教我学骑单车的吧?"毛毛说:"人家现在烦都烦死了,你还有心思和我开玩笑,我告诉你啊,我咋觉得我的爸爸一点都不爱我呢?前几天我上体育课扭了脚,他连一句话都没有,好像我不是他的亲生女儿一样。"

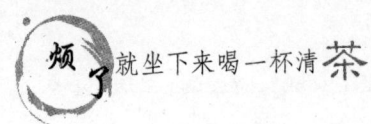

小元的故事

我说，嗯，我小时候也经常有这种想法，后来发现我错了。我听别人讲了一个故事之后，发现我真的错了，你想听听别人给我讲的那个故事吗？毛毛说我就是来听你讲故事的。

有一天，一个男孩子在郊游时脚被尖利的石头割破。到医院包扎后，几个同学送他回家。

在家附近的巷口，他碰见了爸爸。于是他一边翘着扎了绷带的脚给爸爸看，一边哭丧着脸诉苦。

原以为会收获一点同情与怜爱，不料爸爸却并没有安慰他，只是简单地交待他几句便自己走了。

男孩子很伤心，很委屈，也很生气，他觉得爸爸"一点也不关心"他。在他大发牢骚时，有个同学笑着劝道："别生气，大部分老爸都这样。其实他很爱你，只是不善于表达罢了。不信你看着，等你爸爸走到前面拐弯的地方，一定会回头看你。"

这个男孩子半信半疑，其他同学也很感兴趣。于是，他们不约而同停住了脚步，站在那儿注视着爸爸远去的背影。

爸爸依然笃定地一步一步向前走去，好像没有什么东西会让他回头……可是他走到拐弯处，就在他侧身向左拐的刹那，好像不经意般悄悄回过头来，很快地瞟了男孩子他们一眼，然后才消失在拐弯处的后面。

虽然这一切都只发生在瞬间，但那动作却打动了在场的所有人，男孩子的眼睛里还闪着泪光。当这个男孩子把这件事告诉我时，我也有一种想要流泪的感觉。

很久以来，我都在寻找一个能代表父爱的动作，以说明我的父亲也爱我，现在终于找到了，那就是——拐弯处的回头。

毛毛的感悟

毛毛说："是这样吗？"

我说："为什么不是呢？你有什么理由说不是吗？人常说父爱无言。爱有时并不需要过多的言语，一个动作一个眼神就能传达出浓浓的爱意。也许你就被这样的爱包围着，用心去体会吧，你会感悟到生活中处处都充满着爱。"

毛毛惭愧地低下了头说："你这么一说，我回想起了好多这样的镜头，看来父亲的确是爱我的，是我错了。可是我能为父母做点什么吗？"

/第四章/
禅是子女成长感恩的一架纸钢琴

我说，我再给你说一件事情。

一位母亲为儿子整理衣服时，发现儿子衬衣袖口的纽扣松动了，她决定给儿子缝一下。

儿子正在对着电脑忙碌，母亲拿着针穿线，她吁了一口气，因为她遇到了麻烦——当年的绣花女现在连针也穿不上了。一个月前还穿针引线缝被子，现在明明看见针孔在那儿，就是穿不进。

她不相信视力下降得如此厉害。再次把线头伸进嘴里濡湿，再次将左手的食指和拇指把它捻得又尖又细，再次尽手臂之长让眼睛与针的距离最远，再次……再试一次。

……结果还是失败。

儿子从显示屏上看到反射过来的母亲，突然怔住了。他忽然觉得自己就是那根缝衣针，虽然与母亲朝夕相处，可他的心却被堵死了。母爱的丝线在他这里已找不到进出的"孔"，可还是不甘放弃。

儿子的眼睛热了。分明是他在母亲心中的形象已经模糊了啊。他这才想起已许久不曾和母亲交流过思想，更别说关心她的衣食起居了。

"妈，我来帮你。"儿子离开电脑，只一刹那，丝线便穿针而过。母亲笑纹如花，用心为儿子钉起纽扣来，像是在缝合一个美丽的梦。

毛毛说："我明白了，小元和尚，我知道今后应该怎么做了。因为，母亲很容易满足，比如只是帮她穿一根针，实现她为你钉一颗纽扣的愿望，使她付出的爱畅通无阻，如此简单！"

轻轻地告诉你

我轻轻地说："你很聪明，毛毛，感悟得非常好。有时候，父母比我们还像个迷路的孩子，而使她找不到家门的常常是我们这些儿女的粗心大意和漠视他们对我们的爱心啊。我们常常说对伟大的母爱难以回报，真就这么难吗？有一则公益广告上母亲无奈地放下电话：'忙，忙，你们都忙。'我们真的很忙吗？不是，只是我们的生活压力一大，把无私奉献给了我们一生的父母给忘记了，难以回报父母之爱，其实是个很牵强的借口，回报其实很简单，就像和他们说几句话、帮母亲穿一根线那么简单，就看我们平时是否行动了。"

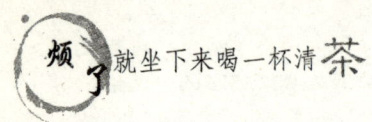

3 打电话的流浪汉

小炎的烦恼

小炎非常绝望，因为他开着别人的车回老家，和人撞了车，恰巧别人的车保险刚刚过期两天，还没有来得及续保，这一下把他和小薇辛辛苦苦攒的买房子的钱全给了人家还不够，还要借。他说："小元师傅，我真的想一死了之，觉得生活没有了奔头、没有了希望，老天，为什么对我这样不公平呢？"

小元的故事

我说："小炎啊，你爸爸妈妈知道这件事情吗？"

小炎说："不知道，是回来的路上出的事故。我爸爸妈妈偏心眼，对待我们兄弟不公平，总是嫌我没本事，要不是这样，我怎么会借车回去炫耀呢？让他们知道了不是更嫌弃我？"

"是这样啊，那我给你说一件事情，是报纸上登的，不知道你看过没有。"

有个叫孙秀利的人，他准备买返乡的火车票回家过年，可当手伸进兜里时，整个人立刻就瘫软在了地上，打工三年积攒的血汗钱不翼而飞了……

孙秀利游荡在夜晚的站前广场上，望着忙忙碌碌地赶着回家过年的人群，心里充满了绝望。那一刻他想到了死，既然不能坐车回家过年，那就卧轨得了。

当他正走向死亡之路时，广场边上IC电话亭里一个打电话的男人吸引了他。这人身上穿着一件分不清颜色、多处露着棉花的军大衣，脚边放个很小的破破烂烂的行李卷。孙秀利想：看来此人混得还赶不上自己，自己虽然兜里空空，衣着还倒光鲜。

那人侧着脸，低着头，在寒风中正兴高采烈地对着话筒讲着什么，间或还挥着手做些情不自禁的欢乐动作。一个小时过去了，他仍没有要放下电话的意思。孙秀利有些羡慕地想像着电话那头的白发苍苍的老母、倚门相望的妻子、活泼可爱的儿子，不由得就有了要哭的感觉，也有了要分享他的幸福的冲动，抬脚就向他那边走过去。

孙秀利的脚步声惊动了打电话的男人，他惊恐地转过脸来。孙秀利看到了一张苍白、枯瘦、胡子拉碴还有几处结着血痂的脸，那双眼睛躲躲闪闪地有些惊恐地望着他。后来，那人见孙秀利没有恶意，就龇龇牙，抖动着冻得发紫的嘴唇，对着电话说了一句："放心吧，我很好！"说完，他就挂了电话，捡起地上的行

第四章
禅是子女成长感恩的一架纸钢琴

李卷，嘻嘻地笑着走了。原来孙秀利遇到了一个流浪街头、无家可归的人，那他又是给谁打电话呢？

孙秀利好奇地凑近电话亭一看，他的眼泪刷地就流下来了……原来电话上并没有插IC卡，那人竟然在冰天雪地里自言自语了一个多小时！

十年过去了，孙秀利事业有成，家庭幸福。可他知道，他现在所拥有的一切，包括他正延续着的生命，都是那个流浪汉赐予的。

小炎的感悟

小炎说："小元师傅，你的意思是让我在绝望之时，不妨看看他人、想想他人？"

我说："是的，小炎，在人的一生之中，谁都难免会有绝望的时候。此时，千万要保持冷静，避免自己做傻事。不妨看看别人的生活状态，或想想自己的亲人，就会在绝望中看到希望。说不定你告诉你的爸爸妈妈他们会帮助你呢？你就没有想想，你爸爸妈妈把你养育成人，就是为了让你去死吗？你在绝望的时候，应该想想如果没有了你，你的爸爸妈妈该是如何的绝望啊！"

小炎说："他们会吗？他们只会说'你有点出息好不好？'对我们兄弟两个从来就不会公平对待，老天也耍我，也对我不公平。"

我说，看来我刚才的故事是白给你讲了。小炎说："没有没有，小元师傅，我现在不想死了，因为我知道我起码还比那个流浪汉强，我还有小薇。我只是不想告诉不公平的爸爸妈妈罢了。"

我说，那好吧，我就再给你讲个笑话听听。

在古时候的摩罗国曾经有这么一件事情。

有个人得了重病，自知将不久于人世，便将两个儿子唤到床前，谆谆告诫他们："我死之后，你们兄弟二人一定要妥善地分配财物，可不要因此在，中起纠纷啊！"

兄弟二人满口答应一定会遵守父亲的遗嘱，在父亲死后把家财均分为两份。

可当他们二人分配财产时，哥哥却说弟弟分财不均，兄弟二人最终还是发生了争执。

这时，有位自以为很聪明的老者听说兄弟二人因分家财而起争执，便来指教他们。

他对兄弟俩说："我教你们一个最最公平的办法，保证你们不再有意见。听我的，现在你们将所有的钱财物品都破作两份，这样就绝对平等了。"

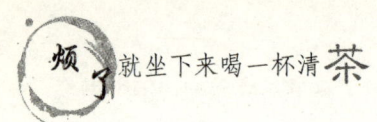

兄弟俩一时还不太明白，老者又举例说："比如衣裳，从中间撕开；瓶盘器物破成两半；钱币也割成两半。如此，就能做到绝对的平均分配了。"

兄弟俩虽然觉得这个方法并非上策，但为了平分财物，就听从了老者的建议。结果，家中的一切物品全被破为两半，兄弟二人绝对平均地分了家产。可是，他们俩各自到手的却是一堆实实在在的破烂。

如此分家，世间少见，这就成了人们一直传说的笑话。

轻轻地告诉你

我看着小炎哭笑不得的样子，接着说："世界上根本就不存在绝对的均等和公平，均等和公平只存在于心中。你能明白吗？比如那个打电话的流浪汉，谁又给了他公平和均等？如果一味地寻求均等和公平，最终只会搞得两败俱伤、贻笑大方。均等和公平只存在于我们的心中。凡事不斤斤计较，人与人之间互相谦让，特别是在亲人之间，父母、兄弟、姐妹、夫妻之间，更要互相谦让，谦让才是最好的均等和公平。"

4 微笑的茶壶和带泪的纸钢琴

媛媛的烦恼

媛媛这天和一个同学彤彤来玩，我看她的那种忧郁不见了，但是又多了一些烦恼，我说："媛媛怎么了？"媛媛说："今天我帮爸爸浇花的时候，不小心把他最喜欢的一盆君子兰给打烂了，他还不知道呢，我不知道该怎么跟他说，我怕他急了再骂我。"

小元的故事

"是这样啊，这是很小的事情啦，如果处理好了呢，你爸爸不但不会骂你，还会更加喜欢你。那，我给你讲个故事啊。"

曾经有一个学生对我说："我昨天打破了父亲一只非常心爱的茶壶。"

"令尊一定冒了很大的火吧？"我说。

学生居然回答："没有！"

"为什么呢？"我好奇地问。

"因为我知道怎么讲话。"学生说，"我打破茶壶之后，跑去对父亲说：'我为您泡了十几年的茶，今天不小心打破了一只茶壶。'"

/第四章/
禅是子女成长感恩的一架纸钢琴

"真是会讲话,但是令尊怎么回答呢?"我说。

"我父亲也很幽默。他笑着说:'你打破了我的壶,得再给我泡十几年的茶。'"

媛媛的感悟

媛媛说:"我明白了,一件坏事如果换个角度去思考、去处理,再加一点说话的技巧,就会把它变成好事,我知道该怎么说了。"

我说:"是这样,同样的话,从不同的人口中,从不同的角度说出,会有不同的效果。所以呢,别抱怨爸爸脾气不好,别想着事情无法弥补,别以为感情难以维系,你要多从自身找找原因,是否你的语言过于生硬了?或者是处理事情的角度不对?还是不够机智和幽默?"

彤彤说:"小元师傅你可真有意思。我也有一件事情,心里一直都很烦闷,想请你帮助我一下。"

我说,你说来听听,让媛媛也为你想想办法。彤彤说:"是这样的,我总觉得我爸爸说话不算话,他去年说如果我的钢琴考试过了六级就给我买一架钢琴,可是明年就要考大学了,还不见他给我买,前些天我问他,他昨天竟然给我买了一架二手的,老化得漆都掉了,你说气不气人?"

我说:"彤彤你好幸福啊,起码还能有二手的钢琴用,可是有一个女孩子连一架二手的都用不上,只能用纸画的钢琴啊。"

彤彤说:"小元师傅忽悠我!"

我说,那好吧,我就给你说说这个女孩子的事情。

有一个女孩子酷爱音乐。

每天清晨,当对面阳台上响起的琴声时,她便痴痴地趴在阳台上静静聆听。她多想自己能有一架钢琴……不,不,哪怕能摸一摸,坐上去弹一次也好啊!

有一天,父亲来到阳台,看到女儿趴在阳台上,十指在阳台上跳跃着,父亲便有了一桩心事……女儿从没见过父亲买一件像样的衣服,穿在他身上的总是洗得发白的工作服。女儿知道应该铆足劲儿学习。她想,将来一定要考上音乐学院,那样,就可以天天弹琴了。

日复一日,女儿不知父亲为何如此拼命,却知道父亲的白发她已经再也数不清了。五年过去了,女儿考上了最好的高中。

父亲去银行取出了存款。一路上陶醉在喜悦中,却不知道背后盯着一双邪恶的眼睛。

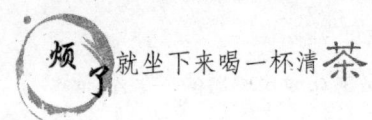
就坐下来喝一杯清茶

他来到商店，来到一架钢琴前。这是一架锃亮的立式钢琴，标价：一万八。"够了。"他想，于是他叫来售货员。当他满心欢喜地将紧拽在手里的工具包打开时，一条被划开的口子凝固了他的笑容。

父亲茶饭不思，一下子憔悴了，担忧笼罩着女儿的眼眸。几天后，父亲拿出一样东西：一块木板，上面贴着厚纸，画着键盘。父亲说："爸爸没用，本来想给你买架真钢琴的……"女儿第一次看到了父亲的泪水。"爸爸！"女儿不知道发生了什么，但她什么都明白。

她坐过去，十指轻快地跳跃在琴键上，周身沐浴着暖暖的旋律，她泪流满面，如痴如醉。后来这个女孩子考上北京音乐学院，出国演出，还得到过理查德·克莱德曼的赏识和指导呢。

轻轻地告诉你

彤彤的眼角湿润了，我轻轻地说："什么是爱啊？不索取、不埋怨、不责备，彼此只是默默地奉献、默默地努力，这就是爱！默默地感受这爱的真谛吧，彤彤，你和这个女孩子相比是多么幸福，起码你还有一架真的钢琴可以用。有时候，很多事情都需要我们设身处地为父母想想，他们没有兑现自己的诺言，是不是有他们不好对我们说、怕我们分心的难处？"

5 烦恼少年和饿半死的诗人

霏霏的烦恼

这一天，彤彤带着一个结实、帅气的小伙子来寺院，说是她的同学，名字叫霏霏，外号叫郁闷大哥，整天都会把"烦着呢别理我"挂在嘴上。我说："霏霏你为什么烦恼啊？"霏霏说："我觉得非常不幸福，不快乐。烦着呢，别……"我笑笑说："你的家庭条件很差？爸爸不给你零用钱？你学不会功课？同学们不喜欢你？还是老师不喜欢你？"霏霏说："都不是，就是感觉不快活，没有幸福感。烦着……"

小元的故事

彤彤在一旁偷笑他，我说，这样吧，我给你讲个故事听听。

一天，佛遇见了一个农夫。农夫的样子非常苦恼，他向佛诉说："我家的水牛刚死了，没它帮忙犁田，我怎能下田作业呢？"于是，佛赐了他一头健壮的水

第四章
禅是子女成长感恩的一架纸钢琴

牛，农夫很高兴，佛在他身上感受到了幸福的味道。

又一天，佛遇见了一个男人。男人非常沮丧，他向佛诉说："我的钱被骗光了，没盘缠回乡。"于是，佛给了他银两做路费，男人很高兴，佛在他身上感受到了幸福的味道。

又一天，佛遇见一个诗人，诗人年轻、英俊、有才华且富有，妻子貌美而温柔，但他却过得并不快活。

佛问他："你不快乐吗？我能帮你吗？"

诗人对佛说："我什么都有，只欠一样东西，你能够给我吗？"

佛回答说："可以。你要什么我都可以给你。"

诗人直直地望着佛："我要的是幸福。"佛说："我明白了。"

然后，佛把诗人所拥有的都拿走。佛拿走了诗人的才华，毁掉了他的容貌，夺去了他的财产和他妻子的性命。佛做完了这些事后，便离去了。

一个月后，佛再次回到诗人的身边，诗人已饿得半死，衣衫褴褛地躺在地上挣扎。于是，佛把他的一切又还给了他。然后，佛又离去了。

半个月后，佛再去看诗人。这次，诗人搂着妻子，不住地向佛道谢。因为，他得到了幸福。

霏霏的感悟

霏霏说："狂晕中……小元师傅，你不会也要把我现在所拥有的东西全部拿走吧？"

我说："我没有这个本事啊，要是有的话，你一进门我就把你拥有的全部拿走了。幸福是什么？一千个人就会有一千种答案。幸福本没有绝对的定义，平常的一些小事也往往能撼动你的心灵，幸福与否，只在于你怎么看待。别人有的，你没有，你会感觉别人很幸福；在需要的时候得到满足，也是一种幸福；更重要的一点，你拥有现在所拥有的东西，同样是一种幸福。"

霏霏说："我明白了，小元师傅，可是我平时哪儿来那么多烦恼呢？总是找不到自己快乐的地方。"

我说，我再给你讲一个故事。

以前，有位叫明慧的和尚一心向道。为了能够早日修成正果，便住在深山中的一座寺庙中潜心修行。

但是，明慧和尚每次打坐入定时，眼前都会出现一只大蜘蛛。那只大蜘蛛张牙舞爪，不停地跟他捣乱，他虽然不害怕，但是却无法静下心来修行。

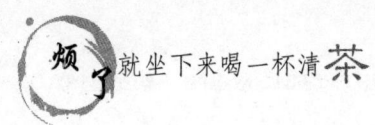

为此，明慧和尚十分苦恼，于是便向祖师求教："师父，每次我一入定，就会出现一只大蜘蛛，无论我怎么赶它也不走，请祖师为弟子指点迷津。"

祖师听了非常惊异，说道："居然有这种事情？这样吧，下次你入定时，拿一支笔，等蜘蛛出现时在它肚子上画个圈，看看它是何方怪物，我也好为你斩除。"

明慧和尚在下次入定的时候，果然拿了一支笔，等蜘蛛一出现，他便飞快地在它肚子上画了一个红圈。蜘蛛一点防备也没有，仓皇地逃走了，明慧和尚很快便安然入定。待他出定一看，赫然发现自己肚子上有一个大红圈！

明慧和尚恍然大悟：原来阻挠自己修行的就是自己呀！

霏霏一听，赶紧捂住肚子，说："我可不是大蜘蛛。"我笑笑，说："小施主啊小施主。我想告诉你的是，世界上本来没有什么烦恼，烦恼都是自找的。"

霏霏听到这里先是一愣，继而顿悟，大声说道："是呀，世上本来没有什么张牙舞爪的大蜘蛛怪物，原来，我心中的烦恼都是自找的，那蜘蛛大怪物就是我自己呀！"

轻轻地告诉你

我也笑了，说："看来霏霏是个很开朗、很聪明的学生嘛。不错，心中有烦恼，是因为你自己捆住了自己。这世上没有人会把烦恼强加给你。烦恼由心而生，可以说，烦恼都是自找的。心中有烦恼，是因为自己捆住了自己。如果有烦恼也不用心烦，只要你别捆住自己，自然就没有烦恼了。"

6　高考也是考试，为什么紧张

依依的烦恼

天气越来越热，这一天我正在打坐静心，依依和女儿媛媛来了。依依说："小元师傅啊，你看现在马上就要高考了，媛媛她反而不用功了。我一说她，她就说她什么都学好了，让我放心，就是有点紧张，而我一说她，她更紧张了。再看人家的孩子都在紧张地学习，做最后的冲刺，可是她却紧张得不学了，怎能不让人烦忧？"媛媛说："我确实已经复习得够好的了，摸底考试的时候，我可是全班第一啊。"

/第四章/
禅是子女成长感恩的一架纸钢琴

小元的故事

我说:"媛媛啊,学习就如逆水行舟,不进则退。你虽然学得不错,可是你一停下来,别的同学就会赶你,甚至超过你的,你可不能有自满的想法啊。"

媛媛很不高兴的样子,我说,讲这样的道理看来你不喜欢听,甚至比我知道得还要透彻,这样吧,我就给你说个故事听听。

一位学僧在无德禅师坐下学禅,刚开始时还非常专心,学到了不少东西。可是一年之后,他觉得学得差不多了,就想下山去四方云游。

这天,他来到无德禅师面前说:"禅师!在您座下参学多时,我感到学到的已经足够了,现在想跟您告假去行脚云游。"

"足够了是什么意思?"

"足够了就是满了,装不下去了。"

"那么在你走之前,先去装一盆大石块来吧!"

学僧不明白无德禅师的意图,但还是按照他的吩咐装了一大盆大石块,拿到他的面前。

无德禅师指着盆里的大石块,问学僧:"现在盆满了吗?"

学僧回答:"满了。"

无德禅师随手抓了一些碎石放进盆里,小碎石顺着大石块的缝隙滑了下去。

无德禅师问学僧:"现在满了吗?"

"满了!"学僧肯定地说。

无德禅师又抓起几把沙子撒在盆里,沙子顺着小碎石的缝隙滑了下去。

无德禅师再问:"现在满了吗?"

"满了!"学僧心想,这回可放不下什么东西了吧。

无德禅师又向盆中倒了一杯水。

"现在满了吗?"无德禅师又问。

学僧无言以对,从此不再提告假行脚云游这件事了。

媛媛的感悟

媛媛说:"嘿嘿,小元师傅你可真有办法,我明白了,回去我就投入到紧张地学习中去。"

我说:"学习这东西,在任何时候都不要有'满了'的想法。俗话说,学海无涯。无论我们感觉学得怎样精通,其实也只是略知皮毛而已。因此,我们应该学会谦虚,任何时候都不要有'满了'的想法。"

依依说:"是啊,我也是跟给她这样说的,可她就是不听,你说我们做家长的都为她高考紧张成这样了,她竟然不学了。谢谢小元师傅,看来我把她领到你这里是对了。小元师傅,你能不能给我们算一卦,她今年能不能考上?或者向佛祖祈祷一下,保佑媛媛今年考上?"

我笑了笑,说:"佛祖只能引领我们,不会为我们加枷锁。考上考不上既不是佛祖的事情,也不是你的事情,一切都掌握在媛媛的手里。你何必这么紧张呢?媛媛又何必这么紧张呢?媛媛既然已经付出了那么多努力,想来冥冥之中命运已经安排好,我们要做的就是保持一颗平常之心。"

依依有点难以承受。我说这样,你还是来听我讲个故事吧。

从前,有一个学僧到法堂请示禅师道:"禅师!我常常打坐,时时念经,早起早睡,心无杂念。我想在您座下没有一个人比我更用功了,可为什么还是无法开悟?"

禅师拿了一个葫芦、一块盐,交给学僧说:"你去将葫芦装满水,再把盐倒进去,使它立刻溶化,你就会开悟了!"

学僧遵照指示去做,没多久,跑回来说道:"我把盐块装进葫芦,可它总是不化;葫芦口太小了,伸进筷子也搅不动。我还是无法开悟。"

禅师拿过葫芦倒掉了一些水,然后只摇晃几下,盐块就溶化了。禅师慈祥地说道:"一天到晚用功,不留一些平常心,就如同装满水的葫芦,摇不动,搅不得,如何化盐,又如何开悟?"

学僧不解地问:"难道不用功就可以开悟吗?"

禅师仍耐心地解释说:"修行如弹琴,弦太紧会崩断,弦太松发不出声音。时刻保持着平常心,才是悟道之本。"

学僧终于领悟了其中的道理。

轻轻地告诉你

我又说:"这个故事说明了一个道理,在勤奋用功之时别忘了保持平常心。无论是参禅悟道还是高考,仅凭死板的勤奋用功往往收效不大,而家长和学生的紧张更是适得其反。之所以会出现不好的结果,主要的原因是忘却了平常心。平时的测验是考试,高考也是考试,这没有什么本质上的区别,只是它的意义被人为地改变了而已,为什么要搞得这么紧张?高考如弹琴,弦太紧就会有崩断的危险,紧张过火难免会造成功亏一篑的后果。对于高考,我们应该以平常心,或者把它当作平常的考试来对待。只有这样,我们才会从容上阵、轻松答题,把我们辛勤的付出变成丰厚的收获。"

7 笨和尚和聪明人的学习方法

小楠的烦恼

这一天，寺里来了一个年轻人小楠，自称是阿甘的儿子，说是他爸爸让他来听我讲故事的，因为他的学习遇到了很大的麻烦。我说："那你为什么不找你的老师呢？"小楠说："老师们都说我是个优秀的学生，自从那次我爸爸来你这里回家宽容了我以后，我学习非常努力，在学校里每次考试都是前几名，所以老师推荐我去参加奥林匹克的数学竞赛，结果我考得是一塌糊涂，老师说我太固守书本了，我不信，所以我爸爸就让我来问你。"

小元的故事

我说："原来是这样啊，说来惭愧，我上学的时候学习也不是太好。不过我觉得你们老师说得还是对的。"

小楠说："你怎么也这样说？难道就没有一点新鲜的说法？"

我说这样吧，我还是给你说个小故事听听。

一个年轻人从神学院完成学业后，满脸傲气地回到了自己的家。

父亲对他说："我们如何认识那不为我们所见的神？我们怎么知道神这位全能者无所不在呢？"

年轻人开始背诵经文，但是父亲却从中打断了他："你背的东西太复杂，难道没有更简单的方式可以得到神存在的道理吗？"

"父亲，据我所知是没有的。现在我是个有文化的人，我需要从经文中找出解释神圣智慧的奥秘。"

父亲抱怨道："你学了这几年，真是浪费时间和金钱。"

父亲将他带往厨房，在一个陶罐内注满水，撒进了一点盐。

父亲要求他说："请从水罐中取出我刚才撒下的盐。"

他找不到盐，因为盐都溶解于水中了。

父亲说："那么，你尝尝水罐里的水，看看味道如何？"

"是咸的。"

"你再尝尝水罐深处的水？"

"同样是咸的。"

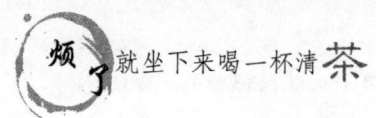

父亲说道:"你读了这么多年书,却不懂神虽不见却无所不在的道理。其实,简单地用水中的'盐'代称神,就能说明这个道理。还是请你抛弃你的傲气,做些实实在在的事情吧。"

小楠的感悟

小楠说:"我明白了,小元师傅,你的意思是我没有把书本的知识给溶化了,它们还是盐粒,没有活学活用。"

我说:"是这样,这就是你老师说的不可固守书本,活学活用才叫真学问。学习不能说在这里会,换个地方就不会了,一个人学的书本知识多,并不能代表他有学问。学知识贵在应用,如果不懂得怎样应用知识,那就等于没有学到知识。你之所以在竞赛中没有取得好成绩,就是这个道理。"

小楠说:"那么,小元师傅,你说怎么样才能做到这一点呢?"

我说,这个我也说不准,好像应该根据自己的实际情况而定吧?要不我再给你说个故事?小楠说好。

释迦牟尼有个叫般特的徒弟,他生性愚钝,佛祖让五百名罗汉天天轮流教他,可是般特仍然不开窍。佛祖把他叫到面前,逐字逐句地教他一首偈:"守口摄意身莫犯,如是行者得度世。"

佛祖说:"你不要认为这首偈稀疏平常,你只要认真学会了这一首偈,就已经很不容易了!"于是般特翻来覆去就学这一偈,终于领悟了其中的意思。过了一段时间,佛祖派他去给附近的女尼讲经说法。

那些女尼早就听说这个愚笨的人了,所以心中都不服气,她们想:这样的愚笨之人也会讲经说法?虽然心里这样想,但是她们表面上仍然用应有的礼节对待他。

般特惭愧而谦虚地对众僧尼说道:"我生来愚钝,在佛祖身边只学得一偈,现在给大家讲述,希望静听。"接着便念偈:"守口摄意身莫犯,如是行者得度世。"

话音刚落,众女尼便哄笑:"居然只会一首启蒙偈,我们早就倒背如流了,还用你来讲解?"

般特不动声色,从容讲下去,说得头头是道、新意迭出。一首普通的偈,说出了无限深邃的佛理。

众女尼听得如痴如醉,不禁感叹道:"一首启蒙偈,居然可以理解到这种程度,实在是高人一等啊!"

于是对他肃然起敬。

虽然般特只学会了一首偈，可他学得精通并懂得运用，于是一偈也得道了。

轻轻地告诉你

我接着说："学习这东西是急不来的，也不可贪多，所谓贪多嚼不烂。你可以尝试着把每学到的知识反复运用一下，彻底搞懂了会用了，再往下学，积少成多，终有所成。你要知道，学习知识不在于多少，而在于精通与运用。学了再多的知识，如果没有精通或不懂运用，等于没学。般特就是一个学以致用的好榜样啊！"

8　文盲禅师读书和鸟儿筑巢

小虎的烦恼

小珊又开车带着儿子小虎来找我，这次可不是孩子偷钱的事情，而是为了小虎的学习。小虎说："我听妈妈的话，学习很用功，每天早起晚睡，认真完成作业，语文课文我基本上都会背，物理化学什么的，只要是老师让我背的，没有我不会背的，可是一到考试我就考不了高分，我快对自己丧失信心了，好烦躁！"我说："小虎，你考试的时候怯场吗？"小虎说不。

小元的故事

我说："我明白了，你喜欢听故事吗？"

小虎说："不喜欢。"我说："小虎很诚实。不过我要是给你讲一个帮助你去掉烦恼的故事，你愿意听吗？"

小虎说好吧。

有一次，慧能禅师在别人家里借宿，休息的时候，忽然听见有人在念经。

慧能倾身仔细一听，感觉有些不对，于是起身来到那个念经的人身边说道："你常常诵读经文，是否了解其中的意思？"

那个人摇摇头说："有一些实在难懂！"

慧能就把刚才那个人朗读的部分为他做了详细的解释："当我们在虚名浮誉的烟灰里老去，满头白发的时候，我们想要什么？当生命的火焰将熄，心跳与呼吸即将停止的时候，什么才是我们最后的期盼？当坟墓里的身体成骸，尘归尘，土归土，生命成为毫无知觉的虚空之后，我们会在哪里？"

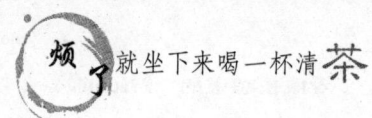

一时间,天清地明,那个人混沌顿开,似乎隐约能够看到生命的曙光了。

接着,那个人问慧能佛经上几个字的解释,慧能大笑说道:"我不认识字,你就直接问我意思吧!"

那个人听了他的话感觉到十分吃惊,说道:"你连字都不认识,怎么能够了解意思呢?怎么能够理解佛理呢?"

慧能笑着说:"诸佛的玄妙义理,和文字没有关系。文字只是工具,理解靠的是心,是悟性,而不是文字。骑马的时候,并不一定必须要有缰绳,那是给那些初学者准备的,一旦入门,就可以摆脱缰绳,在想去的地方自由驰骋。"

那个人终于有所领悟。

小虎的感悟

我看看小虎说:"小虎,你能理解这个故事的含义吗?"

小虎似懂非懂,想了一会儿说:"你的意思是不是学习不能死记硬背,要理解其中的意思?"

我说:"对,就是这个意思,我们的一生,是不断学习的一生,在学习的过程中,不要只注重文字的表述,文字只不过是一种工具而已,重要的是靠心去理解。只有这样,我们才能学有所获,掌握所学知识的实质;也只有这样,你才能考出好的成绩来。"

小虎说:"谢谢你小元师傅,我明白了,明天我就开始。可是从哪里开始学起呢?"

我说:"不,小虎,你要从今天开始,不管从哪里开始,重要的是开始,光是明白了道理还不行,还要去做。我再给你讲个故事好吗?"小虎点头。

有一只燕子,她总是把窝搭在房檐下面。一只小麻雀是她的邻居,窝也在屋檐下面。可是,这哪儿是搭窝的地方啊,不过是排水管和房檐之间的一个小小空隙罢了,小麻雀只不过在里边添了几根鸡毛,每晚就睡在那里。

燕子每年都会孵育小燕子,教他们飞行和唱歌。一家人快乐无比,很让人羡慕。可麻雀却不一样,她每年也生不少蛋,可是没有一次能把小鸟抚育长大,不是被淘气的孩子们掏走了她窝里的蛋,就是小鸟被猫吃掉了。

"你真幸福!"麻雀说,"你每年都能孵出小燕子,而我的孩子总是保不住!"

"都怪你自己不好,"燕子说,"要是你的窝也有我的窝这样结实,小孩和猫就没有办法了。"

/第四章/
禅是子女成长感恩的一架纸钢琴

"那就请你教我搭窝吧!"麻雀说,"你一定知道什么秘密,或者有什么诀窍呢!"

"搭窝要动动脑筋才行,"燕子说,"不过,其实也没有什么诀窍。来吧,我一定教会你。"

燕子和麻雀一起飞到了一个湖边。

"喂,我的朋友,你用嘴巴衔一点泥,就学我的样子。"燕子边说边努力衔了一大块泥。

"唧唧唧,"麻雀回答说,"依我看,不就是弄点泥巴嘛,什么诀窍也没有!"

燕子没有说什么,她衔着一块泥飞回家,把它糊到墙上。"你也这样做吧!"她又劝麻雀。

"我看见了,看见了!"麻雀很不耐烦地说,"真是再简单都没有了。我还以为你做的那个窝有什么秘密或诀窍呢。这样糊泥谁不会呀?不!这样的小事我不干!衔泥巴又脏又累。"

燕子一次又一次地飞到湖边,每次都会衔回一块泥。泥衔够了以后,她又去衔稻草。材料备齐了,她就开始筑窝了。一层泥,一层草,又一层泥,又一层草……她把窝搭得严严实实。

"窝只有这样搭才行。"她教麻雀说,"先糊上一层泥,再加上一层草,再糊上一层泥,再糊上一层草……这样,一个结结实实、舒舒服服的窝就搭好了。"

"我知道,我知道!这里一点高明之处也没有!"麻雀以轻蔑的口吻叽叽喳喳地说。

燕子回答说:"你知道是知道,可是光知道还搭不成窝,需要付出劳动才行。你如果不像我这样辛勤地劳动,你的小麻雀永远也不会长大!"

轻轻地告诉你

我和蔼地对小虎说:"我想要告诉你的是,千里之行,始于足下。成功者都是从'做'开始的。学习,首先是要理解,死记硬背,等于没有学。知道了这个道理,还要去实践,去一点一滴地做。不然,你就会像小麻雀筑巢一样,虽然它也知道其中的道理,可是没有去做,那它什么时候也不会成功。"

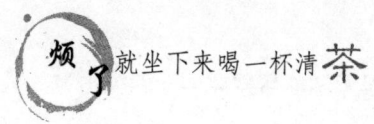

9 天外有天和谦虚过头

彤彤的烦恼

彤彤、媛媛、毛毛和霏霏都考上了大学,而且都在同一所学校。这一年寒假,他们四个一起来感谢我,我说我也没有做什么,有什么好感谢的,我喜欢讲故事,你们喜欢听故事,仅此而已。彤彤一听很不高兴地说:"小元师傅,你干吗不承认自己的功劳?是不是不够自信啊?"霏霏一听说:"自信自信,你也有点自信过头了吧?你知道同学们都说你什么?浮躁、骄傲、自满、盲目自信,还说你有点像网络上的FR姐姐。"彤彤说:"我知道你们背后这样说我,但是FR姐姐有什么不好?她虽然做事有时候不太恰当,但总归具有了很多人没有的自信。"

小元的故事

我说:"你们今天来,就是为了这个问题吗?"四个人一起点点头。我说:"彤彤说得不错,人是要有那么点自信,你们说的FR姐姐我也知道,声称给她多大的舞台她就有多大的本事,还希望得到名导演的赏识。那么我来问你,彤彤,她既然觉得自己那么有本事,为何还让别人给她舞台?为什么还希望得到别人的赏识?她的舞蹈、歌曲、博客我都欣赏过,我觉得并无过人之处。"

媛媛说:"没有想到小元师傅还这样赶时髦啊?"

我说:"我不是赶时髦,我是为了学习更多的知识、掌握更多的信息,顺应时代的潮流,把握时代的脉搏,这样才不至于妄自尊大,让自己知道天外有天。我就给你们说个故事吧。"

隐峰禅师在马祖禅师门下求学三年,自认为道行高深,不免洋洋得意起来。这天,他准备好行装,辞别马祖禅师,准备到石头禅师处一试禅道。

马祖禅师知道隐峰禅师有些心高气傲,决定让他碰一些钉子,也好从失败中吸取一些教训。临行前,马祖禅师提醒道:"小心啊,石头路滑。"马祖禅师说这话有两层含义,一是说山高路滑,小心绊了石头栽跟头;另一层意思则是说,石头禅师机锋了得,弄不好就会碰一鼻子灰。

而隐峰禅师当时正在兴头上,根本就没把师傅的话放在心上。并且,他一路行来并未栽过跟头,不禁更加得意了。

第四章
禅是子女成长感恩的一架纸钢琴

一到石头禅师处，隐峰就绕着法座走了一圈，得意地问道："你的宗旨是什么？"

石头禅师连看都不看他一眼，只是抬起头，两眼朝上，答道："苍天！苍天！"（在佛教中，禅师们经常会用苍天来表示自性的虚空。）

隐峰禅师无话可对，他终于知道石头的厉害了。这时，他才明白了临行前马祖禅师的话，于是，重新回到了马祖处。

马祖禅师听了事情的始末，对他说："你再去问，等他再说苍天时，你就嘘嘘两声。"隐峰一听，不禁对师傅佩服得五体投地。石头禅师用"苍天"来代表虚空，到底还有文字，可这"嘘嘘"两声不沾文字，真是妙哉！于是，隐峰又欣然上了路。

这次，他以为自己胜券在握，可以把石头禅师比下去了。到了之后，他又绕着法座走了一圈，问了同样的问题。谁知，石头禅师并不说话，竟向自己"嘘嘘"了两声，隐峰禅师一听，又愣住了。他万万没想到，自己还是没嘘出声，就被噎了回来。

此时，他再也没有以前的傲气了，丧气而归。回到寺庙后，他毕恭毕敬地站在马祖禅师的面前，听从教诲。马祖禅师没有批评他，只是语重心长地说："我不是早对你说过了吗，石头路滑嘛。"

彤彤的感悟

彤彤说："说得好，这就叫人外有人，天外有天！"

不了解自己的自信，不了解专业的自信，不知道天外有天的自信，就是盲目的自信。因此，我们在做事时，应该谦虚谨慎，不可骄傲自满；在学习时，更要深入细致，不可心浮气躁。"

彤彤说："谢谢小元师傅，我以后会注意的。"四个人起身告别。

可是等到过暑假的时候，四个人又一起来到了寺院中。媛媛和霏霏一直都在偷笑。彤彤却是很苦恼的样子，说："小元师傅，我按照你说的去做了，可是别人老是说我失去了自我，真TM烦恼。"我说彤彤啊，在寺院可不许说脏话的，其实到哪里还是都不要说粗话的好。彤彤说："可是我郁闷啊！"

我说那好吧，我就给你说个谦虚的故事。

以前，有位居士，他到一所有名的禅院去拜访一位老禅师。两人见面，谈话甚是投机，不知不觉间就到了午饭时间，于是，禅师留他用餐。

侍者端上来两碗面条，闻起来很是鲜美，只不过一碗大一碗小。两人坐下

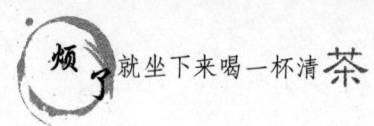

后，禅师看了一眼，就将大碗推到了居士面前，说："你吃这个大碗。"

要是按常理，居士应该谦让一下，将碗再推回到禅师面前，表示恭敬。没想到居士居然连看都不看禅师一眼，自顾低下头吃面。禅师见状，双眉紧锁，有些不悦。居士并未觉察，一个人吃得津津有味。

等他吃完面，抬起头来，却见禅师的碗筷丝毫未动，于是，笑道问道："师傅，你为何不吃？"

禅师叹了一口气，一言不发。

居士又笑道："师傅生我的气了？嫌我不懂礼仪，只顾自己狼吞虎咽？"

禅师没有答话，又叹了一口气。

居士问道："请问师傅，我们这样推来推去，目的是什么？"

"让对方吃大碗。"

"这就对了，让对方吃大碗是最终目的。那么争相推让，何时才能将面条吃进肚里。如您所想，我吃了大碗，难道您不高兴吗？"

禅师听了居士的话，心中顿悟。

轻轻地告诉你

我说："彤彤啊，不骄傲自满、自高自大、盲目自信，并不是一点自信都不要，更不是让你谦虚过头。谦虚礼让如果过了头，就成了虚假的客套。在日常交往中，我们谦虚礼让是应该的，但如果过了头就反而成了虚假的客套，让人觉得不真诚。因此，应该删除那些多余繁琐的形式，以坦率的心对人，在简简单单中体会人间的真诚，谦虚和自信、直爽、坦率是不矛盾的。"

10 火种无法找到，请珍惜时间

小露的烦恼

小露搀扶着她的姐姐小雨来到寺院，说她们的母亲刚刚去世，她和姐姐非常伤心，尤其是她姐姐，现在已经半个月没吃东西了，只是靠点滴维持生命，所以她把姐姐搀扶过来，想让我开导开导她。

小元的故事

我说："这位大姐，你现在还有气力听我说话吗？"小雨点点头。

从前有位妇人只生了一个儿子。她对这唯一的孩子百般呵护，特别关爱。可

第四章
禅是子女成长感恩的一架纸钢琴

是，妇人的独生子忽然染上恶疾，医师们诊视以后都束手无策。最后，妇人的独生子离开了人世。

突如其来的打击如同晴天霹雳，妇人无法接受这个事实，天天守在儿子的坟前哀伤哭泣："在这个世间，儿子是我唯一的亲人，现在竟然舍下我先走了，留下我孤苦伶仃地活着，有什么意思啊？"

这时，佛陀看到这种情形，就问："你想让你的儿子死而复生吗？"

"是啊！那是我的希望啊！"妇人如同水中的溺者抓到浮木一样急忙说。

"只要你点着上好的香来到这里，我便能如你所愿，使你的儿子复活。"

佛陀接着嘱咐："但是，记住！这上好的香要用家中从来没有死过人的人家的火点燃。"

妇人听了，二话不说，赶紧准备上好的香，拿着香立刻去寻找从来没有死过人的人家的火。她见人就问："您家是否从来没有人过世呢？"

"家父前不久刚去世。"

"您家中是否从来没有人过世呢？"

"妹妹一个月前走了。"……

妇人不死心，然而问遍了村里的所有人家，没有一家是没有死过人的。她找不到这种火来点香，失望地走回坟前，对佛陀说："大德世尊，我走遍了整个村落，每一家都有家人去世，没有家里不死人的啊！"

佛陀见时机成熟，就对妇人说："这个世界上的一切事物，都是遵循着生灭、无常的道理在运行。春天，百花盛开，树木抽芽，到了秋天，树叶飘落，乃至草木枯萎，这就是无常现象。人也是一样的，有生必有死，谁也不能避免生、老、病、死，并不是只有你心爱的儿子才会经历这变化无常的过程啊！"

小露的感悟

小露说："我明白，生死是人生中很自然的事，谁也无法避免。可是，我姐姐她……"

我说："小雨啊，这个世界上的一切事物，都是遵循着生灭、无常的道理在运行。人生也是如此，有些事是我们无法避免的，比如生、老、病、死，这些都是很自然的事。既然无法避免，就应该让一切顺其自然。你现在还能听见我和你妹妹说话，也许再过几天，你就会跟随着你的母亲而去，连你妹妹的声音也将失去。但是你的死，是没有遵循自然的，是你自己做无谓的牺牲所导致的，请问你这样做的意义何在呢？是你爱你的母亲导致的吗？还是为了让别人说你是个孝

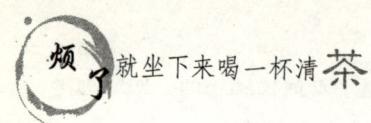

顺女的虚名呢？如果你爱你的母亲，你就应该让她走得安心。如果你是为了虚名，那你还不如好好活着，为那些你想得到赞扬的人做点好事，他们会更加赞扬你。"

小雨被我说到了痛处，开始流泪了。我说，这样吧，我再给你讲个故事。

一天，佛陀问他的弟子："弟子们！你们每天都忙忙碌碌托钵化缘，究竟是为什么呢？"

弟子们恭声答道："佛陀！我们是为了滋养身体，以便保养身体，求得生命的清净解脱啊！"

佛陀用清澈的目光环视弟子，沉静地问："那么，你们说说肉体的生命究竟有多长？"

"佛陀！众生的生命平均是几十年。"一个弟子充满自信地回答。

佛陀摇了摇头："你并不了解生命的真相。"

另一个弟子见状，肃穆地说："人类的生命就像花草，春天萌芽发枝，灿烂似锦；冬天就会枯萎凋零，化为尘土。"

佛陀露出了赞许的微笑："嗯，你能体察到生命的短暂迅速，但对佛法的了解却仍限于表面。"

他又听到一个无限悲怆的声音说："佛陀！我觉得生命就像浮游虫一样，早晨才出生，晚上就死亡了，充其量只不过是一昼夜而已！"

"喔！你对生命朝生暮死的现象能够观察入微，对佛法已有了表面的认识，但还不够深刻。"

在佛陀的不断否定、启发下，弟子们的灵性被激发起来。又有一个弟子说："佛陀！其实我们的生命和朝露没什么两样，看起来很美丽，可阳光一照，一眨眼的功夫，它就干涸消逝了。"

佛陀笑而不语，弟子们更加热烈地讨论起生命的长度来。这时，一个弟子站起身，说："佛陀！依弟子看，人的生命只在一呼一吸之间。"

他此语一出，四座愕然。

轻轻地告诉你

我语重心长地说："说得多好啊！人生的长度，就是一呼一吸。只有这样认识生命，才能真正体验到生命的精髓。小雨啊，你可不要懈怠，以为生命很长，像露水有一瞬，像浮游有一昼夜，像花草有一季，像一般人有几十年。其实，生命只在一呼一吸之间！一分一秒都值得珍惜。你应该振作起来，好好把握人生的分分秒秒，勤奋进取、努力拼搏，把母亲对你们的爱发扬光大，播撒到你的孩子的身上，你的亲人、朋友、邻里、同事身上。当然，也要懂得享受生命带给我们的欢乐。"

11　父母永远为我们开启着家门

我们的烦恼

人的一生，是烦恼的一生，没有谁的人生是一帆风顺的。在人生之路上，荆棘、坎坷、陷阱、困苦、失败、迷茫……无时不在困扰着我们，受伤之后向谁诉说？失败之后向谁求援？成功之后与谁分享？有谁想到了我们的父母？但是最后给我们安慰和支持的，为我们做坚强后盾的，永远都是我们的父母，他们永远为我们开启着回家的门。

懒儿子的故事

好了，现在听我给大家讲一个梦想得道成仙的懒儿子的故事。

在很久很久以前，有个年轻人与母亲相依为命，他们的生活很贫困。后来，这个年轻人由于苦恼而迷上了求仙拜佛。母亲见儿子整日念念叨叨、不事农活儿，苦劝过几次，但年轻人对母亲的话不理不睬，甚至把母亲当成是他成仙的障碍，有时还对母亲恶语相向。

有一天，这个年轻人听别人说起远方的山上有位得道高僧，心里不免仰慕，便想去向高僧讨教成佛之道，但他又怕母亲阻拦，便瞒着母亲偷偷地从家里出走了。

年轻人一路上跋山涉水、历尽艰辛，终于在山上找到了那位高僧。高僧热情地接待了他，听完他的一番自述，高僧沉默了良久。

当他向高僧问佛法时，高僧开口说："你想得道成佛，我可以给你指条道。吃过饭后，你即刻下山，一路到家，但凡遇有赤脚为你开门的人，这人就是你所谓的佛。你只要悉心侍奉，拜他为师，成佛是非常简单的事情！"年轻人听了非常高兴，谢过高僧后，就欣然下山了。

第一天，投宿在一户农家，男主人为他开门时，他仔细看了看，男主人没有赤脚。第二天，他投宿在一座城市的富有人家，更没有人赤脚为他开门。他不免有些灰心。第三天，第四……他一路走来，投宿无数，却一直没有遇到高僧所说的赤脚开门人。他开始对高僧的说法产生怀疑，快到自己家时，他彻底失望了。

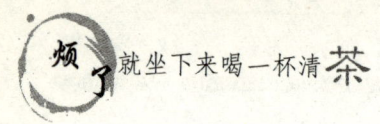

太阳下山时,他没有再投宿,而是连夜赶回了家。到家时已是午夜时分,疲惫至极的他费力地叩动了门环。

从屋内传来母亲苍老的声音:"谁呀?"

"是我,妈妈。"他沮丧地答道。

门很快地打开了,一脸憔悴的母亲大声叫着他的名字,把他拉进屋里。在灯光下,母亲流着泪端详着他。

这时,年轻人一低头,蓦地发现母亲竟赤着脚站在冰凉的地上!刹那间,灵光一闪,他突然想起了高僧的话,什么都明白了。他泪流满面,"扑通"一声便跪倒在母亲面前。

我想要告诉大家的是,这个世界,我们的母亲才是最伟大的,在我们迷失方向时,在我们落魄时,母亲永远都会为我们开启一扇门。无论何时何地,那个能赤着脚为我们开门的只有母亲。母亲,是我们应敬的佛。

受伤女孩的感悟

我再给大家讲一个梦想成名最后堕落风尘的女孩子的故事。

有一个女孩像今天许多年轻人一样,厌倦了枯燥的家庭生活和父母的管教。她离开了家,决心要做世界名人。可在经历了多次挫折打击后,她日渐沉沦,终于只能走上街头,开始出卖自己的肉体。许多年过去了,她的父亲死了,母亲也老了,可她仍在泥沼中醉生梦死。

这期间,母女从没有什么联系。可当母亲听说女儿的下落后,就不辞辛苦地找遍全城的每个街区、每条街道。

她每到一个收容所,都哀求道:"请让我把这幅画贴在这儿,好吗?"画上是一位面带微笑、满头白发的母亲,下面有一行手写的字:我仍然爱着你……快回家!

几个月后,没有什么变化。桀骜的女孩懒洋洋地晃进一家收容所,那里正有一份免费午餐等着她。她排着队,心不在焉,双眼漫无目的地从告示栏里随意扫过。就在那一瞬,她看到了一张熟悉的面孔:那会是我的母亲吗?

她挤出人群,上前观看。不错!那就是她的母亲,底下有行字:我仍然爱着你……快回家!

她站在面前,泣不成声:"这会是真的吗?"

这时,天已黑下来,但她不顾一切地向家奔去。当她赶到家的时候,已是凌晨了。站在门口,任性的女儿迟疑了一下,该不该进去?终于,她敲响了门,门自己开了，怎么没锁？不好！一定是有贼闯了进去。记挂着母亲的安危，她三步并作两步冲进卧室，却发现母亲正安然地睡觉。她把母亲摇醒，喊道："是我！是我！你的女儿回来了！"

母亲一时间有些不敢相信自己的眼睛，她擦干眼泪，娘儿俩紧紧抱在一起。女儿问："门怎么没有锁？我还以为有贼闯了进来。"

母亲柔柔地说："自打你离家，这扇门就再也没有上过锁。"

这个历尽了沧桑的女孩子终于明白了，这个世界只有父母对子女的爱是伟大的，没有任何附加条件。无论我们是成功还是失败，无论我们是优秀还是普通……父母永远是爱我们的，家门永远都会为我们敞开着。

娇孩子告诉你

最后，我想告诉大家一个关于娇生惯养的孩子被严厉的父亲教育好的故事。

从前有一个很勤奋的木匠，但他的儿子很懒惰，整天都无所事事，就知道睡觉。木匠有劲儿干活的年月里，家中的生活还过得去，可是等到他年迈力衰了，生活就变得十分穷困了。

一次，木匠把老伴叫过来说道："我们真倒霉，养了个坏儿子，是个一无所长的懒汉。要是他再不学着干活，我们的产业就得让他坐吃山空，他自己也得饿死。我和你年老体弱，应当让他挣钱糊口了。从今天起就得着手教他。"

母亲很了解自己的儿子，知道他不会赚钱。她很心疼自己的儿子，于是她给了儿子一个硬币，说："出去找个地方过一天，晚上回家，把这个钱交给你爹，就说是你自己挣来的。"

儿子依葫芦画瓢地按母亲的意思办了。

父亲接过他的钱，在手中挥动了几下，又用鼻子闻了闻，就扔进壁炉里，开口说道："这不是你亲手挣的钱。"

次日，母亲又给了儿子一个硬币，嘱咐说："出去吧，一整天别回家，多跑跑逛逛。晚上回家疲倦了，这样你爹就信以为真，认为钱确实是你自己挣的了。"

儿子又按照母亲的嘱咐行事，晚间回家，把钱递给了父亲。父亲接过来，又挥动几下，接着扔进了壁炉里。父亲说："你又骗我了，这钱不是你亲手挣的。"

母亲明白了，溺爱儿子是无济于事的。父亲扔钱时，孩子脸上的肌肉纹丝不动，因为他不知道挣钱是多么艰难。

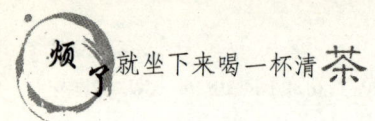

于是,母亲对儿子说道:"你爹是骗不了的,你明白吗?别让他生气了,找个地方干活儿去,学点手艺。不管挣几个钱,都要交给你爹。让他知道,你能自食其力。"

儿子走了一星期,不知去向。

他帮人干家务,又帮人下地干活儿。一会儿向这个师傅学手艺,一会儿又向另一个师傅学技术。就这样挣了一把钱,带回家来交给了父亲,满心希望能获得父亲的夸奖。父亲把钱从一只手倒向另一只手,闻了闻,就又把钱扔进了壁炉里。

"我不相信这些钱是你挣的。"

儿子感到十分委屈,他一头扑进了壁炉,从灼热的灰烬中把钱币一个一个地掏出来,并大声嚷道:"你干什么!为了挣这些钱,我从早到晚干了一星期的活儿,可你却把它们就扔进了炉子里。"

父亲看了看儿子,笑了:"现在我真相信了,这才是你自己挣的钱,也知道这钱来之不易。别人给的钱,你是毫不可惜的,可为了自己挣的钱就会一头扎进火里去。我再不会为自己的儿子感到差耻了。"

我要说的是,父爱就是这样严厉,也许我们有时候不能体会父亲的苦心,但是父亲的冷酷和严厉恰恰是在教我们学会谋生的本领。这个娇孩子不珍惜金钱,是因为未付出努力,因为他没有亲自去挣钱,不知道金钱的真正价值。其实,每一分钱都来之不易,无论是别人给的还是自己挣的都应该珍惜。这就是父亲要告诉他的,告诉他不当家不知道柴米贵;告诉他要珍惜劳动成果,不要再坐吃山空;告诉他要学会生存的本领。正所谓"授人以鱼不如授人以渔",这就是伟大的父爱。

第五章
留给女人美容最有效的一种护肤品

/第五章/
留给女人美容最有效的一种护肤品

女人，如水如花如月，世界上几乎所有形容美丽的词语都给了女人，闭月羞花之容，沉鱼落雁之貌，倾国倾城之相，天下没有一个女人不希望自己生得如此楚楚动人。然而，岁月催人老，日月不留情，随着年龄的增长，青春总是那般地容易流失，我们美容、护肤，不惜花去大量的金钱、时间和精力，那些化学的所谓天然化妆品有效吗，能让我们美丽起来吗？答案是肯定的，因为我们常常听到从医院、美容院走出来的女士们很自信地说："我真的年轻漂亮了耶！"是的，你知道你为什么感觉自己美丽了吗？那是因为你的心理作用，你从心理上充满了自信，你的心情是阳光灿烂的，所以你的脸上也是阳光灿烂的。心理状态才是你美容的关键，所谓"一笑倾城"，请问"不笑"能"倾城"吗？笑，正是从心里自发出来的，而禅，恰恰能让我们抛弃生活中所有的烦恼，让我们开心地笑对生活，让我们更加美丽动人。

1　心理美容和心灵美是两个概念

依依的烦恼

依依这一天愁眉苦脸地来找我，说："小元师傅啊，有件事真的非常羞于启齿，说出来恐怕你会说我太虚荣，可是我确实因为这件事情非常烦恼。"我笑笑。依依又说："你知道我们做女人的都很注重形象的，我最近发现脸上的皱纹越来越多了，我在一个美容院办了月卡，3000多块钱呢，可是觉得效果不是太明显，我不想这么早就变成老太太，可是又没有什么特别有效的方法，你有吗？嗨——你看我问得傻不傻？你一个出家人，怎么会懂得这些女人的事情？"我又笑笑。依依说："小元师傅，你怎么老是笑啊？是不是耻笑大姐啊？"我依然笑，说："依依大姐啊，你一点都不傻，你问对了，虽然美容是一桩非常技术性的事，我对美容的技术性问题一窍不通，但是有人懂。"

小元的故事

依依喜笑颜开，说："是吗，小元师傅？那可太好了，是谁啊？你能给我说说吗？"

我依然笑，然后说："依依大姐，其实你已经不需要知道他是谁，也不用听了，你基本上已经学会，并且变美了。"

依依说："别逗我了，小元师傅，哪有那么快？"

我说，那好吧，既然这样，我就给你说说他的故事吧。

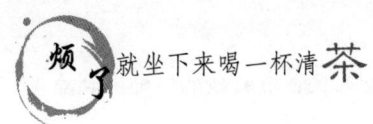

　　一天，我的朋友接到了一位编辑的约稿信，上面写着："每次去编务处取信，都没有您的来稿，心里空落落的，不免有些伤感。也真应了'名家的稿子难约'这句话。我是山里来的孩子，委实不懂这些，我还在等着。窗外飘起了雪花，记得给您写第一封信时外面的树叶是绿色的，而现在都已飘零。"读这信时，他的妻子恰好走过他身边，忽问："你怎么了？"她一般是不过问他这类事的。我的朋友觉得奇怪，反问她："你觉得我怎么了？"她说："以往你拆看这些约稿信时，很少是现在这个模样。"我的朋友再问："现在的模样怎么了？"她说："脸上的线条柔和多了！"他妻子的话，给了他灵感。

　　为什么我的朋友读了这位编辑的信，脸上的线条柔和了？很显然，是心理活动使然。可见，美容除了医学技术层面和美学理论的层面外，恐怕还有个心理的层面。一个竭尽一切技术手段进行了美容的人，倘若他或她的心理状态不佳，甚或很坏，那么，形于色后，给人的总体印象恐怕很难是美的。因此，心理美容，也就是注意调节自己的心理状态，使自己能坦然地直面现实，善意地周旋于人际，从容地对待得失，宽容地吸纳异见，保持对大自然的欣赏力，以及对所有小生灵的怜爱，等等，都是非常重要的。当我们心中求真、向善、寻美的意愿充沛时，纵使我们在技术性美容上稍差一些，往往也还是能给人以相当的愉悦感。

依依的感悟

　　依依说："我明白了，小元师傅，外貌美与心灵美应当统一，你是在强调心灵美吧？"

　　我说："不，依依大姐，你误会了。心灵美是个比较大的概念，与具体的美容问题相衔接就好比把大象、小鸟并列起来议论，不大容易说清。我们还是从心理活动这个层面上来说说美容吧。"

　　依依非常高兴，当然，脸上比刚来的时候美丽了许多。

　　我说："比如说，在社交场合，即使你在美容的技术层面上已然'天衣无缝'了，可是，倘若你在心理调节上失之于粗陋，那么，你的容颜风度还是有可能大打折扣。心理调节、容颜养护、心灵善恶组成了形象的总体。心灵美的人倘若不注意个人卫生、不注意适度美容，外在形象上也很可能不佳；心灵美的人即使也很注意美容，倘在临场的心理调节上控制失度，也可能影响到他或她在别人眼中的总体形象。这样说来，所谓的心理美容也有某种可操作性，亦即技术性了。比如，在社交场合聚集交谈时，有人很粗鲁，甚至于有点幸灾乐祸地指出你说错了一个年代，或念了一个白字，这时，你倘若心理上不能承受，立即反唇相

第五章
留给女人美容最有效的一种护肤品

讥、以牙还牙,那么,你纵使化妆很美,脸上的线条也一定会大变形,令旁观者感到你没有风度,也就谈不上什么美丽了。"

依依说:"小元师傅说得真好,那么,你说我该怎样调节心理,进行心理美容呢?"

我说,这样吧,我照例给你讲个故事。

在百货商店里,有个穷苦的妇人,带着一个大约四岁的男孩在转圈子,走到一架快照摄影机旁,孩子拉着妈妈的手说:"妈妈,让我照一张相吧。"妈妈弯下腰,把孩子额前的头发拢到一旁,很慈祥地说:"不要照了,你的衣服太旧了。"孩子沉默了片刻,抬起头说:"可是,妈妈,我仍会微笑的。"

我每想起这件事情,就会被那个小男孩所感动。

如果你在生活的摄像机前也像那个小男孩一样,穿着破烂的衣服,一无所有,你能坦然而从容地微笑吗?

我想起了认识的一位旧书摊主。

因我生性爱书,除去书店买新书,更多地是去买旧书,经济又实惠。摊主是位五十开外的男人,头发已有点白了,虽然他看上去满脸疲倦,但他脸上却始终挂着一种温暖而平和的微笑。他的生意也不是什么时候都好,但他脸上的微笑从没因此而收敛片刻,依然笑对每一位从他书摊前经过的人,犹如一道令人心动的风景。

时间长了,我便与他混得很熟。后来从他口中得知,他原来在这座城市里一家有名的企业上班,不巧的是他下岗了,更不幸的是妻子又遭车祸,至今仍躺在床上,本是小康的生活顿时跌入到贫困的深渊。再加上女儿正在读高三,也正是花钱的时候。没办法,只好出来弄点旧书卖,成本不高,周期很短,能赚多少算多少,只求能把这个家支撑下去。他还讲了自己生活中其他一些颇令人心忧的事。令我吃惊的是,当他讲述那些常人也许无法承受的不幸时,脸上仍带着淡淡的笑容。

一天,在他摊位上翻阅旧书时,突然下起雨来。他对我说:"小元师傅,能不能帮我把书收起来?"我爽快地答应了。随后,我心里一动,萌发了去他家看看的念头,便对他说了自己的想法,他微笑着说:"欢迎,欢迎。"

他家很狭窄,他说他本来有套宽敞的住房,但为了妻子的医药费而换给了别人。

刚一进门,我就被他妻子的一张笑脸所感动。她坐在沙发上,从她身上可看出受伤的痕迹。他妻子的微笑正如他示人的微笑一样温暖而平和。从这张笑脸上

125

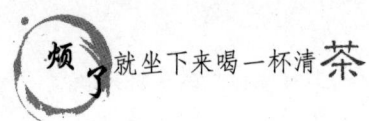

根本找不到那种重伤在身、贫困交加的人所表现出来的厌世、焦躁、淡漠与敌视的神情。那张脸虽然清瘦苍白，但洋溢出来的微笑却如花般灿烂、鲜丽，使整个房间都弥漫着一种醉人的温馨。他们好像完全不顾忌我这个外人在旁，他坐在他妻子身旁，微笑着问她好点没有，他妻子也微笑着抚摸他的脸，问他累不累，那情景让人羡慕而感动。此时，她的温暖和美丽的微笑中还让人读出了一种从未见过的美丽。

轻轻地告诉你

依依终于保持住了自己的笑容，她似有所悟。我继续说："我明白他们一家人为什么在接踵而至的不幸中仍能保持如此的美丽，那就是她如花般的微笑，那是一种对生活巨大的热忱和信心，一种高格调的真诚与豁达，一种直面人生的成熟与智慧。我想，只要具备了这种淡然如云微笑如花的人生态度，在任何困境和不幸之中，你都会是美丽的。"

"好了，依依大姐，我现在可以告诉你，正确的心理美容手段应当是：尽量谦逊地容纳哪怕是不甚友好的挑剔，摒弃所有的烦恼和忧愁，从微笑如花开始，脸上的线条，以及整个肢体语言都绝不会变形；当然，也并不排除在气定神闲之际幽默几句，或巧妙地将疏漏找补回来。心理美容，无需投资，却效果绝佳！"

2 林黛玉真的很美吗

小薇的烦恼

小薇来了。小薇哭丧个脸说："小元师傅，你说我长得美吗？"我笑了，说："小薇姑娘，不要问这样让出家人敏感的问题好不好？"小薇笑了，说："小元师傅，你怎么这样呢？人家跟你说正经事呢！"我说："你很漂亮，小薇。"

小薇又恢复了刚才的表情："那你说小炎怎么老说我是个丑八婆？"我说："你觉得林黛玉美吗？"小薇说："美啊，谁都知道她是个病美人、泪美人。"

小元的故事

我说："我认为她一点都不美。"小薇瞪大了眼睛说："为什么？"

我说："就因为她喜欢生气，喜欢流泪，所以她不美。如果你生活在大观园里并见过她的话，你也一定会和我的看法一样，她的小脸一定很不好看，就算是

第五章
留给女人美容最有效的一种护肤品

她天生一副美丽的相貌，也早就被她给扭曲变形了！"

小薇说："小元师傅你不是变相地说我吧？"

我笑笑，说："假如林黛玉生活在现在的年代，我估计没有哪个男孩子会娶她当老婆，谁愿意整天在泪水和怒气里生活啊？假如有这么一个男孩子，你愿意嫁给他吗？"

小薇说："当然不愿意。"

我说："那就是了，没有人愿意娶她，没有人喜欢她，你说她美，她又美在何处啊？"

小薇说："可是，生活中的确有太多的烦恼和不合理的事情让我生气，谁又想生气呢？"

我说这样吧，小薇，我再给你讲个故事。

古时有一个妇人，特别喜欢为一些琐碎的小事生气。她自己也知道这样不好，便去求一位高僧为自己说道，以开阔心胸。

高僧听了她的讲述，一言不发地把她领到一座禅房中，落锁而去。

妇人气得跳脚大骂。骂了许久，高僧也不理会。妇人又开始哀求，高僧仍置若罔闻。妇人终于沉默了。

高僧来到门外，问她："你还生气吗？"

妇人说："我只为我自己生气，我怎么会到这种地方来受这份罪。"

"连自己都不原谅的人，怎么能心如止水？"高僧拂袖而去。

过了一会儿，高僧又问她："还生气吗？"

"不生气了。"妇人说。

"为什么？"

"气也没有办法。"

"你的气并未消逝，还压在心里，爆发后将会更加剧烈。"高僧又离开了。

高僧第三次来到门前，妇人告诉他："我不生气了，因为不值得气。"

"还知道值不值得，可见心中还有衡量，还是有气根。"高僧笑道。

当高僧的背影迎着夕阳立在门外时，妇人问高僧："大师，什么是气？"

高僧将手中的茶水倾洒于地。妇人看了很久后，顿时领悟，向高僧道谢后离去。

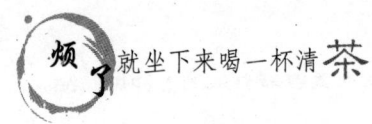

小薇的感悟

小薇开心了,说:"小元师傅你真好玩,老是把我编进故事里糗我。不过,仔细想一想,生活中的确有许多事情不值得生气。"

我说:"是啊,有很多人喜欢生气,即使为了一点小事,也会气得不得了。其实,很多事根本就不值得去生气,生气是对自己不负责任的表现,是惩罚自己的一种蠢行。况且,生气也会让一个漂亮的女孩子变丑,快乐的女人才是美丽的女人。"

小薇说:"我明白了,小元师傅,怪不得我一生气小炎就说我丑!可是生活中哪有那么多快乐的事情呢?"

我说,我再给你讲一个故事。

从前有个国王,他爱他的儿子胜过一切,但这位王子并不快乐,无论国王用什么办法哄他高兴,这位王子还是一天天悲伤下去。

王子也说不出为什么悲伤,可精神却一天天颓丧。国王从各地找来最好的医生、哲学家、心理学家为王子诊治,可会诊的结果是:要找一个永远快乐的人,然后,将王子的内衣与这个人的内衣互换,王子穿上了这件内衣便会快乐起来。

国王派出大批使者,到处寻找永远快乐的人。使者们陆续回来了,他们说,有的人需要赞美才能快乐,有的人需要金钱才能快乐,有的人只有享乐才能快乐,还有的人尽管现在很快乐,但却在为未来忧愁。所以,没有一个人拿回内衣。

国王在伤心之余,决定去打猎消愁。国王打伤了一只野兔,他尾随野兔追到森林的深处。国王突然听到一阵欢乐的歌声:"不论遇到什么事情,我都非常快乐。"国王循声而去,发现唱歌的是个年轻小伙子,正在葡萄园里修剪葡萄架。

"你要不要跟我去王官,做我的朋友?"国王问青年。

"感激不尽,"小伙子回答,"但我不想去,就是拿皇位来换我也不去,我喜欢待在这里,我也不需要其他任何东西。"

总算找到了!这肯定是个永远快乐的人,我儿子终于有救了。

"亲爱的小伙子,"国王说,"我儿子快死了,只有你能救他,你需要什么我都可以给你,我只要你的内衣给我儿子穿在身上。"

国王迫不及待地解开小伙子的内衣,他突然停止了,原来那个小伙子根本就没有内衣!费尽心思的国王终于找到了永远快乐的人,然而,这个最快乐的人,竟然连内衣都穿不起!

第五章
留给女人美容最有效的一种护肤品

轻轻地告诉你

小薇被逗乐了,说:"小元师傅,你好玩死了,说话越来越不忌讳,连内衣的事情都跟女孩子讲。"我说:"把想说的说出来,你就没有了烦恼和负担,你就不会生气、委屈和流泪了,没有什么好忌讳的,只要你心无杂念。你知道这个故事的结果是什么吗?后来,那些最好的医生、哲学家、心理学家对这个最快乐的人进行了会诊,会诊的结果是:快乐不在于外表的华丽,而在于内心。快乐是一种心境,它不在于外表的华丽,不在于拥有的多少,而在于内心——没有过多的物欲,没有过多的心事,心中坦荡,就能获得快乐。快乐的女人,才是美丽的女人。"

3 七颗美丽的钻石

媛媛的烦恼

媛媛这天哭着鼻子来找我。我说:"媛媛,你上的是什么大学啊?怎么没放假就从学校跑回来了?"媛媛说:"小元师傅,我们去参加全国菊花节形象小姐的选美,一个很丑的女孩子竟然进入了决赛,而我却被PK掉了,你说是有黑幕还是评委瞎了眼,为什么老天对我这样不公平?"我说:"我要是评委也要把你给PK了。"媛媛气愤地说:"为什么?"

小元的故事

我说:"因为你气愤,你看什么事情都感到不公平啊!"

媛媛说:"这也是不美丽的原因?"

我说,我给你讲个故事听听。

很久以前,有个财主,他有七个女儿,个个花容月貌,美艳无比。每当家里来了宾客,财主总要把女儿叫出来展示一番。他最想听到的就是客人们的赞叹声,事实上也的确如此。可是这几个女儿一个比一个说话粗鲁,贪图小便宜,看见什么事情都要议论几句。

有一天来了个客人,财主照样让他看自己的女儿,然后问他:"我的女儿美吗?"

那个人说:"这样吧,你让你的女儿们披上盛装去各地行走,如果每个人都说她们美,我就给你五百两黄金,只要有一个人说不美,你就输给我五百两黄金,怎么样?"

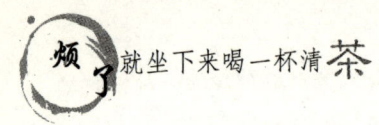

财主动心了,于是欣然同意。

他带着女儿在各地游走,每个人都说他的女儿漂亮,眼看五百两黄金就要到手,财主又带着她们来见佛祖,得意洋洋地问:"佛祖,你说我的女儿漂亮吗?"

佛祖不屑地回答:"不漂亮!"

财主非常不高兴,问道:"城里的每个人都说她们漂亮,怎么就你一个人说不漂亮呢?"

佛祖回答说:"世人看的是外表,而我看的是心灵。在我看来,身能不贪钱财,口能不说恶言,意能不起邪念,这样才是美!"

财主听了佛祖的话,灰溜溜地走了。当然他也输了五百两黄金。

那个和他打赌的人正是佛祖的弟子,他知道佛祖是怎样看待美的,到佛祖这里来是他为财主安排的最后一站。

媛媛的感悟

媛媛生气地说:"我明白了,你的意思是说外表美不算美,心灵美才是真美。小元师傅,你的言外之意是说我不美吗?"

我说:"你误会了,我是一概而论的,一个外表貌似天仙却心如蛇蝎的女人,我们能说她美吗?当然不能。一个丑陋却心地善良的女人,我们能说她不美吗?当然也不能。所以,看一个人是否美丽,重要的是看其内在,而不是外貌。你们的选拔赛我从电视里看到了,比方说你在回答评委的问题时,多是围绕你自己,而你说的那个女孩子说她将来要是富有了,会办一所学校,专门让那些失学的儿童来读书。这就是差别。"

媛媛无言以对。我说这样,我再给你说个故事。

很久很久以前,在地球上发生过一次大旱灾,所有的河流和水井都干涸了,草木丛林也都干枯了,许多人和动物都焦渴而死。

一天夜里,一个小姑娘拿着水罐走出家门,为她生病的母亲去找水。小姑娘哪儿也找不到水,累得倒在草地上睡着了。当她醒来的时候,拿起罐子一看,罐子里竟装满了清亮新鲜的水。

小姑娘喜出望外,真想喝个够,但又一想,这些水给妈妈还不够呢,就赶紧抱着水罐往家跑。她匆匆忙忙,没有注意到脚底下有一只小狗,一下子绊倒在它身上,水罐也掉在了地上。小狗哀哀地尖叫起来。小姑娘赶紧去捡水罐。

她以为水一定都洒了,但是没有,罐子端端正正地在地上放着,罐子里的水还是满满的。小姑娘把水倒在手掌里一点,小狗把它都舔净了,变得欢喜起来。当小姑娘再拿水罐时,木头做的水罐竟变成了银的。

小姑娘把水罐带回家,交给了母亲。母亲说:"我反正要死了,还是你自己喝吧。"又把水罐递给小姑娘。就在这一瞬间,水罐又从银的变成了金的。

这时,小姑娘再也忍不住,正想凑上水罐去喝的时候,突然从门外走进来一个过路人,要讨水喝。小姑娘咽了一口唾沫,把水罐递给了这过路人。这时突然从水罐里跳出了七颗很大的钻石,接着从里面涌出了一股巨大的清澈而新鲜的水流。

而那七颗钻石越升越高,升到了天上,变成了七颗星星,这就是人们所说的美丽的北斗七星。

轻轻地告诉你

我说:"媛媛啊,在这个世界上不仅仅只有我们自己和亲人,还有同学、朋友、邻居、老师以及许许多多陌生人,只要人人都献出一点爱,世界将变成美丽的人间。世界变得美丽,那,献出爱心的人将会变得更加美丽。就像你说的那个很丑却进入选美决赛的女孩子,以及这个找水的女孩子,她们因为有了爱,所以会像钻石、星星一样美丽无比。"

4 多说美言会让你更加美丽

小珊的烦恼

小珊开着车气哼哼地来了。她一进门就一屁股坐在蒲团上,说:"小元师傅,我真的很老吗?"我笑笑,说:"是不是有人说你很老很丑啊?"小珊说:"今天早上我被一个小伙子使劲撞了一下,疼得我要死,我就说他'你没长眼睛啊',他竟然出口伤人说我又老又丑,不躲在家带孩子,还敢抛头露面,气死我了。"

小元的故事

我说,小珊啊,你听我讲个故事好吗?

小珊说:"废话,我来就是要听你讲故事的啊,怎么每次都要征求我的意见?"

我笑了笑说:

有一个负责推销吸尘器的推销员,面对自己业绩一直无法突破的困境心中苦

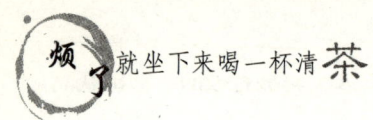
烦了就坐下来喝一杯清茶

恼不已。他静下心来想了许久,终于想出了一个办法。

这一天,他来到一个高级住宅区。推销员看准了一户人家,他按照最新构思出来的推销新招式,按完门铃之后,等对方一开门,连招呼都不打一声,就直接冲进了门内。

面对女主人一脸惊愕的神情,这位推销员大声地说:"小姐,你不用担心,我不是强盗,我是来向你推销吸尘器的,以我们吸尘器的优越性能,绝对能在十分钟内把你房间的任何杂物都彻底清除干净,哪怕你的房间里有牛粪,如果我们公司的吸尘器不能清除干净的话,我就把牛粪全都吃了。"

接着,他便站在原地,等候对方露出好奇不已的标准购买信号。却不料,女主人二话不说,转头便走进了厨房。

这位推销员立即紧张地追上女主人问道:"怎么?你对于我们公司吸尘器的超强功能没有兴趣吗?"

这时,只见女主人从厨房拿出酱油和番茄酱说道:"我比较感兴趣的是,你在吃那些牛粪的时候,到底想要哪一种调料?"

推销员惊讶地说:"我根本还没开始操作吸尘器,你怎么知道我不能把牛粪之类的垃圾完全地吸干净呢?"

女主人轻松地笑着说:"事情是这样的,我们今天刚刚搬进来,这屋子里根本还没有通电,就算你的吸尘器功能再强,今天我倒要看看怎么能吸干净。"

小珊的感悟

小珊说:"这个人说话可真恶心,怎么能说人家房间里有牛粪呢?"

我说:"是啊,说话不好听,本来可以很容易解决的事情也被他搞砸了,而且显得这个人很没有素养,很丑陋,谁会买他的吸尘器呢?我相信人家新搬进来的,如果他说话好听一点,女主人一定会买他的吸尘器的。你不觉得吗?有时候,语言美比任何一种护肤品都有效,能在短短的几秒钟就能把你打扮得很美丽,并且让你充满了魅力。"

小珊说:"小元师傅,有你说的这么管用吗?"

我说,我还是要征求一下你的意见,愿意听我给你再讲一个故事吗?小珊很有涵养地点头,微笑说:"谢谢你,小元师傅。"

一位女大学生刚毕业时到一家著名的公司应聘财务会计工作,面试时便遭到拒绝,原因不是因为她不够漂亮,而是因为她太年轻,公司需要的是有丰富工作经验的资深会计人员。

第五章
留给女人美容最有效的一种护肤品

女大学生却没有气馁，一再坚持要参加笔试。

她婉言对主考官说："我知道我经验不足，可是您是否有兴趣来验证一下，我对专业的精通有没有胜过经验呢？请再给我一次机会，老师，如果您允许我参加笔试，我的成绩会是您今天最意外的惊喜。"主考官见她很有礼貌，也很自信，就想看看自己会有怎样的惊喜，便答应了她的请求。结果，她真的通过了笔试，由人事经理亲自复试。

人事经理对这位女大学生颇有好感，因为她的笔试成绩最好，不过，女孩的话让经理有些失望，她说自己没工作过，唯一的经验是在学校掌管过学生会的财务。找一个没有工作经验的人做会计不是他们的预期，经理决定到此为止："今天就到这里，如有消息我会打电话通知你。"

女孩从座位上站起来，向经理点点头，从口袋里掏出两块钱，双手递给经理："不管我是否被录取，都请给我打电话。"

经理从未遇到过这种情况，一下子呆住了。不过他很快回过神来，问："你怎么知道我不给没有被录用的人打电话？"

"你刚才说有消息就打，那言下之意就是如果不录取就不打了。"

经理对这个年轻女孩产生浓厚的兴趣，他继续问："如果你没被录用，我打电话，你想知道些什么呢？"

"请告诉我我在什么地方不能达到你们的要求，我在哪方面不够好，我好改进。"

"那两块钱？"

女孩微笑道："给没有被录用的人打电话不属于公司的正常开支，所以由我付电话费，请你一定打。"

经理也微笑道："请你把这两块钱收回，我不会打电话了，我现在就通知你，你被录用了。"

轻轻地告诉你

我看了看小珊轻轻地接着说："就这样，女孩用自己恰当、谦虚、美好的话语，敲开了机遇的大门。细想起来，女孩之所以被录取，其实道理很简单。一开始便被拒绝，女孩仍要求参加笔试，说明她有坚毅的品格。财务工作是十分繁杂的工作，没有足够的耐心和毅力是不可能做好的。她能坦言自己没有工作经验，显示了一种诚信，这对搞财务工作的人来说尤为重要。即使不被录取，也希望能得到别人的评价，说明她有面对不足的勇气和敢于承担责任的上进心。女孩自掏电话费，说明她具有公私分明的良好品德，这更是从事财务工作所不可或缺的。所以，女孩被录用是理所当然的。几年过后，这个女孩成长为一名财务主管。而这一切无疑是从她口中说出的美好的话语赐给她的。假如她说话非常难听，即便是她一再坚持，主考也不会同意她笔试，经理也不会对她的两块钱感兴趣。是委婉动听的话语，使她变得更加美丽和有魅力了。"

5　魅力有时候来自于沉默

阿珠的烦恼

阿珠最近被一件事情缠得烦恼起来，在一个同事说另一个同事的坏话时，她附和一句，结果，说坏话的人没有事情，可是她却被那个同事缠住了。阿珠说："你不知道，小元师傅，我的这个同事其实才是一个真正的长舌妇，说她坏话的人，倒是个很不错的人，我更不是她说的长舌妇。还不止呢，她说我是心理变态，妒忌她年轻漂亮，才在背后说她的坏话的。简直是气死我了，我也不好意思说不是我说的而出卖别人，这几天心里一直都很压抑。"

小元的故事

我说："其实阿珠姐姐一点都不老，而且应该比同龄人还要显得年轻、漂亮，他们之所以这样说你，是因为阿珠姐姐你有一件事情没有做好啊！"

阿珠说，我知道我不该附和那一句话。

我说对，阿珠姐姐今天需要我给你说个故事吗？阿珠点点头。

有一次，一位年轻的女孩来到一位智者面前，向他倾诉自己的苦恼。其实女孩心地不坏，只是她常常说三道四，喜欢说些无聊的闲话。这些闲话传出去后，往往会给别人造成许多伤害。久而久之，人们都远离她了。因为没有朋友，她觉得很孤独。

智者对女孩说："你不应该谈论他人的缺点，我知道你也为此很苦恼，现在我命令你要为此而赎罪。你到市场上买一只母鸡，走出城镇后，沿路拔下鸡毛并四处散布。你要一刻不停地拔，直到拔完为止。你做完之后，就回到我这里告诉我。"

女孩觉得这是非常奇怪的赎罪方式，但为了消除自己的烦恼，她没有任何异议。她买了鸡，走出城镇，并遵照吩咐拔下了鸡毛。然后她回去找智者，告诉他自己按照他说的做了。

智者说:"你已完成了赎罪的一部分,现在要进行第二部分。你必须回到你散布鸡毛的路上,捡起所有的鸡毛。"

女孩照做了,可这时风已经把鸡毛吹得到处都是了。她只捡回了一些,但是不可能捡回所有的鸡毛。

女孩回来说:"我没能捡回所有的鸡毛。"

智者说:"没错,我的孩子,你是无法捡回所有的鸡毛的。你那些脱口而出的愚蠢话语不也是如此吗?你不也常常从口中吐出一些愚蠢的谣言吗?你有可能跟在它们后面,在你想收回的时候就收回吗?"

女孩说:"不能。"

"那么,当你想说些别人的闲话时,请闭上你的嘴,不要让这些邪恶的羽毛散落在路旁。"

阿珠的感悟

阿珠说:"我明白了,你的这个比喻打得真好,把闲话比喻成鸡毛。我记住了,想说别人的闲话时,要闭上自己的嘴,保持沉默。"

我说:"对,在生活中,如何说话,尤其是如何谈论别人,需要慎重考虑。当想谈论别人的缺点时,当想说别人的坏话时,当想散布谣言时,我们需要闭上自己的嘴。因为,有些话一旦说出口中,不是想收回就能收回的。同时,保持沉默,才能使你更加具有女人的魅力,你的形象才会在同事中彰显高大和美丽。"

阿珠说:"可是她散布了我那么多谣言,可怎么办?难道我就这样坐视不管?"

我说,看来我还要给你讲一个故事。

日本的白隐禅师,是一位修行有道的高僧,向来都得到大家的尊敬。

有一对夫妇,在白隐禅师的住处附近开了一家食品店。这对夫妇有一个漂亮的女儿,不经意间,夫妇俩发现女儿的肚子无缘无故地大了起来。

出了这种见不得人的事,使得这对夫妇又惊又怒。夫妇俩对女儿爱恨交加,发誓要惩罚那个惹事的家伙。在父母的逼问下,女儿起初不肯招认那个人是谁,最后才吞吞吐吐地说出"白隐"两个字。

夫妇俩当即怒不可遏地去找白隐理论。听清事情的原委以后,这位大师不置可否,只若无其事地保持着沉默。

孩子生下来之后,就被怒气冲冲的夫妇俩抱给了白隐禅师。此时的禅师,早已经名誉扫地,但他并不以为然,只是非常细心地照顾着孩子。

禅师向邻居乞求婴儿所需的奶水和其他用品,虽不免横遭白眼和冷嘲热讽,但他总是处之泰然。

一晃一年过去了,那位未婚妈妈终于不忍心再欺瞒下去。她老老实实地向父母摊牌,孩子的生父是在市场里做工的一名青年。

随后,三人来到白隐禅师那里,不住地向他道歉,请他原谅,并说要将孩子带回去自己抚养。

白隐禅师仍然是淡然如水,他没有任何表示,也没有乘机教训他们。只是在交回孩子的时候,禅师依然保持沉默,就好像不曾发生过什么事,即便有,也只像微风吹过耳畔,霎时即逝。

轻轻地告诉你

我接着说:"阿珠姐姐啊,遇见自己被冤枉的事情,不做任何解释,保持沉默,才是最好的解释。当我们被别人冤枉时,如果费尽心机地去解释,往往会越描越黑,事情会越闹越大,同时也会损坏我们的形象。其实,遇到这种事情时,没有必要去理会,要相信事情总会有真相大白的时候,把心放宽一些,装装糊涂,保持沉默。在别人说其他人的闲话,或者自己想说别人的闲话时,应保持沉默。这样的一个女人,会让人们肃然起敬,其美丽也是无人可比的。懂得沉默的女人,才是最有魅力的女人。"

6 不要迷失了自己独特的美

小倩的烦恼

小倩这一天拉着她未成年的孩子来到寺院,犹豫了很久,走到门口又退了回去,在门外徘徊着。我的师兄告诉我,好像是小倩来了,却又不敢进来,我就到寺门口去迎接她。我说:"小倩啊,有什么需要我帮忙的吗?"小倩想了很久才说:"小元师傅,自从我离婚以后,我对谁都是掏出心来对待,谁的话我都听,可是我发现自己越来越没有主见了,我姐姐说我现在变得又老又丑,建议我去美容,我就去了,还有个姐妹建议我去找心理医生,我也去了,有人建议我让孩子学钢琴,我就报,有人建议我练健美操我就练⋯⋯"

小元的故事

我说:"小倩姐姐别说了,我知道你的烦恼了,这样,这次谁的话都别听,

第五章
留给女人美容最有效的一种护肤品

我给你讲个故事,你听完以后,自己拿主意好吗?"小倩说好,我听你的。我说:"小倩姐姐,我不是让你听我的,我是在征求你的意见。"小倩说我决定听你讲一个故事。

有一头大象自幼学画画,是远近闻名的画家。

有一次,它画了一幅风景画,在送去展览之前,想先请朋友们看一下。它想,要是这样就拿到外面展览,万一不好,那时可就丢脸了。

朋友们也愿意赏脸,都答应过来看看。画家大象十分高兴,但它的心中也有些不安,朋友们看了这幅画会不会喜欢?如果不满意,它们将会提出怎样的批评?如果它们提的意见很尖锐该怎么办?

朋友们来了,大象把画小心翼翼地展开。大家有的近看,有的远观,看得都很认真。

鳄鱼首先发言:"我看画得不错!但遗憾的是,怎么没有尼罗河呢?"山羊捋着长胡子,也发表了它的看法:"画得美极了,真可谓巧夺天工!不过我认为,如果要是能够再加上一片菜园子的话,就是锦上添花了。"

海豹是个急性子,它并没有什么过渡语,而是不满地直说道:"没有尼罗河、菜园子还无所谓,但怎么可以没有雪呢?雪多美呀!没有雪也该有冰啊!"

田鼠觉得奇怪,说道:"没有冰雪还可以理解,但没有稻田总有点说不过去吧!画家怎么能忘掉了呢?"

接着,猪"呼噜"了两声说道:"画得不错啊!各位朋友,依我看,上面应该画些西瓜或者其他一些水果才更妙。"

……

大家的态度都很诚恳,建议也都很积极,所有意见大象都一一接受了。它拿起画板重新动手,用它的一支笔满足所有朋友的要求,使大家个个满意。

于是,大象在画上添加了冰天雪地、尼罗河、菜园子、稻田、瓜地……外加画上一片青翠欲滴的竹子——要知道,熊猫先生虽然没抽出空来提意见,但作为老朋友,它总有一天会看到这幅画的……

最后,大象把这幅画改完了,请朋友们再到它家中观摩,朋友们瞧了瞧画,异口同声地说:"这是什么画啊,乱七八糟的!"

小倩的感悟

小倩说:"我明白了,小元师傅的意思是,别为了迎合别人,而失去了自己的本色。"

我说："对，别人的建议当然很重要，但绝对不可照单全收，更不能让这些建议左右自己的思想。自己的事情还得自己拿主意，如果仅仅为了迎合别人的心意，而失去自己的主见和本色，结果只会把事情弄糟，也就失去了你本来的美丽，搞得身心疲惫的，不老才怪呢。"

小倩说："可是我们生活在这个世界里，总不能不和别人来往吧？"

我说："小倩姐姐啊，这是两个概念。和别人来往，但你不能活在别人的眼睛里啊。这样吧，我再给你说件事情。"

有一天，一个妇人忽然听说自己是个私生女，总感觉别人都对她指指点点，为此她整日都烦恼不已。无论她走到哪里，这种烦恼都如影随形，不断地折磨着她。

妇人实在受不了了，便想投水自尽，一死了之。可是，妇人刚刚跳进河中，就被人救了起来。当听完妇人的不幸遭遇后，那个救她的人劝她投入佛门，寻求解脱。

于是，这位妇人拜访一位禅师，对其叙述自己的不幸。禅师在听完妇人的叙述之后，只是让她静默打坐，别无指示。

妇人打坐了三天，非但烦恼不除，羞辱之心反倒更加强烈了。妇人气愤不过，跑到禅师面前，想将他臭骂一顿。

"你是想骂我，是吗？只要你再稍坐一刻，就不会有这样的念头了。"禅师的未卜先知让她既吃惊又心生敬意，于是，她依照禅师的指示继续打坐。

不知过了多长时间，禅师轻声问道："在你尚未听说你是一个私生女之前，你是谁？"

妇人脑子里仿佛某一根弦突然被拨动了一下，她窘得双手捂着脸，随后便嚎啕大哭起来："我就是我啊！我就是我啊！"

轻轻地告诉你

我亲切地说："小倩姐姐啊，我们是活在自己的世界里，而不是活在别人的眼睛里。无论身处何处，我们都要记住：我就是我，是一个独一无二、绝不雷同的我。因此，我们不要在乎别人怎么看怎么说，只要守住自我、守住本性，就能够活得精彩活得自在，才能保持自己独特的美丽不会变质，有了这种心境，你会活得很轻松、很快乐。年轻，美丽，也会随着你的好心情自然而然地来到。"

第五章
留给女人美容最有效的一种护肤品

7　把缺陷巧变成美丽的亮点

安妮的烦恼

小晨的妻子安妮开着小轿车到寺门口。安妮一进寺门，师兄弟们就捂着鼻子，她身上那种怪怪的味道加上浓郁的香水味道，呛得人无法呼吸，我一闻就知道这是狐臭。安妮来了之后，看我没有对她身上的味道做出任何反应，奇怪地问道："你为什么不捂鼻子？"我说："心无味自然外无味"。安妮说："果然厉害，听说你能使一个女人变得很美，所以我才来找你"。我说："那你觉得你不美吗？"

小元的故事

安妮一听，一下子被说到了痛处，眼圈一红就要落泪，说："我知道自己不美，别人也都说我气质还可以，就是身材不敢恭维，我就揍说这话的人，因为我也想让自己变美，让人说我美啊！"

我说："我没有让人变美的本事，而是我给她们讲了故事以后，她们自己变美的，如果你想听，我也给你讲一个。"

安妮连忙点头。

有位女施主家境很富裕，而且自身也非常优秀。无论是其财富、地位、能力、权力、还是漂亮的外表，都没有人能够比得上她，但她却还是郁郁寡欢，连个谈心的人也没有。于是，她就请教无德禅师，询问如何才能具有魅力以及赢得别人的喜爱。

无德禅师告诉她："你能随时随地同各种人合作，并具有和佛一样的慈悲胸怀，讲些禅理，听些禅音，做些禅事，用些禅心，那你就能成为有魅力的人。"

女施主听后，发问："禅音怎么讲呢？"

无德禅师回答："禅音就是化一切声音为微妙的声音，把辱骂的声音转为慈悲的声音，把毁谤的声音转为帮助的声音，哭声闹声，粗声丑声，你都能不介意，那就是禅音了。"

女施主再问："那请问禅事怎么做呢？"

无德禅师回答说："禅事就是布施的事，慈善的事，服务的事，合乎佛法的事。"

女施主更进一步地问："禅心怎么用呢？"

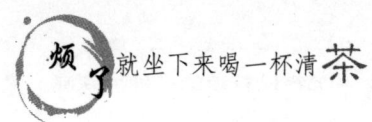

无德禅师回答:"禅心就是包容一切的心。"

女施主听了之后,一改从前的傲气,在人前不再夸耀自己的财富,不再自恃自我的美丽,对人总谦恭有礼,对眷属尤能体恤关怀,不久就被赞誉为"最具魅力的女人"了。

安妮的感悟

安妮说:"我明白了,一个人有慈悲之心,才是最大的魅力,才是最美丽的。"

我说:"是的,财富、地位、能力、权力和漂亮的外表,只是一个人的外在条件,这些外在条件固然重要,但真正能使我们赢得别人喜爱的却是我们的心灵。要想成为一个具有人格魅力的女人,就要拥有一颗慈悲的心,一颗包容一切的心。"

安妮说:"我的财富、地位、能力、权力都没说的,可是我的外表却无法和你说的这个女人相比,我有缺陷,小元师傅,你不会忌讳说一个女人的隐私吧?"

我说:"心中无则无,不妨事。"

安妮说:"你刚才也闻到了,我有狐臭,还有,你没有看到我的胸部吗?"

我说:"没有看到。"

安妮说:"你当然看不到,因为它是平的。"

我说,要不这样,我再给你讲个故事。

相传,古时候有一位国王,长得十分丑陋。他瞎了一只眼睛,还瘸着一条腿。

然而,就是这样的一个国王,有一天竟召集全国的画师来为他画像,并且发出话来:画得好的有赏,画得不好的要杀头。

第一个画师画了一张画像呈献给国王,只见画像上的国王不瞎不瘸也不丑,仪态端庄,威严无比。谁知国王一看便勃然大怒道:"善于弄虚作假阿谀奉承的人一定是个有野心的小人,留着何用,拉出去斩首!"

这个画师被杀了。

第二个画师又画了一张画像呈献给国王。只见画像上的国王瞎着一只眼,瘸着一条腿,哪里有一点一国之主的威严相?国王一看怒火中烧,大喝道:"竟敢丑化国王,冒犯天威,此等狂妄之徒,留着何用,拉出去斩首!"

第二个画师也被杀了。

正当画师们为难之时，人群中闪出一个画师来，他双手呈上一幅画像给国王。国王一看这幅画像，不禁连连称奇，赞不绝口，并将画像赐给群臣观赏。

这是一幅国王狩猎图，只见国王一条腿站在地上，另一条腿蹬在一个树墩上，睁着一只眼，闭着一只眼，正在举枪瞄准。多么巧妙的一幅画！百官惊叹不已，画师们更是自叹不如。

国王赐给这个画师千两黄金作为奖赏。

轻轻地告诉你

我轻轻地说："现在的时代，这些缺陷似乎不用如此费尽心思，比如你可以到医院割除狐臭，做隆胸手术，如果不愿意弄虚作假，或者忍受痛苦，狐臭你可以学杨贵妃，用花香沐浴，没有必要用这么浓郁的香水。平胸你可以学习别人，把自己打扮得男孩子气一点，把缺点变成优点，巧妙地展现出来。每个人都有优点和缺点，聪明的人不但能认识到自己和别人的优点，而且还能够洞悉自己和别人的缺点，并能把缺点巧妙地变成优点展现出来，让缺陷变成特殊的美丽的亮点。"

8 不攀比不羡慕，使自己更美

毛毛的烦恼

毛毛在暑假里非常郁闷地来找我，说："在学校看到别的同学穿得比自己漂亮，有高级的化妆品用，打扮得比自己美丽，我就非常生气，放假回到家左邻右舍仍然有几个女孩子比自己强，我更加生气了，为什么我没有这样的东西打扮自己？只恨父母没有这个本事，给我创造好的条件啊，小元和尚，你帮我调节一下心态吧，不然把我都烦死了，再也没有人跟你淘气了。"

小元的故事

我说，是这样啊，那我就开门见山给你讲个故事。

有一个学僧道岫，一心向佛，但他苦心修行了十多年始终悟不出什么禅理来。眼看着师弟们一个个都悟道出师了，而自己却没有多大进步，仍是大俗人一个，不由得心急如焚。

道岫心想，自己既不懂得幽默，头脑又不灵活，所以不入门。他不想再这样苦苦修炼下去，认为不会有什么结果，还是做个苦行僧算了。

于是，道岫打点好行装，决定出去云游。临走前，他来到法堂，向着广圄禅师，说道："师傅，学僧辜负您的教导，自从皈依在您座下，习禅已有十年之久，但却始终悟不出一点东西来。我想，我实在不是一块学禅的料，因此，想到四处云游，特来向您老人家辞行。"

广圄禅师非常惊讶，问道："为什么没有觉悟就要走呢？难道在这里觉悟不出来，到别处就可以觉悟了吗？"

道岫诚恳地禀告道："我每天除了吃饭、睡觉之外，将自己的全部时间与精力都花到参禅悟道上了，这么用功还是不能开悟，我想我和禅可能是无缘吧。看着师弟们一个个都出师了，我心里难受。师傅，还是让我去做个苦行僧吧，这样，我心里就会好受一点。"

广圄禅师说道："别人有别人的境界，你修你的禅道，这本来是互不相干的两回事，为什么非要混为一谈呢？"

道岫非常沮丧，辩解道："师傅，您不知道，我跟师弟们一比，就好像小麻雀见到了大鹏鸟，心里惭愧极了。"

广圄禅师又问道："大鹏鸟怎样大，小麻雀又怎样小？"

道岫答道："大鹏鸟轻轻一展翅，就能飞越几百里，而我却无论怎样努力，也只能飞出几丈而已。"

广圄禅师听了他的话，意味深长地说："大鹏鸟一展翅就能飞出几百里，它能不能轻易地站在树枝上呢？"

道岫禅僧默然不语，收起自己的行李，再也不提云游的事了。

毛毛的感悟

毛毛高兴了，说："小元和尚，你可真行，每个人都是独特的自己，没必要和别人比较！好。"

我说："毛毛啊，俗话说，人比人气死人。其实，每个人都是独特的自己，没有必要和别人攀比。即便我们某一方面比别人差，也要学会从别的方面找到平衡，也许在另一方面，我们比别人要优秀。比如说，父母没有给你优越的条件把自己打扮漂亮，可是父母却给了你一个天生漂亮的相貌、天生开朗的性格啊，你说她们为什么喜欢打扮？那是因为他们没有你漂亮啊。"

毛毛说："嗯，明白。不去攀比，羡慕一下总可以吧？"

我说，那我就再给你讲个故事。

从前，菩萨化身为一位国王，叫察微，他志向高洁、品行正直，并笃信佛教。

第五章
留给女人美容最有效的一种护肤品

这一天国王闲来无事,便微服走出宫门,走到一个补鞋的老人处,一时兴起,问老人:"一国之中谁是最快乐的人?"

老人答:"当然是国王最快乐了。"

国王问:"为什么?"

老人说:"你想,有百官差遣、平民供奉,想要什么就有什么,这还不快乐吗?"

国王答:"希望如你所说吧。"于是,他与老人一道共饮葡萄美酒,直到老人醉得不省人事,便把他抬回宫中。国王对王妃说:"这个老人说,国王是最快乐的,我现在让他体验一下,给他穿上国王的衣服,让他理理国政,你们大家不要害怕。"

王妃答:"遵命。"

等到那老人醒了,婢女们便假装说:"大王你喝醉了,现在积下很多事情要等你处理。"于是这老人被拥出临朝,众人都催促他快些处理事情,他却懵懵懂懂,什么也不知道。这时,旁边有史官记其所言所行,大臣公卿们与之商讨议论国家大事,一直坐了一整天,弄得这老人腰酸背痛,疲惫不堪。这样过了几天,老人吃不好睡不香,竟瘦了下来。

宫女又假装说:"大王你这样憔悴,是为什么啊?"

老头回答说:"我梦见自己是一个补鞋的老头,辛苦求食,生活很是艰难,因此就瘦成这样了。"

众人都私下里偷着笑。这老人到了晚上,翻来覆去睡不着,道:"我是补鞋子的呢,还是国王呢?若真是国王,皮肤为什么又这样粗糙呢?若是补鞋子的,又为什么会在王宫里呢?唉,我的心很慌,眼睛也花了啊。"他竟分不清自己到底是谁了。

王妃假装问:"大王这样不高兴,让歌伎们来取乐吧。"于是,老人喝起葡萄美酒,又醉得不省人事了。人们又让老人穿上旧衣服把他送回他简陋的床上。老人酒醒后,看见自己的破房,粗布衣服一切都是原来的样子,但却浑身酸痛,好像被棍子打过了一样。

过了几天,国王又来到他这里。老人对国王说:"上次喝酒,是我糊涂无知,现在我才明白过来啊,我梦见自己当了国王,要审核百官,众大臣要来商量讨论国事,我总是忧心忡忡的,浑身都痛,好像挨了鞭子一样。在梦里尚且如此,若是真的当了国王,还不更痛苦啊?前几天跟你说的话,实在是不对的啊。"

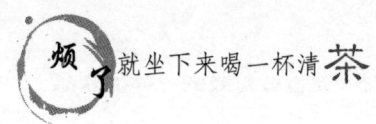

毛毛听到这里，捧腹大笑。

轻轻地告诉你

我说："毛毛啊，家家都有一本难念的经，人人都有难言之隐。所以，在生活中不必羡慕别人的风光、美丽，在风光美丽背后，自有别人的苦衷；也不要因自己的平凡而苦恼，其实平凡也有平凡的乐趣。你要记住，不必去羡慕他人，只需做好我们自己就行了，这样才不会失去自身的美丽，丢失自己的魅力。"

9 不要依附，你是一颗美丽的珍珠

小兰的烦恼

小兰说："小元师傅，我在单位，别人无视我的存在，说这个美那个丑，说这个能力强那个是笨蛋，可是从来没有人提起过我，公司发奖金没有我，公司罚钱没有我。可我对每个人都非常尊重，从来不反对别人的主张，什么事都顺着领导、同事、朋友去做，特别是在家里，我更是依附老公的意思，但是他们从来都没有正眼瞧过我一眼，我长得不好看吗，还是我的能力不出众？真是苦恼。"

小元的故事

我说这样，小兰姐姐，我给你说个年轻人的事情。

有一个年轻人，自以为是全才，但毕业以后却屡次碰壁，一直都找不到理想的工作。他觉得自己怀才不遇，对社会感到非常失望，因为他认为没有伯乐来赏识他这匹"千里马"。

痛苦绝望之下，他来到大海边，打算就此结束自己的生命。在他正要自杀的时候，正好有一个老僧人从这里走过，救了他。老僧人问他为什么要走绝路，他说自己不能得到别人和社会的承认，没有人欣赏并且重用他……

老僧人从脚下的沙滩上捡起一粒沙子，让年轻人看了看，然后就随便地撒在了地上，对年轻人说："请你把我刚才撒在地上的那粒沙子捡起来。"

"这根本不可能！"年轻人说。

老僧没有说话，接着从自己的口袋里掏了一颗晶莹剔透的珍珠，也是随便地扔在了地上，然后对年轻人说："你能不能把这个珍珠捡起来呢？"

"这当然可以！"

"那你就应该明白是为什么了吧？你应该知道，现在自己还不是一颗珍珠，所以你还不能苛求他人立即承认你。如果要别人承认，那你就要由沙子变成一颗

珍珠才行。"

小兰的感悟

小兰幡然醒悟，说："我明白了，要想得到别人的赏识，就要先做一颗珍珠。"

我说："是啊，很多时候，我们之所以得不到别人的认可，是因为我们只是一颗普通的沙砾，而不是耀眼夺目的珍珠。所以，若要使自己得到别人的赏识，那你就要努力使自己成为一颗珍珠。"

小兰说："谢谢你，小元师傅，我会努力为他们做事的，我要通过我加倍的努力来引起他们的注意。"

我说，看来我还要给你讲个故事才行。

有个人为南阳慧中国师做了三十年侍者，慧中国师看他一直都任劳任怨、忠心耿耿，所以想要对他有所报答，帮助他早日开悟。

有一天，慧中国师像往常一样喊道："侍者！"

侍者听到国师叫他，以为慧中国师有什么事要他帮忙，于是立刻回答道："国师！要我做什么事吗？"

国师听到他这样的回答感到无可奈何，说道："没什么事要你做的！"

过了一会儿，国师又喊道："侍者！"

侍者又是和第一次一样回答。

慧中国师又回答他道："没什么事要你做！"

这样反复了几次以后，慧中国师喊道："佛祖！佛祖！"

侍者听到慧中国师这样喊，感到非常不解，于是问道："国师，您在叫谁呀？"

国师看他愚笨，万般无奈地启示他道："我叫的就是你呀！"

侍者仍然不明白地说道："国师，我不是佛祖，而是你的侍者呀！你糊涂了吗？"

慧中国师看他如此不可教化，便说道："不是我不想提拔你，实在是你太辜负我了呀！"

侍者回答道："国师！不管到什么时候，我永远都不会辜负你，我永远是你最忠实的侍者，任何时候都不会改变！"

慧中国师道："还说不辜负我，事实上你已经辜负我了，我的良苦用心你完全不明白。你为什么只承认自己是侍者，而不承认自己是佛祖呢？其实，佛祖与众生并没有区别，众生之所以为众生，就是因为众生不承认自己是佛祖。实在是

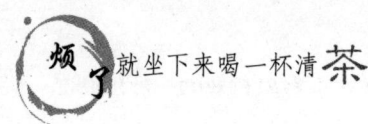

太遗憾了！"

轻轻地告诉你

我轻轻地说："小兰姐姐啊，很多人只知道依附、服从别人，常常忽视了自己的存在，从而失去了真正的自己，又怎能让别人知道你的美丽和出众呢。你要记住，无论什么时候都不要看轻自己，要知道自己的价值所在，并去实现这些价值，这样才能充分展现你美丽的风采。"

10 让自己忙得充实，没时间老

小露的烦恼

小露说："小元师傅，我突然发现我现在是如此苍老，脸上多了几道皱纹，头发也有白的了，听说你能让人年轻，变得漂亮，你也帮助一下我吧，我现在都自我感觉和小勇不怎么般配了。"我说："小露大姐，别说我没有让人变得年轻漂亮的法力，我相信佛祖也没有，之所以她们会变得年轻美丽，都是她们自己努力的结果，任何外因都起不了作用。"小露说："我不信，我听好多人都这样说。"

小元的故事

我说："小露姐姐啊，我看你是闲暇的工夫太多了，才让你问这样的问题。这样，我给你讲个故事，你听完之后看看自己有什么领悟没有。"小露说好啊。

佛光禅师门下弟子大智，出外参学20年后归来，正在法堂里向佛光禅师述说此次在外参学的种种见闻。

佛光禅师总以慰勉的笑容倾听着，最后大智问道："师傅！这20年来，您老一个人还好？"

佛光禅师点头道："很好！很好！讲学、说法、著作、写经，每天都在法海里泛游，世上没有比这更欣悦的生活了，我每天都忙得好快乐。"

大智关心地说道："师傅！应该多一些时间休息！"

"夜深了，"佛光禅师对大智说道，"你休息吧！有话我们以后慢慢谈。"

清晨，大智在睡梦中隐隐听到佛光禅师的禅房里传出阵阵诵经的木鱼声。白天佛光禅师总不厌其烦地对一批批来礼佛的信众讲说佛法，回到禅堂后不是批阅学僧的心得报告，便是拟定信徒的教材，每天总有忙不完的事。

/第五章/
留给女人美容最有效的一种护肤品

好不容易看到佛光禅师与信徒的谈话告一段落，大智争取到这一空当，抢着问佛光禅师："师傅！分别这20年来，您每天的生活都这么忙碌，可是怎么不觉得您老了呢？"

佛光禅师道："我没有时间觉得老呀！"

"没有时间老"，这句话后来一直都在大智的耳边回响着。

小露的感悟

小露说："我明白了，如果忙得很充实，就没有时间老。好，我相信我会做到的。"

我说："从某种意义上来说，老是一种感觉，是一种心态。'没有时间老'，其实就是心中没有老的概念。如果整天都在做有意义的事，就会忙得很充实，自然身心就会健康。这样一来，从心理上自己就不会觉得老，从形体上看也不会显得老。"

小露心情畅快地回去了。可是半年之后，小露再次光临寺院的时候，面带苦恼。原来她回去以后，每天都会做很多工作，把单位做不完的工作带到家里加班做，小勇因此非常反感。

我说，原来是这样，那我再给你说个可笑的事情。

有一个年轻人在部队当步兵，历经了多次战火的洗礼，被部队嘉奖过多次，勋章挂满了衣襟。退伍后，刚回到城里，他的朋友就给他介绍了一个女友。

在他出门之前，朋友提醒他："你可能在战争中经历过很多事情，但有些事你要听我的。当你女朋友讲话时，你要含情脉脉地看着她；当她需要什么东西时，一定不要让她动手，要抢先一步为她做好；下车时，要替她开门；当她入座时，你应帮她移开椅子。"

他说："我记住了。"

第二天，当朋友打电话问他昨晚进展得怎么样时，他沮丧地说："我没有希望了！"

朋友听他这么一说，心里纳闷极了，问道："你忘替她开车门吗？"

"不，我替她开了车门，她很高兴。"

"你忘了请她入座了吗？"

"不，我请她入座，她说我是绅士！"

"她说话的时候，你是不是没有温柔地看着她？"

"不，我一直看着她，她说我很温柔，并且说我的眼睛很有魅力！"

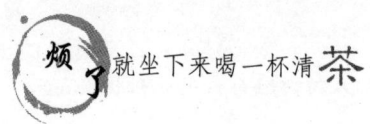

"那你肯定是在某事上，让她自己动手了？"

"如果真是这样就好了。在我送她回家时，她要喝水，于是我就跑去替她买了几听饮料回来。"

"那很好呀！"朋友兴奋地说。

"可是出于多年的习惯，我一拉开饮料罐，就向她扔了过去，并迅速卧倒在地上……"

小露听到这里哈哈大笑起来。

轻轻地告诉你

我笑道："长期从事一项职业，必然会养成某些职业习惯，这虽然有益于所从事的工作，但不要把这种职业习惯带进生活中，否则便很容易对生活造成影响。同样，你为了让自己忙起来，也要分开工作和生活的事情，在单位忙工作的事情，在家里就忙家里的事情，不可造成不必要的影响，这样你的充实才会具有充实的真正意义。"

11 公主应该学会以禅美容

女人的烦恼

其实，支撑这个世界半边天的女人们，一生承受了许多男人们所不能承受的痛苦和烦恼，生儿育女，繁忙的工作，繁重的家务，感情的波折，不尽的挂念和担忧……因为女人天生就是敏感的人，这就注定了烦恼要比男人多得多，而不是我仅仅列举的这几个故事所能涵盖的，之所以单独成章，是想让天下受苦和正在烦恼的女人们尽快得到一点解脱，让她们在辛苦的劳作中能够得到短暂的轻松与快乐。

小元的故事

最后我想讲一个公主的故事。

从前有一位长得晶莹剔透的小公主，国王将其视作掌上明珠，舍不得训责，凡是公主要的东西，国王从来都不会拒绝，就是天上的星星，国王也恨不得为公主摘下来，点缀她的彩衣。

公主在国王的呵护纵容下，慢慢成为豆蔻年华的少女，渐渐懂得了装扮自己。在一个春雨初霁的午后，公主带着婢女徜徉于宫中花园，只见树枝上的花朵经过雨水的润泽，花苞上挂着几滴雨珠，显得愈发的娇艳；葱郁的树木，翠绿得

第五章
留给女人美容最有效的一种护肤品

耀人眼睛。公主正在欣赏雨后的景致，忽然目光被荷花池中的奇观吸引住了，原来池中荷叶上有着一颗颗状如珍珠的水珠，浑圆晶莹，闪耀夺目。

公主入神忘我，突发异想："如果把这些水珠串成花环，戴在头上，一定美丽极了。"

打定主意，公主于是叫婢女把水珠捞上来，但是婢女的手一触及水珠，水珠便破灭无影。折腾了半天，公主在池边等得忿忿不悦，婢女在池里捞得心急如焚。公主终于气愤难忍，一怒之下，便跑回宫中，把国王拉到池畔，对着一池闪闪发光的水珠说："父王！你一向是最疼爱我的，我要什么东西，你都依着我。女儿想要把池里的水珠串成花环作为装饰，你说好不好？"

"傻孩子！水珠虽好看，终究是虚幻不实的东西，怎么可能做成花环呢？父王另外给你找珍珠水晶，一定比水珠还要美丽！"国王无限怜爱地看着女儿。

"不要！不要！我只要水珠花环，不要什么珍珠水晶。如果你不给我，我不想活了。"公主骄纵撒野地哭闹着。

束手无策的国王只好把朝中的大臣们集合于花园，忧心忡忡地商议道："各位大臣们！你们号称是本国的奇工巧匠，你们之中如果有人能够以奇异的技艺，用池中的水珠为公主做一个美丽的花环，我便会重重奖赏他。"

"报告陛下！水珠刹那生灭，触摸即破，怎么能够拿来做花环呢？"大臣们面面相觑，不知如何是好。

"哼！这么简单的事，你们都无法办到，我平日是如何善待你们的？如果无法满足我女儿的心愿，你们统统提头来见。"国王呵斥道。

没办法，大臣们只好去请来了一位寺庙的住持，听说他很有智慧。

住持说："国王请息怒，我有办法替公主做成花环。只是我老眼昏花，实在分不清楚池中的水珠，哪一颗比较均匀圆满，能否请公主亲自挑选，交给我来编串？"

公主听了，兴高采烈地拿起瓢子，弯下身子，认真地舀取自己中意的水珠。本来光彩闪烁的水珠，经公主轻轻一触摸，霎时破灭，变为泡影。捞了半天，公主一颗水珠也拿不起来。

睿智的住持和蔼地对一脸沮丧的公主说："水珠本来就是生灭无常、不能常驻久留之物，如果把人生的希望建立在这种虚假不实、瞬间即逝的现象上，到头来必然会空无所得。"

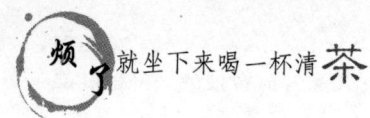

轻轻地告诉你

　　我想告诉你们的是，美丽的容颜也像这美丽的水珠一样，虽然不是稍纵即逝，但在人生的长河中也会很快地失去，留住娇嫩的容颜，这是一个虚幻的梦想，很难实现，但不是没有办法。每个人都有美丽的梦想，当有梦想的时候，很多人就会不遗余力地去努力实现它。可遗憾的是，能实现梦想的人却很少很少。没有实现梦想的人，往往是因为采取了更不切合实际的方法，或者消极对待，或者盲目投资，结果收效甚微，凭空又增加了许多的烦恼。其实，我们要做的非常简单，拥有一颗禅心，以禅美容，以禅心来打扮自己，笑对生活，放下包袱，不模仿，不攀比，不羡慕，不依附，不丢失自己独特的魅力，把自己的缺点巧妙地转化成优点，充实自己，从实际出发，以禅美容，无须投资，效果绝佳！

第六章
把握与朋友真诚交往的一架显微镜

第六章
把握与朋友真诚交往的一架显微镜

朋友，是在你快乐的时候可以与你共同享受快乐，在你痛苦的时候可以分担你的痛苦的人。当你取得巨大成绩，他像你一样沉浸在幸福之中；当你遭遇困境厄运，他同你一样悲痛忧伤。不论你遇到什么事情，你时刻都会感觉到在这个社会上你不是一个人在孤立无助地生活，你时刻都在另一双眼睛的视野里，你时刻都在另一颗心灵的关怀中。

当朋友取得了成就，你心生嫉妒；当朋友遇到困难你袖手旁观；当朋友向你倾吐心声时，你不敞开心扉，你永远都不会有真正的朋友。朋友们，这就是禅机，禅就像一架显微镜，可以让你得到更多真心的朋友，也可以让你认清哪些才是真正的朋友，轻松地拥有人生中珍贵的友情。

1 一瓶水酒和伤心的鸽子

阿甘的烦恼

阿甘老板非常落寞，他说："小元师傅，我现在生意稳步经营，钱是越来越多，家庭也平平安安，可是，我发现我有时候非常失落，你知道是为什么吗？"我笑笑。阿甘说："因为有一天我突然发现，我过去的那些穷哥们、老同学都不跟我来往了，在生意场上认识的朋友也不少，可是总觉得没有以前和老同学在一起时开心，因为和他们交往我可以不设防、不担心，可以敞开心扉同他们说笑啊！"

小元的故事

我说："阿甘老板，这就是有钱人的烦恼啊，我相信你的智商应该比我高得多，道理比我知道得更多，我给你讲个故事，咱们探讨一下吧。"

阿甘说："小元师傅你太谦虚了，如果论做生意，可能你不如我，可是论起禅来，阿甘我自愧弗如，我愿意听你说故事。"

有一个富翁，年轻时家里很穷，他的父母都是农民，他从小就生存在饥饿和窘迫之中。节日的新衣服、过年的压岁钱、喜庆的爆竹、父母的呵护，这些本该属于孩子的专利都与他无缘。

最使他难忘并终生感恩的是小伙伴们对他无私、真诚的帮助和呵护。只要小伙伴手里有两块糖果，肯定就会有他的一块；伙伴手里有一个馒头，那肯定就有他的一半，在贫穷和饥饿之中，还有什么比这更宝贵的东西呢？

一眨眼30年过去了。在这段时间里，世界上的许多事情都变了模样。此时，富翁步入到了中年。外出闯荡的他已今非昔比。30年的奔波劳碌、摸爬滚打，算计别人也被别人算计,富翁一路风尘地走过来了,成为一个稳健、精明、魅力非凡的企业家。在一个艳阳高照的日子里,富翁回到了家乡。当日,他走遍全村,感谢叔伯大爷、兄弟姐妹这些年来对父母的照顾,并每家送了一份礼品。夜里,富翁在自家的堂屋里摆桌请客,赴宴者全是从小光着屁股一起长大的玩伴,他们自然也是四十几岁的中年人了。

按照那里的风俗,赴宴者都要带点礼品表示谢意。大家来的时候,都带着礼品,有的还很丰富。富翁照单全收,准备宴席之后,请大家再带回,当然,还有他自己馈赠的礼品。

正在大家热热闹闹、布菜斟酒的时候,门开了,一个儿时经常分给他馒头吃的旧友走进门来,他的手里提着一瓶酒,连声说:"对不起,我来晚了。"

大家都知道这个朋友现在的日子过得很艰难,其情其境一点儿也不亚于富翁儿时。富翁起身,接过朋友提来的酒,并把他拉到自己身边的座位上坐下,朋友的眼里闪过几丝不易觉察的慌乱。

富翁亲自把盏,他举着手里的酒瓶,说:"今天,我们就先喝这一瓶酒,如何?"一边说,一边给大家一一倒满,然后他们一饮而尽。

"味道咋样?"富翁问,所有赴宴者都面面相觑,默不作声,旧友更是面红耳赤,低下了头。

富翁瞧了一眼全场,沉吟片刻,慢慢地说:"这些年来,我走了很多地方,喝过各种各样的酒,但是,没有一种酒比今天的酒更好喝,更有味道,更让我感动……"说着,站起身,拿起酒瓶,又一次一一给大家斟酒,"再干一杯。"

喝完之后,富翁的眼睛湿润了,朋友也情难自抑,流泪了。

他们喝的哪里是酒,分明是一瓶水啊!

阿甘的感悟

阿甘说:"很感人,我相信世界上再也没有比这更感人的场面了,朋友不以贫穷自卑,提一瓶水也要去看看儿时的朋友;发迹的富翁不忘旧情,不以为忤,反而大受感动,情不自禁,以致下泪,这瓶'水酒'真的是含着重如泰山、穿越世俗的真情啊!"

我说:"是的阿甘兄弟,所以啊,无论是富贵还是贫穷,当我们的朋友在人生路上遇到艰难,陷入泥泞之时,我们都要伸出手来,把温暖、关怀、真情送给他们,他们将因此而充满笑迎风雪的勇气和力量,这就是真情,是人世间永远的太阳!朋友,就像这太阳,也是不会陨落的。"

/第六章/
把握与朋友真诚交往的一架显微镜

阿甘说："我明白，我这几天收拾一下，安排一下手头上的工作就回去看他们。其实，当年我离开家乡，他们给我送行时，我就曾经说过，等我大展宏图的时候，一定会回去看他们，可是……唉，拖得时间越久，就觉得越无法面对他们。"

我说，阿甘兄弟啊，我能体谅你的苦衷，我相信你朋友现在仍期待着你的回乡，所谓信任无价，可不能让他们对你失去信任啊。阿甘老板，你是否介意我再给你说一件事情？阿甘说怎么会介意，正求之不得呢。

曾经有这么一个九岁的男孩非常喜欢鸽子，每天早晨他都要到广场去喂鸽子。渐渐地，那些鸽子和小男孩熟悉了，它们会毫无顾忌地飞落到小男孩脚下，甚至飞到他的肩膀上和手掌上。

有一天，美术老师对小男孩说："你能带一只鸽子到课堂上来吗？我们要学画鸽子。"小男孩爽快地答应了，他带回了一只洁白的小鸽子。那一堂美术课，同学们画得格外认真。

然而，当小男孩将那只鸽子放飞到广场时，那一群鸽子开始用惊惧的眼神盯着他，他一走近任何一只鸽子，所有的鸽子都会飞走。从此，再也没有鸽子愿意飞到他身边了。

轻轻地告诉你

我轻轻地说："只因这一次背弃，小男孩便失去了一群亲密的朋友，这是多么令人痛心呀。人与人之间何尝不是如此呢？友情更容不下一点欺骗，一次背弃便会造成一道难以弥补的鸿沟。相互间的信任是无价的，一旦失去，用什么也换不回。信任使人与人成了朋友，远离了对立，融洽相处。信任让朋友之间少了些隔膜，多了些友善，以诚相待。但信任得之难，失之易。得到别人的信任可能要花费很大的力气和很多时间，然而不懂得珍惜它，就会像手中的玻璃一旦失手就会成为碎片，难以复原。朋友，请珍惜朋友对你的信任吧，千万勿失信于人。"

2 一个半朋友和银货两讫

小炎的烦恼

小炎怒气冲冲地来找我，我笑问："小炎，我惹你了？"小炎说没有。我说："那你为什么见了我这么恼火？"小炎笑道："对不起，小元师傅，这和你没关系，是我的一个朋友，他当初开饭店钱不够，找我借钱，我把准备和小薇结婚

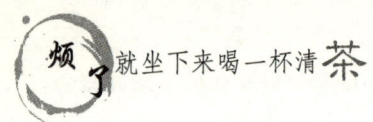

的钱都给了他,他现在发家了,我也想做点生意什么的,就去找他借钱,谁知道被他一口回绝。气死我了,他怎么能这样?如果当初不是我帮他,他会有今天?"

小元的故事

我说:"原来是这样啊,嗯,你完全有理由生气,但是没有必要因此而烦恼,我来给说个故事,你听听也许就会觉得没有烦恼的必要了。"

从前有一个仗义的人,广交天下豪杰武林人士,临终前对他儿子说,别看我自小便在江湖上闯荡,结交的人如过江之鲫,其实我这一生就交了一个半朋友。

儿子纳闷不已。他的父亲先是交代一番,然后就对他说,你按我说的去见见我的这一个半朋友,朋友的要义你就会懂得。

儿子先去了他父亲认定的"一个朋友"那里,对他说:"我是某某的儿子,现在被朝廷追杀,情急之下投身你处,希望予以搭救!"这人一听,容不得思索,赶快叫来自己的儿子,喝令儿子将衣服换下,穿上了眼前这个并不相识的"朝廷要犯"的衣服。

儿子明白了:在你生死攸关的时刻,那个能为你肝胆相照甚至不惜割舍自己亲生骨肉搭救你的人,可以称作你的一个朋友。

儿子又去了他父亲说的"半个朋友"那里,抱拳相谒把同样的话叙说了一遍。这"半个朋友"听了,对眼前这个求救的"朝廷要犯"说:"孩子,这等大事我可救不了你,我给你足够的盘缠,你远走高飞快快逃命,我保证不会告发钦官……"

儿子明白了:在你患难时刻,那个明哲保身、不落井下石加害你的人,可以称作你的半个朋友。

小炎的感悟

小炎说:"我明白了,小元师傅,你的意思是说,这个世界上其实我们的真心朋友并没有几个,正所谓人生有一知己足矣,我们不该乱交朋友?"

我说:"你错了,小炎,那个父亲的临终告诫,不仅让他的儿子,也让我们懂得了一个道理:你可以广结朋友,也不妨对朋友用心善待,但不可苛求朋友给你同样的回报,善待朋友是纯粹快乐的事,如果苛求回报,快乐就会打折扣。因为人生只有一个半朋友。通过你向你的这位朋友借钱的事情,你能看清他是一个什么样的人就行了,没有必要因此而烦恼不堪,影响到自己的心情和生活。"

/ 第六章 /
把握与朋友真诚交往的一架显微镜

小炎说:"可是,他也太可气了,也太没有良心了吧。"

我说,看来我还要给你讲一个故事。

诚拙禅师在圆觉寺弘法时,每次讲经,听众都会挤得水泄不通,于是,有人提议建一座宽敞一些的讲堂。

有一位信徒送五十两黄金给诚拙禅师,让他用来修建讲堂。诚拙禅师收下钱后,就忙别的事去了,信徒对禅师的态度非常不满!

要知道,五十两黄金可不是一笔小数目,而诚拙禅师拿到这笔钱后竟连一个"谢"字都没有。于是,信徒就紧跟在诚拙禅师的后面,提醒道:"师父!我那袋子里装的可是五十两黄金啊!"

诚拙禅师漫不经心地应道:"你已经说过了,我也知道了。"

诚拙禅师并没有停下脚步,信徒不由得提高嗓门喊道:"喂!师父!我捐的五十两黄金可不是一个小数目呀!你难道连个'谢'字都不肯讲吗?"

诚拙禅师便停下来,对那位信徒说道:"你怎么这样唠叨呢?你捐钱给佛祖,为什么要我跟你说谢谢?你决定布施是你的功德,如果你要将功德当成一处买卖,我就代替佛祖'谢谢'你,请你把这声'谢谢'带回去吧,从此,你与佛祖'银货两讫'了!"

轻轻地告诉你

我轻轻地道:"小炎啊,我们帮助别人,不管是朋友,还是一般的熟人、陌生人,都应该是诚心诚意的,积德行善应该是不求回报的,友谊也是不求回报的。如果我们帮助朋友或者需要帮助的其他人是怀有一定目的的,或者因为被帮助的人不回报你,你就恼火和烦恼,那么,就会玷污这份善念和友谊,使我们的帮助失去意义和价值。你要记住:如果助人是为了求得回报,就会玷污一份善念。"

3 木头美女和画中人

小武的烦恼

小武的心情很不好,一个人在一个小酒馆外面的地摊上喝闷酒。我化缘后返回寺院的路上,正好遇见了他。我说:"小武啊,为什么一个人在这里喝闷酒啊?"小武说:"小元师傅,我正在烦恼呢,你看别人都是三五成群一帮一帮的,好朋友很多,我发现怎么总是没有朋友和我来往呢?"

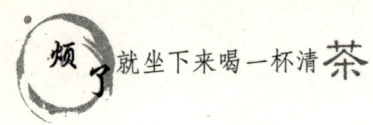

小元的故事

我说:"哦,原来是这样,你不是因为有烦心事才喝闷酒,而是因为没有朋友,没有办法才一个人喝酒。小武啊,可惜我们出家人不沾酒,若不然我就在这里陪你喝几杯了。"

小武说:"对啊,小元师傅,你就是我的朋友啊。"

我说:"小武啊,想当初你到寺院找我之前就认识我吗?"

小武说:"不认识。"

我说:"那我们怎么会成为朋友呢?"小武说:"我们认识以后,已经交往好多年了,我们现在可是无话不谈的好朋友呢。"

我说,对,再好的朋友,也是从陌生人开始的。这样,小武,我随便给你说一个事情,然后就走。

一个叫大卫吉萨的人拥有很多朋友,而且这其中的很多竟是他在散步时,或者外出购物时搭话认识的人。他的一个朋友问他为什么那么自然地跟陌生人搭话,他说:"一开始我也对于跟陌生人说话心怀不安,但是每当我回忆起我最好的朋友当初都是陌生人时,我的畏惧感就消失了。因为我想,在我开口与他们说话之前都是陌生人;而我一旦跟他们说话,他们就可能成为我的朋友甚至是知己。"

"那么,你不怕被别人误解或者被骗吗?"

"一开始我确实也担心被别人误解和被骗,但是经过一段时间后我发现,如果你怀着一颗真诚而热情的心,同时又有着对友谊的渴望,对方一般不会误解你的动机,因为在交往当中,我们的确没有做出什么有企图的事情啊。我遇见过不少表面上冷若冰霜的人,他们给人的第一感觉都是拒人于千里。但跟他们搭话之后我发现,麻木不仁的只是他们的外表,他们在内心深处同我一样热切地需要友情。所以,如果你也想交到更多的朋友,就不要让畏惧成为规避的借口。"

小武的感悟

小武说:"我明白了,你的意思是说,我们每一个人活着都需要友情的滋润,而友情的获得终究只能靠自己去把握。防人之心应该有,但不要让提防成为阻塞友情发展的堤坝,因为朋友都是从陌生人开始的。"

我说:"就是这样,在现实生活中,有很多人抱怨没有真正的朋友,可是事实真的是这样吗?有些时候朋友是从陌生人开始的,每一个人都热切地需要友情

第六章
把握与朋友真诚交往的一架显微镜

的滋润,都需要朋友的关怀。只要我们都怀着一颗真诚而热情的心,你就会发现,周围的人都可能成为我们的朋友甚至是知己。"

小武说:"可是,这样的话,我们要是被骗了该怎么办?"

我说:"小武啊,一个人之所以上当受骗,就是因为他有所求,如果心若止水和人交往,你对别人设下的诱饵没有兴趣,那么,上当受骗又从何而来呢?况且,相互欺骗和报复会是使双方都受损的啊。"

我说,这样吧,我再给你讲一个故事,我还要赶紧赶回寺里。

从前,北天竺有一个雕刻家,技艺高超。他做了个木头女孩,这木女面容端正,举世无双,她的服饰也齐整如新,与世间的女子毫无差别。她也能走来走去,斟酒待客,只是不会说话。

当时南天竺有个画师,也很擅长作画。雕刻家听说后,便准备好酒食,请画师前来做客。画师到了后,雕刻家便让木女来斟酒端食,从白天一直吃到晚上,画师始终不知道这是个木头美人,以为是个真人,对她很是喜欢,挂念不已。

当天色已晚时,雕刻家进屋里面去休息,也请画师在这里住下。并留下这个木女来服侍他,对他说:"专门留下这女子,你可以和她一起休息。"

当主人进屋后,木女还站在灯下。画师便叫她过来,但这女子没有动。他以为这女子是害羞,所以才不过来,于是就上前去拉她的手,这时才知道原来是个木头人。他感到很是羞愧,心里想:这主人欺骗我,我定要报复他。于是画师便在墙上画了自己的画像,画中人所穿的衣服也和自己的相同。在画上,这人用绳悬颈,好像已吊死的样子,又画了一只鸟在啄尸体。画完后,就关好门,自己爬到床下休息。

到天亮后,主人出来,见这门没开,就向屋里看,只看见客人被吊死的模样。雕刻家大惊失色,以为这画师真死了,便破门而入,用刀砍绳。这时,画师从床下爬出来,雕刻家见状很是羞愧。

画师对他说:"你可以骗我,我也可以骗你,现在主客情已尽,互不相欠了。"

然后,两人不禁叹道:"世人如此相互欺骗,也是这样啊!"

轻轻地告诉你

我说:"小武啊,在人与人交往的过程中,不应老想着算计对方、欺骗对方甚至是报复对方。对别人设防、提防无可厚非,但是提防不应该成为坦诚相待的阻碍。只有这样,你的朋友才会多起来,而不是只有我一个。想一想,我们两个

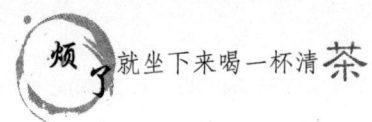

为什么会成为好朋友呢？就是因为你信任我，在我们两个的交往中，你别无所求，对我敞开了心扉，只有这样，人际关系才会融洽，这个世界才会变得更加美好、更加可爱。"

4 狮子朋友和卧薪尝胆新释

小良的烦恼

小良最近遇到了新的烦恼，这一天他到寺院找我，说："小元师傅，我前些天在公共汽车上遇见一帮人在打一个人，我实在于心不忍，就出手救了这个人，并把他送到了医院。这个人在病好了以后，拿着礼品来拜访我，为了感谢我的救命之恩，非要和我磕头拜把子不可。可是你知道他是什么人吗？是个小偷啊，后来有人告诉我那天他是因为偷人家的钱包才挨打的。我不想和他交往，可是又怕拒绝了他再遭报复，我妈让我来请教你该如何是好。"

小元的故事

我说："小良啊，其实我也没有什么好方法，你生性善良，而对方恰恰又是个善于利用善良和胆怯的人。这样吧，我还给你讲个故事如何？"

小良说，那就太感谢小元师傅了。

一个人在山路上捡到一只幼小的狮子，便抱回家喂养。

他对狮子照顾得无微不至，给它喂精美的食物，给它梳毛，给它洗澡。狮子对他也是亲密无间，扒他的肩膀，舔他的手脚，陪他散步，和他戏耍。狮子在他的怀中渐渐长大，长成了一只威猛的雄狮，也温顺得如一条家犬。

有一天他突发奇想：骑着狮子旅游。于是他骑上了狮子，踏上了旅程。一路上狮子很听话，平稳地驮着他。所到之处人们对他夹道喝彩，他更神气了。

路上有人问他："狮子不会吃你吗？"

他说："那怎么可能呢？我们是最好的朋友！"

有一天，他们要穿过一片沙漠，路上遇到了风暴，水和食物都被卷了去。他在痛心之余去安慰狮子："朋友忍着点，等过了沙漠，我让你饱吃一顿。"

一天过去了，狮子饿得围着他打转；两天过去了，狮子饿得舔他的手脚；三天过去了，狮子轻轻地撕咬他的衣服；四天过去了，狮子向他龇起了牙齿；第五天，饥饿的狮子向他瞪起了眼睛，在他正要上前抚摸它时，狮子奋力一纵将他扑倒在地，瞬间便把他撕成了碎片。

/第六章/
把握与朋友真诚交往的一架显微镜

至死他都不明白,狮子怎么会吃了他呢?

小良的感悟

小良感慨道:"唉——它可是他最好的朋友啊,况且对它有养育之恩啊,它怎么可能会吃了他呢?"

我说:"是这样,你最好的朋友,也有可能害你,你知道这是为什么吗?小良啊,世间的友谊,有些是建立在饱暖的基础上,有些是建立在贫困的基础上,平时亲密无间的朋友在生死存亡的时候便会露出凶残的本性,被视为亲密无间的朋友有时常常能够给你致命的一击——这是因为这两个最好的朋友不是同一个种类啊,与禽兽相交,终有一天你会尝到交友不慎的苦果。"

小良说:"我明白了,小元师傅,正所谓路遥知马力,日久见人心。"

我说:"小良啊,你又错了,路遥知马力日久见人心指的是一般的情况之下,是在非敌人的情况下。其实,倘若你和居心叵测的敌人相交,日子再久也未必见人心。不信我再给你说个故事。"

从前在一座山上,有一座庙宇,庙里有一位老和尚。这和尚已年近花甲,加上有些积蓄,便思量着物色一个老老实实、品德端正的小和尚继承他的衣钵。

一天,一个小青年来到庙里,求见老和尚,表示愿意出家。老和尚没有表态,先叫他在太阳底下站两个时辰再说。这时正值盛夏,赤日炎炎似火烧,一会儿,小青年热汗直冒,坚持不住,趁老和尚不在,偷偷溜下山去了。

过几天,又有一个后生来到庙里,诚恳地要求出家,请老和尚收他为徒。老和尚也没有马上答应,先叫他到小溪里洗两个时辰木炭再说。后生觉得洗木炭是捉弄人,当场丢下木炭扬长而去。老和尚见了,不由得连连摇头。

又过了一段时间,山下又来了一个年轻人,他一踏进庙门,就一头拜倒在老和尚面前,发誓要终生出家,不再纠缠尘世,恳求老和尚开恩收下他。老和尚见他出家之心如此坚决而且又这般有礼,心里先有五分欢喜。于是,他便吩咐青年人先在太阳底下站两个时辰,之后再进庙里面谈。青年人二话不说,真的在烈日下站了两个时辰,身上晒脱了一层皮,老和尚见了,心里又增加了三分欢喜。接着老和尚又叫他去洗木炭,青年人毫无怨言地拾起木炭,足足洗了两个时辰。老和尚见了这位青年如此循规蹈矩、彬彬有礼、诚实听话,自信收到了一个好徒弟,当下便收进门来。

却说小和尚进庙后确实十分出众,一月有余,所做的事件件都令老和尚称心如意,老和尚人前人后好几次都说:"收了这么个贤明老实的好徒弟,和尚我真

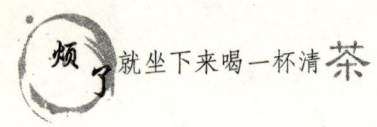

是前世修来的缘！"

又是一个月过去了。这天老和尚要下山化缘，简单地交代了小和尚几句，就放心地走了。可是待老和尚三天后归来，庙里早被洗劫一空，唯见墙上留下四句诗：老老实实日下站，老老实实洗木炭。和尚师傅出了门，老老实实挑几担。

轻轻地告诉你

我对小良说："小良啊，路遥虽能知马力，日久未必见人心。即使你擦亮眼睛，经过长期的观察，也很难看清楚一个人的心。轻易相信自己的判断力，而又轻易地相信别人，往往就会被别人所骗。关于这一点，'卧薪尝胆'那个经典的故事能给我们做最好的、全新的诠释。和一个对你心怀不轨的人，或者敌人，或者禽兽，或者恶人相交往做朋友，也许只有到了你被骗被害的时候，你才能看到他的居心，到那时你可真是后悔莫及啊。千万记住，交友一定要慎重，要不然吃亏的是你自己。"

5　美丽地退出

阿陶的烦恼

阿陶很少来找我，这一天他突然来到寺院，说："小元师傅，最近我遇见了一件头疼的事情，我们单位的副总调走了，老总准备从单位内部提拔一个人上去做他的副手，不准备接受外部调来的副总，说是对管理不利。经过层层筛选和考核，眼下就剩下两个人，有我，还有一个是我在单位里最好的朋友。可是副职只空缺一个，如果我得到了这个职位，那么，我就失去了一个朋友。你说烦人不烦人？"

小元的故事

我说："是这样啊，阿陶老兄，我不能替你抉择，但是我可以给你说个比较相似的事情。"阿陶说："要是能从你的故事里找到一条路，那可真是感激不尽啊。"

那一年40岁的老孟突然下岗了。他的人生遇到了前所未有的危机。因为，前不久他的妻子才失业，上有70多岁的老人，下有个正在读高中的女儿。

好在老孟有一门技术，很快便在一家家政公司找到了一份水电维修的工作。与他一同进来的还有一名维修专业毕业的中专生小张。看得出来，小张在水电维

/第六章/
把握与朋友真诚交往的一架显微镜

修方面很在行,技术完全不在半路出家的老孟之下。这家公司虽是搞维修,薪金却不错,老孟和小张都像捡了个金饭碗一样乐不可支,做事也都认真负责、兢兢业业。而且,老孟和小张还成了好朋友,有时,老孟还向他坦言自己的困难和处境。

可是半年后,经理皱着眉头对老孟和小张说,由于公司近来业绩不佳,一个月后他们两人当中只能留用一个。言外之意再也明白不过了,谁好谁留下。

于是,老孟和小张之间的关系一下子便紧张起来,这种一对一的竞争无疑是残酷和无奈的。他们都加倍努力地工作,把公司交给的任务都做到无可挑剔。没事时还帮着公司发广告,拉业务,甚至下班了还呆在办公室里研究电路图,看专业书……他们都在拼命地想保住这个饭碗。

一个月后,小张没有再来上班时,老孟心上悬着的那块石头才落了地,他终于如愿留了下来。

半年后,因工作出色,老孟被提升为公司的技术组长。在一次酒宴后,老孟问经理,那次与小张的竞争,自己胜在了哪里?经理打着酒嗝,拍着老孟的肩膀说:"其实,你们两人同样出色,令我无法做出取舍。那一次是小张自己主动找我谈要求辞职的,他说你的处境更艰难些,相比之下更需要这份工作……"

那一刻,老孟的心猛地一震,一种感激和愧疚之情涌上心头……

阿陶的感悟

阿陶说:"小元师傅,你不用往下说了,我明白该怎么去做了。"

我说:"这很好。其实,有些时候退出并不代表认输和妥协,相反,它是一种崇高的品质和美德。因为,退出的过程闪耀着人性美丽的光辉。老孟知道真相后,去找了小张,他们成了最要好的忘年知己,而小张自己也开了一家家政公司,老孟闲暇的时候还常常去为他义务帮一下忙。"

阿陶说:"那可真是难得。坏事变好事,小张因此得到了一个最好的朋友,也有了自己的事业。"

我说:"是这样,阿陶兄可愿意再听我唠叨一个故事?"阿陶说当然当然。

有一个僧人走在漆黑的路上,因为路太黑,僧人被行人撞了好几下。他继续向前走,看见有人提着灯笼向他走来。这时候旁边有人说:"这个瞎子真奇怪,明明看不见,却每天晚上都打着灯笼。"

僧人被那个人的话吸引住了,等那个打灯笼的人走过来的时候,他便上前问:"你真的是个盲人吗?"

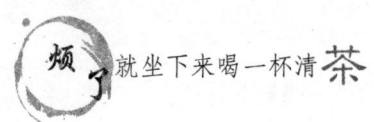

那个人说:"是的,我从生下来就没有见过一丝光亮,对我来说白天和黑夜是一样的,我甚至不知道灯笼是什么样的!"

僧人更迷惑了,问道:"既然这样你为什么还要打灯笼呢?是为了迷惑别人,不让别人说你是盲的吗?"

盲人说:"不是的,我听别人说,每到晚上,人们都变成了和我一样的盲人,因为夜晚没有灯光,所以我就在晚上打着灯笼出来。"

僧人感叹道:"你的心地多好啊!原来你是为了别人!"

盲人回答说:"不是,我为的是自己!"

僧人更加迷惑了,问道:"为什么呢?"

盲人说道:"你刚才过来有没有被别人碰到过?"

僧人说:"有呀,在刚才,我被两个人不留心碰到了。"

盲人说:"我是盲人,什么也看不见,但我从来没有被人碰到过。因为我的灯笼既为别人照了亮,也让别人看到了我,这样他们就不会因为看不见而碰我了。"

僧人顿悟,感叹道:"我辛苦奔波就是为了找佛,其实佛就在我的身边啊!"

轻轻地告诉你

我笑了笑说:"做人做事为别人着想,实际上就是为自己着想。这个盲人的话的确让我们深思,在黑暗中点一盏灯,不但能照亮别人,更能照亮自己,在生活中也是如此。做人做事为别人着想,会使双方都受益,而最大的受益者则是我们自己。试想想,为朋友做事为朋友着想,又何尝不是呢?"

6 朋友相交,贪是毒药

阿嘉的烦恼

阿嘉开着车,很气派地来到寺院,可是一进我的禅房,就像蔫了的小苗,唉声叹气起来。我并不问他原因。

阿嘉忍不住了,说:"小元师傅,你怎么不问我有何苦恼啊?"

我说:"阿嘉老板,你久经沙场,还会有甚苦恼,若有苦恼还用我问?"

阿嘉说:"是的是的,其实本来兄弟之间的事情不该向他人询问的,可是我还是忍不住要和小元师傅唠叨唠叨,因为我心里郁闷啊。我前些日子做了一笔生

/第六章/
把握与朋友真诚交往的一架显微镜

意,当时资金不太充足,我找到了一位朋友,向他筹集了一小部分资金,当时我说算我借的,到时候我就给他利息,若算入股,到时候赚了按比例分给他利润,赔了就算赔我自己的。我的朋友当时一听就说,什么利息分红的,到时候把钱如数还给他就成了,朋友之间帮个忙哪儿能论那么真。可是他现在一听说我这笔生意赚大了,非要和我分红不可,分就分吧,还一定要和我平分。你说哪有这样的?"

小元的故事

我说:"阿嘉老板啊,这是你们兄弟之间的事情,我不好说什么,不过我可以给你说个不可笑的笑话听听,不知道你有没有兴趣?"阿嘉说当然有。

这天傍晚,有两个非常要好的朋友在林中散步。这时,有位僧人从林中惊慌失措地跑了出来,两人见状,便拉住那个僧人问道:"小和尚,你为什么如此惊慌,到底发生了什么事情?"

僧人忐忑不安地说:"我正在移植一棵小树,却忽然发现了坛金子。"

两个人感到好笑,说:"这人真蠢,挖出了黄金还被吓得魂不附体,真是太好笑了。"然后,他们问道:"你是在哪里发现的,告诉我们吧,我们不害怕。"

僧人说:"还是不要去了,这东西会吃人的。"

两个人异口同声地说:"我们不怕,你就告诉我们黄金在哪里吧。"

僧人告诉了他们具体的地点,两个人跑进树林,果然在那个地方找到了黄金。好大的一坛子黄金!

其中一个人说:"我们要是现在把黄金运回去,不太安全,还是等天黑再往回运吧。这样,现在我留在这里看着,你先回去拿点饭菜来,我们在这里吃完饭,等半夜时再把黄金运回去。"

于是,另一个人就回去取饭菜去了。

留下的人心想:要是这些黄金都归我,那该多好呀!等他回来,我就一棒子把他打死,那么,这些黄金不就都归我了吗?

回去的那个人也在想:我回去先吃饱饭,然后在他的饭里下些毒药。他一死,黄金不就都归我了吗?

回去的人吃过饭,提了些饭菜回来刚到树林里,就被另一个人从背后用木棒狠狠地打了一下,当场毙命。然后,那个人拿起饭菜,狼吞虎咽地吃了起来。没过多久,他的肚子里就像火烧一样的疼,这才知道自己中毒了。临死前,他想起

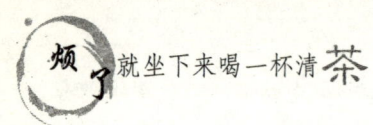

了僧人的话,他心说僧人的话真是应验了,我当初怎么就没有明白呢?

阿嘉的感悟

阿嘉说:"小元师傅说得不错,贪得无厌的确害人不浅啊。"

我说:"贪欲是一种毒药,谁喝了都无药可救。贪欲会把人带向罪恶的深渊,让人失去理智。它可以使人相互摧残、相互欺诈,甚至使好朋友反目成仇。因此,在生活中,我们一定要克制自己的欲望,切记,'贪'字头上一把刀,一旦入'贪',就会被其毒害。"

阿嘉说:"是的,我会按照他的要求分给他一半的。唉,谁让我交了这么一位贪婪的朋友呢?"

我说:"阿嘉老板能够认识到你的这个朋友是个什么样的人,这最好不过了。跟什么样的人在一起,就会染上什么样的习气,假如说你的这位朋友没有向你要一半的利润,你也不会有为钱财犯愁、舍不得分给他的事情发生。这样,阿嘉老板,我再给你讲一个故事。"

从前有一位国王,他有四个儿子。最小的儿子非常聪明,但就是脾气非常不好,动不动就暴跳如雷。后来,小王子的脾气变得越来越坏。国王为这事想了很久,都没有想出合适的办法来。

有一回,国王外出举行一项祭祀活动,走着走着就累了,他吩咐随从在一个村庄旁搭起帐篷来休息。

夜里,由于劳累了一天,随从们都睡着了。但是,国王心里想着小王子的事,翻来覆去怎么也睡不着。

半夜时分,在离国王的帐篷不远的地方,一只鹦鹉对自己的主人说:"老爷,快起来,今天有好货送上门!这个过路人身边有许多金子和银子,还有许多别的好东西,足够你享受一辈子了。这样的好机会决不可错过。"

鹦鹉的主人是村里出了名的强盗,国王认识他。强盗叫鹦鹉别声张,但是鹦鹉仍然大声地叫嚷说:"国王有什么好怕的?还不是人,一刀剁了,财物就归我们了。"

鹦鹉和他主人的交谈,国王全听到了,他很害怕。他想起了自己父亲的话:在旅途中,对任何人和任何事,哪怕是产生了一丁点儿的怀疑,也应该立即离开那个地方。

很快,国王把他的随从都叫了起来,继续往前赶路。快天亮的时候,所有的人都走得又累又乏,饥渴难熬。

/第六章/
把握与朋友真诚交往的一架显微镜

国王看见前面有一座茅屋，是修行的出家人住的，就走了过去。突然，茅屋上方传来一个十分清脆悦耳的声音："贵客光临，欢迎欢迎！"

国王惊奇地上下左右寻找起来，发现原来是一只鹦鹉在芒果树上欢迎他。国王对出家人说："您瞧，这只鹦鹉说的话让人听了多高兴！可是昨天晚上的那只鹦鹉弄得我们觉都睡不成！"

出家人说："那只鹦鹉和这只是亲兄弟。"

听了出家人的话，国王问："这一母所生的兄弟俩，它们的品行为什么相差这么远呢？"

出家人说："这是周围的环境影响的结果，陛下！这只鹦鹉的哥哥整天跟强盗头子在一起，所以它也学得像强盗那样凶狠。这只鹦鹉说话这么客气、有礼貌，也是周围人影响的结果。"

轻轻地告诉你

我讲到这里停了一下，阿嘉说后来呢？我说："国王恍然大悟，终于知道怎么教好儿子了。后来，国王撤换了小王子身边的人，没有过多久，脾气极坏的小王子就变好了。人与人之间是互相影响和互相作用的。一个人经常跟脾气好、品德好、修行好的朋友在一起，他的脾气、品德、修行就会变得慢慢好起来；反之也是如此。也就是说，跟什么样的人在一起，就会染上什么样的习气。是否还继续和你的这位朋友来往，我相信阿嘉老板比我会做决定。"

7 朋友间不可妒嫉、耍小聪明

毛毛的烦恼

毛毛告诉我，媛媛终于如愿以偿获了得今年的菊花节形象大使。毛毛嫉妒地说："论相貌、身材、品德她哪一点比我好？不就是靠几件衣服打扮的吗？那是假象，你别看她在选美的时候，嘴上说得冠冕堂皇的，私下里做的那些事情恶心着呢，睡觉不洗脚，不洗澡就洒香水，衣服一个礼拜还不洗一回，睡觉放屁打嗝说梦话，她当大使，真是可笑。哪天惹火了我，我就去揭发她。"

小元的故事

我笑了笑。毛毛说："怎么样，小元和尚，哥们儿我说得是不是很幽默？"

我说，你这个小丫头，听我给你讲个故事好吗？

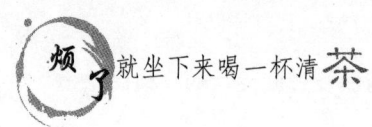

从前有一个洗衣工和一个陶匠,他俩不但是邻居,还是很要好的朋友。

他们两个各自辛苦地经营着自己的事业。陶匠一直都没有交上好运,而洗衣工的日子却越过越红火。陶匠因此生出了妒嫉心,再也不和洗衣工说话了,而且怎么看洗衣工怎么不顺眼。每到晚上,他躺在床上睡不着,便伸出拳头在黑暗中摇晃,嘟嘟囔囔地自言自语道:"这个流氓,怎么就一天天地越来越富,老子有手艺,也有干劲,却越来越穷呢?"到最后,他想出了一个叫洗衣工家破人亡的计划。

第二天早晨,他在街上选好一个显眼的位置站住,而这条路是国王骑象的必经之地。看到国王来了,陶匠就大声喊道:"多害臊啊,咱们伟大的国王骑在一头黑不溜秋的象上!特别是这畜生本来可以请洗衣工师傅洗干净的啊!"

凑巧这个国王是个没头脑的人,他马上便勒住大象,停下来问:"我的好百姓,你的意见的确不错。但不知能把这黑象洗白的洗衣工师傅在哪里才能找到呀?"

"我的皇上,"陶匠回答,"肥皂和碱面的种类很多,只有洗衣工师傅才明白它们的性能。一个手艺高明的洗衣工只要用上一种特殊的肥皂和一种特殊的碱面就能把皇上的大象洗白。陛下,您不用担心,我认识一个洗衣工师傅,他就能干这工作。他恰巧就是我的邻居哩。"

国王听了十分高兴,取下手上的红宝石戒指奖给了陶匠。

国王想到自己能有一头白象了,心中十分兴奋,便调转象头,打道回宫。他立即叫人请来洗衣工,说:"现在,你把这头象牵去洗吧,七天后要给我牵回一头白象。"

洗衣工是个机灵人,一下子就明白是那个陶匠在国王面前捣的鬼。正当他迟疑思考这件事时,国王变得不耐烦起来,威胁说:"洗衣工,你怎么这么不痛快呢?你想保住你的脑袋吗?"

"我的皇上,"洗衣工回答,"能给您洗大象,对我而言是无上的光荣,也是无穷的快乐,不过,我在考虑,得有一个能盛得下大象的大盆啊。"

国王一听这话有道理,便立刻同意了洗衣工的要求,把陶匠召到面前,命令他做一个大盆,要大得能把大象装进去洗。

妒嫉心重的陶匠不得不花许多的日子去做大盆。盆好不容易做出来,洗衣工把大象往盆里赶准备刷洗,可是象刚刚踏进盆,盆就被压成了碎片。

"陶匠,"国王命令说,"把盆做得厚点。"

但不管陶匠把盆做得有多厚,经大象一踩,盆就会马上裂成碎片。就这样,

/第六章/
把握与朋友真诚交往的一架显微镜

陶匠一个接一个地做下去，直到倾家荡产，心脏破裂而死才算完事。

最后，一位大臣感叹道："陶匠之所以会有这样的下场，是因为自己的修养不够，心存妒嫉啊！"

毛毛的感悟

毛毛一听，张大了嘴巴说："不会吧，小元师傅，我就是心有妒嫉，你也不能咒我死啊！"

我说："毛毛啊，朋友之间相交，你心中有妒嫉，是因为自己的修养不够。千万不要妒嫉别人，更不要因为妒嫉而对别人使坏心眼。别人拥有的一切是其辛劳所得，没有什么好妒嫉的。心中有妒嫉，不但会毒害了自己的心灵，还会毒害自己的生活。"

"不是妒嫉，"毛毛说，"你不知道这个媛媛，整天自以为聪明过人，不是耍弄这个，就是耍弄那个，愚人节那天，她可把我给耍苦了。"

我说，那，我再给你说个有趣的事情。

有一天，在动物园里，一个大人指着笼子里的猴子对小孩儿说："你知道这种动物叫什么名字吗？"

"不知道。"小孩儿看着上蹿下跳的猴子回答。

"记住，孩子，"大人说，"这种动物叫猴子，是专门供咱们人类开心的。"

"你怎么知道呢？"小孩儿问。

"不信你瞧。"大人说着，从提包里摸出一颗花生，朝笼子里的大猴子背后扔去。只见大猴子急转身，略一迟疑，却用嘴接住，然后再用爪子将花生从嘴里取出来，剥开吃掉，显得很滑稽。

小孩儿笑起来，说："真好玩！"

大人也被大猴子的举动逗得很开心，便来了兴致，又将另一颗花生扔进去，还是扔向大猴子身后的地方。大猴子故伎重演，转身，跳起来用嘴接住花生，用爪子取出剥开，放进嘴里。

大人受了鼓舞，便不断地扔，大猴子便不断地这样接，接住吃掉，或给身边的小猴子。

直到一大包花生全扔完了，大人和小孩才恋恋不舍地离开。

路上，小孩儿问大人："你为什么将花生扔到大猴子的背后呢？"

大人得意地笑了，说："猴子翻来覆去地来回折腾才有意思啊！"

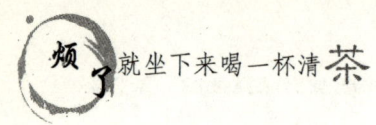

小孩儿信服地说:"爸爸你真行!"

大人又说:"猴子这种动物自以为挺聪明,其实被咱们耍了,它还不知道呢,真可悲!"

在动物园里,大猴子指着笼子外的人对小猴子说:"你知道这种动物叫什么名字吗?"

"不知道。"小猴子望着指手画脚的人回答。

"记住,孩子,"大猴子回答,"这种动物叫人,是专门供咱们猴子开心的。"

"你怎么知道呢?"小猴子问。

"不信你瞧。"这时,适逢有个大人往笼子里扔花生,扔向大猴子的背后,大猴子急转身,略一思忖,用嘴去接住,然后再用爪子从嘴里取出,剥开吃掉,显得很滑稽。终于,那大人的一大包花生全部都扔给了猴子。

他们走后,小猴子问大猴子:"你为什么用嘴去接扔进来的花生呢?"

大猴子得意地笑了,说:"如果我用爪子去接,他们还会继续扔吗?"

小猴子信服地说:"妈妈你真行!"

大猴子又说:"人这种动物自以为挺聪明,其实被咱耍了,他们还不知道呢,真可悲!"

轻轻地告诉你

我亲切地说:"毛毛啊,以自己的聪明去耍弄别人的人,实际上是在耍弄他们自己,不要以为自己比别人聪明,更不要以自己的聪明去耍弄别人。在很多时候,聪明过了头,就变成了愚蠢。"

8 两位朝圣朋友和被小瞧的老鼠

彤彤的烦恼

彤彤和毛毛吵架了。彤彤觉得很委屈,因为毛毛说她自私,彤彤说:"小元师傅,她说我自私,你不知道她有多自私,上次我的自行车坏了,想用用她的车,你见过的她那辆宝贝自行车,说什么她都不让我用,说她有急事去办,可是等我办完了事情回来,也没有见她出去,还说我自私,我只不过以彼之道还彼之身罢了,今天她说要用我的手机给她妈妈打电话,给她交手机费,我就是不让她用,难道我的手机通话不要钱啊?"

/第六章/
把握与朋友真诚交往的一架显微镜

小元的故事

我说:"彤彤,听我给你讲个故事好吗?"彤彤说:"可以啊,但是你可不许含沙射影地讽刺我。"

我笑了笑。

从前有两位很虔诚很要好的教徒,决定一起到遥远的圣山朝圣。两人背上行囊,风尘仆仆地上路,发誓不到达圣山朝拜,决不返家。

两位教徒走啊走啊,走了两个星期之后,遇见一位白发年长的圣者。圣者看到这两位如此虔诚的教徒千里迢迢要前往圣山朝圣,就十分感动地告诉他们:"这里距离圣山还有十天的脚程,但是很遗憾,我在这个十字路口就要和你们分手了,而在分手前,我将达成你们一个愿望!你们当中一个人先许愿,他的愿望一定会马上实现;而第二个人则可以得到那个愿望的两倍!"

此时,其中一个教徒心里一想:这太棒了,我已经知道我想要许什么愿,但我不要先讲,因为如果我先许愿,我就要吃亏了,他就可以有双倍的礼物!

而另外一名教徒也思忖:我怎么可以先讲,让我的朋友获得双倍的礼物呢?

于是,两位教徒就开始客气起来:"你先讲!""你比较年长,你先许愿吧!""不,应该你先许愿!"两位教徒彼此推来推去。

一番推辞后,两人就开始不耐烦起来,气氛也变了:"你干吗?你先讲啊!""为什么我先讲?我才不要呢!"

两人推到最后,其中一人生气了,大声说道:"喂,你真是个不识相、不知好歹的人啊,你再不许愿的话,我就把你的狗腿打断、把你掐死!"

另外一人一听,没有想到他的朋友居然会变脸,竟然来恐吓自己!于是他想,你这么无情无义,我也不必对你太有情有义!我没办法得到的东西,你也休想得到!于是,这个教徒干脆把心一横,狠心说道:"好,我先许愿!我希望——我的一只眼睛瞎掉!"

这位教徒的一只眼睛马上瞎掉了,而与他同行的好朋友两只眼睛都瞎掉了。

彤彤的感悟

彤彤说:"小元师傅,你也太狠了吧,就算我们两个都有错,好像也不用诅咒我们两个一个成独眼龙,一个变成瞎子吧?"

我笑了,说:"彤彤啊,这么说你承认自己自私了?哈,其实我哪里是在说你们啊,我只是说自私是一种心理犯罪,会使美好变成邪恶;自私会扭曲人的心

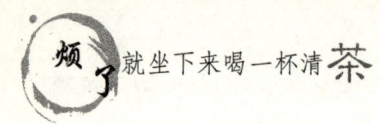

灵，造成心理贫穷。心理越贫穷就越自私，一个人太过自私，最终会毁灭自己，同时也会毁灭朋友。其实，我们每个人都很富有，我们应该和他人分享而不是独占。"

彤彤说："我明白，我刚才是和你闹着玩呢。可是毛毛她……"

我说，彤彤啊，我明白你的意思，你要知道，在这个世界上谁都有可能会用到别人，特别是朋友之间。你想过没有，你这次回绝了她，如果下次你用着她的时候呢？

彤彤说："我会用得着她，哼，不是小瞧她……"

我说这样吧，彤彤，我再给你说个故事。

有一头吃饱喝足的大象正在睡觉，突然，它感到身上痒痒的，好像有什么东西在它躯体上行走。大象的美梦被打搅了，它睁开惺忪的眼，看见一只老鼠惊慌地从它身上蹿过。大象不禁勃然大怒，大吼一声，伸出长鼻子就要打死小老鼠。

老鼠哆哆嗦嗦地哀求道："尊敬的大象先生，求你饶了我吧！我实在是无心之过呀，或许有一天我会报答您的大恩大德呢！"

大象听了老鼠的话，情不自禁地哈哈大笑，对老鼠吼道："那我暂且饶你一命。记住这次教训，尽管你是永远不可能帮助我的！"

老鼠谢了大象后，一溜烟便逃走了。

过了好长时间，大象早就把老鼠的事忘得一干二净了。确切地说，它根本就没把这事放在心上。

有一天，大象不小心被猎人抓住了。猎人们用粗大的绳子把大象的四只脚紧紧地绑住，但是大象实在是太重，光靠几个人根本就抬不动，于是，他们便返回村里去叫人。

这一幕恰巧被四处觅食的老鼠看到了，于是，它决定救大象。

"你从前曾放过我一次，我说过会报答你的。"老鼠对大象说，"我现在就履行我的诺言，让你重获自由。"

说罢，老鼠开始用它的利齿啃咬捆着大象的粗绳。最终，绳子被老鼠一根一根地咬断了，大象获救了。

"真是谢谢你啊！"大象满怀感激地对老鼠说。

我说，彤彤啊，你知道老鼠怎么说？

轻轻地告诉你

我说："老鼠平静地说道：'我会报答你的，我曾对你保证过，我现在履行了自己的诺言。想当初，你根本不相信我这样一只弱小的老鼠能够帮助你，但事实证明我做到了。'彤彤啊，在这个世界上，谁都有需要别人帮助的时候，无论一个人看起来有多么强大，他都可能会有求于人。所以，得饶人处且饶人，更不要小瞧任何人，特别是好朋友之间，更不要犯这样的错误。"

9 朋友间更要注意说话的艺术

小辉的烦恼

小辉说："小元师傅，我心里有个疙瘩，想让你给解一下。"我说："谁给你系的疙瘩呢？"小辉说："我自己。"我说："那还要你自己来解。"小辉说："我解不开啊，解得开还来找你干吗？"我说："对啊，你自己都解不开，还来找我干吗？"小辉说："别逗我了，小元师傅，我真的想跟你说说。"我说，既然你决定要说，那你就说吧。小辉说："是这样的，我有一个穷哥们，几年不见，他现在居然成了暴发户，摇身一变成了一家大企业的董事长，前天他宴请过去的老哥们，宴会上我可能是喝多了，说起了当初我们在一起的苦日子，他竟然冷起脸来不理我，我一气之下就大声吆喝起来，结果弄得很尴尬，朋友们都说我不对，我说他们是势利小人，结果有一个女同学看不下去了，说我是缺心眼……"

小元的故事

我打断了他的话，说："小辉啊，要是我说你缺心眼，你跟我急吗？"

小辉说："不急。"我说："为什么呢？"小辉说："情况不一样啊，当时那么多人在场，她说我缺心眼我当然会跟她急，现在就我们两个有什么好急的？"

我说："这就是了，你也知道情况不一样的道理啊？所谓时位之移人就是这个道理。我想跟你说一个故事，有没有心情听？"

小辉说："为什么不呢？"

朱元璋做了皇帝之后，从前与他相交的一班苦朋友纷纷前来投奔。

一天，一个穷困的朋友求见朱元璋。一见朱元璋着龙袍、坐龙椅，高高在上，他吓得连忙跪在地上，悲悲切切地说："我主万岁！您还记得以前的事吗？那时，我们都是给人看牛的。有一天，我们在芦花丛里把偷来的豆子放在瓦罐里煮着吃。豆子还没煮熟，大家都抢着吃，结果，把罐子给打破了，豆子都滚在了地上，汤也流得到处都是。你只顾着从地上抓豆子吃，不小心连红叶草的叶子也

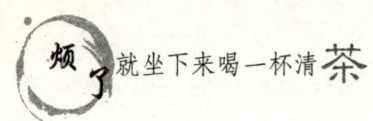

吞进了嘴里。叶子堵在喉咙里，苦得你哭笑不得，还是我出的主意，叫你用青菜叶子放在手上拍一拍，吞下去，才把红草叶子带进肚子里去了……"

朱元璋越听越恼火：想我堂堂皇上，万人之上，尊贵无比，而你却不住地提以前见不得人的丑事，你让我的脸往哪搁呀。

谁知，地下跪的这位没看出来朱元璋的脸色，搬出了更多以前的事情，想跟皇上套近乎。

这让朱元璋忍无可忍，没等他说完，朱元璋就大喊："来人呀，推出去，斩首。"

可是，他的另一个穷朋友求见，说的是同一件事，不仅没有被杀头，还得到了高官厚禄。

这位朋友见到了朱元璋，跪下说："我主万岁，当年微臣随驾扫荡芦州府，打破罐州城，汤元帅在逃，拿住豆将军，红孩儿当关，多亏了菜将军。"

朱元璋听他这么一说，心里别提有多么高兴了。回想到以前的一些事，当时是苦了点，不过大家在一起挺开心的。因此，他便立刻封这位朋友做了个不小的官。

小辉的感悟

小辉说："我明白了，你的意思是朋友相交也要拍马屁说假话。"

我说："小辉啊，那位被封官的穷哥们说假话了吗？没有。他和被杀的穷哥们说的都是同一件事情，可是他为什么讨人喜欢？这就叫艺术。朋友之间更要根据对方现时的身份和地位说适当的话。"

小辉说："我明白，刚才是逗你呢，小元师傅。你的意思是说，在与朋友说话时，一定要分清场合和对象，并根据朋友现时的身份不同而变换不同的语言。同样的内容，换用不同的语句，就会得出不同的效果。如果我顾全了朋友的脸面，实际上就是说对了话，朋友自然会对我产生好感。"

我笑了。

小辉说："小元师傅，你说我现在出现了这种情况，该怎样去做才不会失去朋友呢？"

我说："这样，我再给你说个故事。"

有一个小伙子跟自己的女友已谈了三年恋爱，两个人非常恩爱，都说找到了自己的"另一半"。周围的朋友们都羡慕他俩，以他们为楷模，教育自己的"另一半"。

第六章
把握与朋友真诚交往的一架显微镜

那天,这对恋人相约到一家咖啡屋会面。

小伙子迟到了20分钟,这还是第一次。姑娘等着急了,见到小伙子后就忙问他干什么去了。

本来心情就不好的小伙子也来了脾气:"凭什么你审问我呀?我是有自由的,难道什么事情都得向你汇报吗?"

姑娘一时愣了,他从来没有对她这么粗鲁过,一气之下,姑娘泼了小伙子一身咖啡,转身就走了。小伙子火冒三丈,也没有追赶。

后来,姑娘在家等着小伙子来向她道歉,可小伙子愣是好几天不露面。往他家打电话,也没人接。姑娘心里打鼓,可还是因为矜持没好意思去找小伙子。

其实,小伙子出差去了上海,临走之前他本想给姑娘打个电话,可也是因为没咽下心中的恶气,所以一赌气走了。小伙子走了半个月,气早就消了,他在外地忙工作,打电话又不方便,所以他打算回来再同姑娘解释。

可等小伙子回来后,一切都发生了变化。姑娘赌气交了个男朋友,小伙子听到这个消息,二话没说便给姑娘写了封绝交信,转身又去了广州。这一去就是半年,当他再次出现在姑娘面前的时候,姑娘已经成了别人的新娘。

小伙子在姑娘的婚宴上喝醉了,他一边哭一边说:"我那天迟到,其实就是因为开车超速,跟警察打了一架耽误了时间,本想说了让你安慰一下,可还没张嘴,就让你给顶了回来!"

小伙子陷入到深深的悔恨之中,因为赌气使他错过了美好的姻缘,而此时,姑娘也已泪流满面。

轻轻地告诉你

我心痛地说:"小辉啊,当和朋友出现误会时,要有话好好说,我想朋友们会原谅你的。大多数误会都是在不了解对方实际情况,并且没有进行解释的情况下产生的。有些误会会导致恋人的分手,更会使朋友变为敌人,甚至会引发一些刑事案件。其实这些误会很好避免,出现了误会也很好补救,其方法也极其简单,那就是有话好好说。"

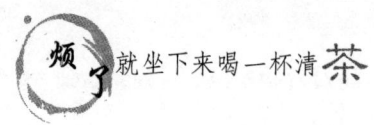

10 养鸡的笑话和画家的错误

媛媛的烦恼

媛媛的脸上露出从来没有过的灰心和丧气,她拿出厚厚的一打纸,扔在我面前说:"小元师傅,你看看,这么厚啊,四十多个朋友同学,没有一个说我好的,全部都是意见和建议,你看让我怎么改正呢?更可气的是有的竟然说我转变太快了,说我过去是个文弱型的女孩子,选美选上一个大使,一转眼就成了活泼开朗型的,竟然建议我还变回去,我就奇怪了,过去他们一直都劝我开朗一点,现在竟然这样,再说了,开朗有什么不好呢?还有还有……"

小元的故事

我说:"这事情是够烦恼的,不过呢,这就要看媛媛你自己是怎么想的了。"

那好吧媛媛,我就照例给你讲个故事。

一个农民养了一群鸡。有一天,他急急忙忙地跑去对另一个养鸡人说:"我的鸡得了鸡瘟,已经死了一半,该怎么办啊?"

另一个养鸡人问:"你给它们吃的什么呢?"

"大米。"

"你应该给它们吃小麦。"

第二天早上,他又气喘吁吁地跑来了:"不好了!又有50只鸡病死了!"

"你给它们喝了什么?"

"冷水。"

"唉,你应该给它们喝热水!"

两天以后,他又去向另一个养鸡人讨要建议:"现在我就剩下10只鸡了!"

"你给它们喝的水从哪儿弄来的?"

"从井里呀!"

"你应该给它们喝泉水!"

不久,他又带来了最新消息:"唉,我的最后一只鸡也死了!"

"哎呀呀,"另一个养鸡人叹息道,"这太可惜了,我还有许多很好的建议还没来得及向你提呢!"

/第六章/
把握与朋友真诚交往的一架显微镜

媛媛的感悟

媛媛说:"还'哎呀呀'——真是个坏人,这么害人家,为什么不告诉人家用什么药呢?"

我说:"对!媛媛啊,别人的建议固然重要,但采纳建议要慎重。善于听取别人的建议是件好事,这样可以使我们少走弯路。但别人的建议只是站在另一个角度去考虑的,并不一定全部适合我们。所以,在采纳别人的建议时一定要慎重,更不要成为别人的试验品。你想一想,如果他们的建议你都采纳,并且照做,你会变成什么样子?"

媛媛说:"就是就是,什么狗屁建议,一概视而不见就行了。"

我说:"这也不对啊,慎重可不是不采纳。对了,媛媛,现在和毛毛的关系怎么样了?"

媛媛说:"有什么怎么样的?她不理我,我还懒得理她呢。"

我说,我再给你说个故事吧。

有这么一个画家,曾为一家出版社画过画,而这家出版社的编辑是一位喜欢吹毛求疵的家伙。每当这位编辑对画家的画大加批评时,画家就离开他的办公室,躲得远远的。这倒不是因为画家对编辑提出的批评不满,而是对他这种态度和方式感到气愤。

有一次,编辑要画家在短时间内给他创作一幅画,画家抓紧时间把画画好,并亲自送到了编辑的办公室。一进办公室,画家就发觉编辑对自己怀有敌意,于是,在谈创作这幅画的过程之前,画家先做了一番自我批评。

他说:"如果这幅画确实像你所说的我画错了,我没有理由为自己辩护,我承认错误。我长期应约为你作画,发生错误是不应该的,我很内疚。"

出乎画家的意料的是编辑立即改口为他开脱:"你说得对,但这不是什么严重错误,只是……"

画家打断了他的话,继续说道:"任何错误都是要付出代价的,犯错误自然让人生气。"编辑又想说什么,但画家赶快抢过了发言权。

"我再仔细些就好了,"画家说,"你长期约我作画,有权要求我把画画好。我想,我应该重新画一幅。"

"不、不,"编辑赶忙说道,"我没有那个意思。"

接着,编辑把画家的作品夸赞了一番,表示只是想让他对其做些修改,并且指出,他的失误对出版社的声誉不会有什么影响,劝他不必为此担心。

轻轻地告诉你

我笑起来,说:"结果你猜怎么样?画家的自我批评使编辑无法再同他争吵,最后,编辑请他一起用午餐,临分手前还给了他一张支票,并约他再为自己的图书创作一幅画。哈哈,我告诉你,媛媛,朋友之间主动进行自我批评,会收到意想不到的好效果。聪明的人应该勇于承认错误,甚至在别人无理取闹时也主动进行自我批评。因为,为自己辩解只会让对方对你更不满,而如果你先承认自己的错误,对方会对你的印象大为改观,并最终由愤怒、埋怨变得宽容大度。"

11 被朋友需要和与朋友共享

朋友的烦恼

你以真诚对朋友,必定会换来朋友的真诚;你对朋友毫无私心,朋友对你也不会斤斤计较;你自己宽以待人、虚怀若谷,能够容人容物,你同样会因此而赢得朋友的宽容和谅解。相反,一个人没有朋友的最重要的原因,就是因为这个人对朋友缺乏真诚。如果当朋友取得了成就的时候,你不是发自内心的祝贺,而是心生嫉妒;当朋友遇到困难的时候,你不是热情相助,而是袖手旁观;当朋友向你倾吐心声的时候,你不是敞开心扉,而是遮遮掩掩。那么,你永远都不会有真正的朋友。朋友们,不要再烦恼了,请拿出我们最美好的事物和心情与朋友共享美好,请拿出自己的热忱和真诚,被朋友需要,那样,还会有什么烦恼可言呢?

小元的故事

朋友们,我现在要说一个被朋友需要,我们的生存才具有意义的故事。

在某一城市一家医院的同一间病房里住着两位绝症患者,不同的是,一个来自乡下农村,一个就生活在医院所在的城市。

生活在城市里的病人,每天都有亲朋好友和同事前来探望。家人前来时宽慰说:"家里你就放心吧,还有我们呢,你就安心养病吧。"朋友探望时劝慰说:"现在你什么也别想,就一门心思养病就行。"单位来人时开导说:"你放心,单位上的事,我们都替你安排好了,你现在的工作就是养病……"

而来自乡下农村的患者身边只有一位十二三岁的小男孩守护着。他的妻子十天半月才能来一次,或送钱,或送衣物。妻子每次来总是不停地说这说那,要丈夫为家里的事情拿主意:"再过两天,他大伯就要嫁女了,你说送多少贺礼合适啊?小芳说要跟她表姐去'出门',我还没答应,这事要你拿主意……"

第六章
把握与朋友真诚交往的一架显微镜

几个月后,情况发生了不可思议的变化。

生活在城市的那位病人在亲人、朋友、同事一声声"你放心吧""你安心养病吧"的宽慰声里,感觉他们已不再需要自己,自己也就失去了活着的价值,渐渐地失去了战胜病魔的信心和勇气,于是在孤独寂寞与病魔的吞噬中一点点消沉下去,最终死去了。

来自乡下农村的患者,由于妻子大事小事都要自己定夺,感觉家人对自己的依赖和自己对于家人的重要性,意识到自己必须活着,哪怕是仅仅给家人拿些主意,于是一种强烈的求生欲望使他奇迹般地活了下来。

这个故事说明了什么?说明被朋友、亲人、同事需要是人的一种天性,也体现着一个人的价值。在某些特定情况下,一个人如果不被朋友、亲人、同事需要,生存也就失去了意义。所以,我们要经常告诉自己的朋友和亲人:我需要你。

朋友的感悟

我再给大家讲一个故事:和朋友共享美好事物,是一种幸福。

有一个禅师在院子里种上了菊花,第二年的秋天,院子成了菊花园,香味一直传到了山下的村子里。

来过寺院的人都忍不住赞叹:"好美的花儿呀!"

终于,有人开口,向禅师要几棵花种在自家的院子里,禅师答应了。他亲自动手挑花开得最鲜、枝叶最粗的几棵,挖出根须送到了别人家里。

消息很快便传开了,前来要花的人接二连三。在禅师眼里,这些人一个比一个知心、一个比一个亲近,都是好朋友,当然都要给。没过几天,院里的菊花就被送得一干二净。

没有了菊花,院子里就像没有阳光一样寂寞。

秋天最后的一个黄昏,弟子看到满院的凄凉,说道:"真可惜!这里本该是满院香味的。"

禅师笑着对弟子说道:"你想想,这样岂不是更好,三年后一村子菊香!"

"一村菊香!"弟子心头一热,望着禅师,只见他脸上绽放出比开得最好的菊花还要灿烂的笑容。

禅师说道:"与朋友一起共享美好的事物,即使自己一无所有了,心里也是幸福的!"

朋友们,人常说,送人玫瑰,手留余香。生活中,我们要乐于奉献,即使到

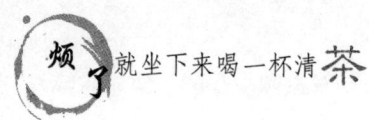

最后我们一无所有，与朋友分享的快乐也会时时激荡在我们心头。只有这样对待朋友，我们才算真正拥有了幸福。

轻轻地告诉你

朋友们，你们是否还记得那首老歌："怎能忘记，旧日朋友，心中能不怀想。旧日朋友岂能相忘，友谊天长地久……"每当耳旁响起这舒缓的旋律时，那存在记忆深处的朵朵浪花就会被激起，任凭岁月流逝，也永远不会消失。困境中的朋友，伤心中的朋友，拥有一朵花，感觉也是拥有了整个春天。所以，只要我们向朋友献出一片真情，那么我们的心就给了另一颗心一座真正的天堂。

第七章
禅是处世修养一道亮丽的风景线

/第七章/
禅是处世修养一道亮丽的风景线

处世,是一门学问,同时也是一个人修养的体现。不懂得处世之道的人,也必然会得到世道无情的回击,其人生也必将面临一个个尴尬、冷遇、困境甚至是举步艰难。正所谓种瓜得瓜种豆得豆。我们是怎样对待别人的,别人也会怎样对待我们,这是一条人生的潜规则。如果想改变自己的处境,我们只有从自己做起,用一颗禅心来重新对待这个世界,真诚地对待别人,忍受别人无意的伤害,宽恕别人的过错,不陷害别人,不看不起别人,常帮助别人,这样我们才能得到别人同样的回报,我们才能真正拥有一颗平常的心,从而享受平静祥和的人生和美好惬意的生活。

1 种下小树,收获风景

安妮的烦恼

安妮这天开着她的豪华私家车,来到寺院,只见她真的一身男孩子的打扮,显得非常阳光和有朝气,只是眉宇间时不时地流露出了几丝烦恼。安妮说:"小元师傅,最近我无论是生意上还是和亲戚朋友之间,总是四处碰壁,什么事情都不顺利,总是有点磕磕碰碰的,心里十分闹腾,不知道该怎么办才好。"我说:"那他们是怎么说你的?""他们说我只为自己着想,不知道体谅别人。我就奇怪了,我总不能整天为别人活着吧?"

小元的故事

我说这样吧,我给你讲个小人物的故事。安妮点点头。

有一个年轻人出差时带回了一些玉米良种,但他摸不透这种子是否真的能高产,便在一块没有庄稼的荒地里开荒试种了一小块地。结果到收获时,这块地里玉米的产量比以前自己地里的玉米翻了一番,年轻人高兴极了。

村民们都知道了这件事,纷纷来到年轻人的家,要求购买他的玉米良种,可无论怎么跟他说,年轻人就是不答应出售这些玉米种子。村民们见年轻人执意不肯,只好作罢。

第二年春天,年轻人将自家的田里全都种上了这些玉米良种,等待着一个丰收季节的到来。

谁曾想事与愿违,这一年他家的玉米不但没有丰收,而且比过去普通玉米种子的产量还要低。年轻人百思不得其解,甚至怀疑是村民们没有得到玉米良种,暗中对他家的玉米动了手脚。

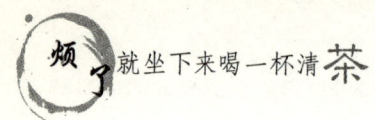

有一次,乡里的一个农业技术员来到这个村,听说了此事,就去实地看了看,然后对年轻人说:"这是良种玉米接受了附近普通玉米的花粉所致,假如大家都种上了良种玉米,就不会出现这种结果。"

年轻人这才醒悟,感叹道:"帮人就是帮自己啊!"

安妮的感悟

安妮说:"小元师傅的意思我明白,在很多时候,帮助别人就是在帮助自己。可是我过去也没有少帮助别人啊。"

我说:"安妮啊,人都是有良心和情感的,如果在别人需要帮助的时候你帮助了他,在你需要帮助的时候,别人也会伸出援助之手。所以说,在很多时候,帮助别人就是帮助自己。你说你帮助过别人我相信,但是你不能因为帮助过别人就凌驾于别人之上啊。"

安妮说:"我不明白小元师傅这话是什么意思。"

我说,那好吧,我就再给你讲个故事。

这天,狐狸请仙鹤吃饭,可它却很吝啬,端出一只平底的小盘子,盘子里盛了一点儿肉汤,它还连声说:"仙鹤大姐,别客气,请吃吧,吃吧!"

仙鹤一看,非常生气,因为它的嘴巴又尖又长,盘子里的肉汤一点也没喝到。可狐狸呢,张开它那又阔又大的嘴巴,呼噜呼噜没几下就把汤喝光了。狐狸还假惺惺地问仙鹤:"您吃饱了吧!我烧的汤,不知合不合您的口味?"

仙鹤对狐狸笑笑:"谢谢您的午餐,明天请到我们家吃饭吧!"

狐狸正等着这句话呢,连忙说:"好的,明天中午我一定去,一定去。"

狐狸一心想在仙鹤家里多吃点儿,这天晚饭没吃,第二天早饭也没吃,饿着肚皮,早早地来到了仙鹤家等着吃午饭了。

狐狸一进仙鹤家的门就闻到了一股香味儿。它仔细嗅了嗅:"嗯,准是在烧鲜鱼!"心里不由得暗暗高兴。

狐狸坐到饭桌前,不一会儿,仙鹤端出一只长颈瓶子放到狐狸面前,指着瓶子里的鱼和鲜汤说:"狐狸先生,请吃吧,别客气!"

狐狸望着那么一点大的瓶口,它那阔嘴巴怎么也伸不进去。它闻着香味,肚子饿得咕咕叫,馋得直流口水。狐狸什么也吃不到,只能看着仙鹤把又尖又长的嘴巴伸进瓶子里,把鱼吃了,将汤喝光。仙鹤还挺客气地劝狐狸:"吃吧,放开吃吧!"

最后,狐狸耷拉着脑袋,饿着肚皮回家了。

/第七章/
禅是处世修养一道亮丽的风景线

轻轻地告诉你

我轻声道:"安妮啊,我是想告诉你只有真诚地对待别人,别人才会真诚地对待你。你帮助了别人不假,但是你敢说你那是真诚的?在帮助别人的时候,没有抱有其他的想法?在人际交往中,如果一个人对别人不真诚,那么他同样得不到别人的真诚。以诚待人,这是人际交往的黄金法则。我们只有遵守了这个法则,才能赢得亲情、友情和爱情。"

2 忍他人不能忍,方为人上之人

小武的烦恼

小武说:"小元师傅,我听你的,根据自己的特长,勤奋工作,并且在上班之余搞了个第二职业,在街上开了个管道疏通和上下水的维修门市。由于我的几个同事很帮忙,我们的技术也好,生意越发红火起来。可是附近还有一两家下岗工人搞的这种门市,他们经常过来找茬,说我们抢了他们的生意,还有一次几个人喝多了酒,要来砸我们的招牌,人常说人活一口气,我实在咽不下这口气,我们几个也说准备找个机会,好好'修理'他们一下。"

小元的故事

我说:"很好,我支持你们。不过在'修理'他们之前,你们先准备好自己的行李吧。"

小武说:"为什么?"

我说:"谁知道到时候你们'修理'他们的程度呢?要是构成了犯罪,你们还不准备好行李进监狱?要是反被别人'修理'了,你们还不得收拾行李早点跑路?"

小武说:"你看看,小元师傅,我这不是在听你的教化吗?"

我说:"那好吧,我就给你说个故事听听。听完了,你回去跟你的同事说说,再找出个好办法。"

从前有个叫尤翁的人,在城里开了一家典当铺。有一年年底,他忽然听到门外有一片喧闹声,便整整衣服到外面看看发生了什么事。原来,门外有位穷邻居正和自己的伙计拉拉扯扯,纠缠不清。

站柜台的伙计愤愤不平地对尤翁说:"这个人将衣物押了钱,却空手来取,

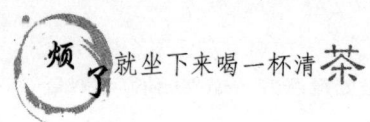

我不给他,他就破口大骂。您说,有这样不讲理的人吗?"

门外那个穷邻居仍然是气势汹汹,不仅不肯离开,反而坐到了当铺门口。

尤翁见此情景,从容地对那个穷邻居说:"我明白你的意图,不过是为了过年。这种小事,值得争得这样面红耳赤吗?"

于是,他命令店员找出那位邻居的典当物,加起来共有衣服、蚊帐四五件。

尤翁指着棉袄说:"这件衣服御寒不能少。"又指着外袍说,"这件给你拜年用。其他的东西不急用,还是先留在这里,等你有钱时再来取。"

那位穷邻居拿到两件衣服,不好意思再闹下去,只好离开了。

谁知,当天夜里,这个穷汉竟然死在了别人的家里。

原来,穷汉和别人打了一年多的官司,因为负债过多,不想活了。但是,死后他的妻儿将无依无靠,于是他就先服了毒药,故意寻畔闹事。他知道尤翁家富有,想敲诈一笔安家费,结果尤翁以圆融的手法化解了,于是他就转移到了和他打官司的那家闹事。

最后,这户人家只有自认倒霉,出面为他发落丧葬事宜,并赔了一笔"道义赔偿金"。

事后有人问尤翁,是否是事先知情才这么容忍他。尤翁回答说:"凡是无理挑畔的人,一定有所倚仗。如果在小事上不能容忍,那么灾祸就会立刻到来了。"

小武的感悟

小武说:"是啊是啊,我怎么没有想到这一点呢?他们这样无理挑衅,想来可能真的有什么依仗。"

我说:"是的。不可否认,很多灾祸都是由一点小事引发的。如果在小事上不能容忍他人,斤斤计较,那么灾祸就会立刻到来;如果在小事上能够容忍他人,不计利益得失,灾祸自然找不上门来。"

小武说:"小元师傅,你说我们该怎么办呢?"

我说,不理他们,让他们继续,你们只管干好你们的生意,他们闹得次数多了,觉得没有什么意思,我想他们自然会收手的。

小武说:"那岂不是显得我们太软弱无能了吗?"

我说,这样吧,你先不要下结论,等我再给你说个故事。

有位青年脾气很暴躁,还常喜欢跟别人打架,因此,很多人都不喜欢他。

有一天,这位青年无意中游荡到了大德寺,碰巧听到一休禅师正在说法。他听完后发誓要痛改前非，于是对禅师说："师父！我以后再也不跟人家打架吵嘴了，免得人见人烦，就算是别人往我脸上吐口水，我也只是忍耐地擦去，默默地承受！"

一休禅师听了青年的话，笑着说："嗳，何必呢，就让唾沫自己干了吧，何必去擦掉呢？"

青年听了，有些惊讶，于是问禅师："那怎么可能呢？为什么要这样忍受啊？"

一休禅师说："这没有什么不能忍受的，你就把它当作是蚊虫之类停在脸上，不值得与它打架或者骂它，虽然被吐了唾沫，但并不是什么侮辱，就微笑地接受吧！"

青年又问："如果对方不是吐唾沫，而是用拳头打过来时，那可怎么办呢？"

一休禅师回答道："这不一样嘛！不要太在意！这只不过是一拳而已。"

青年听了，认为一休禅师实在是岂有此理，终于忍耐不住，忽然举起拳头，向一休禅师的头上打去，并问："和尚，现在怎么办？"

一休禅师非常关切地说："我的头硬得像石头，没什么感觉，倒是你的手大概打痛了吧？"

青年愣在那里，实在是无话可说了。

轻轻地告诉你

我轻声地说："小武啊，你们的好技术就像是一休禅师的头，既然过硬，何必在乎他们的攻击呢？好坏自有你们的客户知道。他们只顾挑衅必定荒废生意，你们只管默默地赚钱，而他们赚的是一肚子的气，得失自有分晓。有句话说得好：忍他人之不能忍，方为人上之人。忍，实在是一种高深的处世之道。小忍可以避免争端，大忍可以大事化小，并且可以修身养性、保平安啊。"

3 害人之心不可有，防人之心不可无

老刘的烦恼

这一天，寺里来了一位中年人，姓刘，自称是阿嘉的朋友，经过他详细的介绍，我才知道他就是借给阿嘉钱，后来又陷害阿嘉的那个人。老刘说："小元师傅，我已经深刻认识到了自己的错误，阿嘉也原谅了我，不再按照法院的判决要

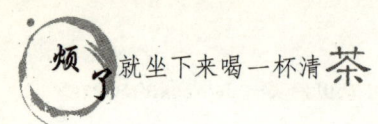

赔偿款,而且还帮助了我,我真的很感激他。他说这都要归功于你。可是我现在心里有点不平衡的是,这样整阿嘉并不是我的本意,而是另有其人。这个人坐山观虎斗,还从中抢去了我和阿嘉不少生意,他这样害人,却获得了极大的利益,我心有不甘,我掌握他大量内部机密,我想整治他一下,就是不知道这样做的后果又将如何,所以想和小元师傅唠叨唠叨。"

小元的故事

我说:"老刘啊,论智商和经验,我可是比你相差十万八千里,你决定的事情,况且又都是凡尘琐事,我本不该参与。不过呢,既然你是阿嘉的朋友,又这么相信我,我就给你讲个故事吧。"

老刘说:"那敢情好,如果小元师傅能给兄弟指条明路,我将感激不尽。"

释迦牟尼开始传教时,遇到了难以想像的困难和麻烦,有时甚至会遭到挑衅和人身攻击。但他凭借智慧、毅力和人格的力量,一次又一次地克服挫折、战胜困难、化解矛盾。

有一次,释迦牟尼走在街上,遇到了一个愤怒的婆罗门。那个婆罗门非常仇视佛教,几乎到了疯狂的地步。他发现了世人尊敬的佛教开创者释迦牟尼后,一条毒计顿时便涌上心头。

他蹑手蹑脚地绕到释迦牟尼背后,趁释迦牟尼不注意,抓起一大把沙土,就向释迦牟尼的头上扔去。

说时迟,那时快,就在沙土扔出去的一刹那,突然一阵风向婆罗门吹来,沙土反而向他自己飞来,洒得他一头一脸,十分狼狈。

他想发作,但又无法开口,气得满脸通红。

街上的人看到刚才发生的一切,那个婆罗门不得不低下了头,羞愧难当,恨不得找个缝隙钻进去。

这时,他耳边响起了释迦牟尼平静而洪亮的声音:"如果想污染清净的东西,或者想陷害心无邪念的人,罪恶反而会伤了自己。"

听了这番富有哲理的话,那个婆罗门顿时恍然大悟,开始反思自己的行为。

老刘的感悟

老刘说:"我明白小元师傅的意思,你是说我不该像上次害阿嘉一样,再害别人了。"

我说:"是啊,老刘,人常说害人之心不可有,有害人之心终会害自己啊。

/第七章/
禅是处世修养一道亮丽的风景线

一个人如果总是费尽心机想着怎样去陷害别人,他生活得必然不快乐。越是想陷害别人,越是不能得逞,到后来只能是害人不成反害己。"

老刘说:"难道我就这样和他拉倒了?想当初他让我陷害阿嘉时,恨不得把我捧到天上,把我赞美得跟王者天子一样,现在看我落魄了,竟然常常在别人面前说我的坏话,我实在咽不下这口恶气。"

我说:"这样吧,老刘兄,再听我一言如何?"老刘忍气吞声地点了点头。

有一只狮子三天没有进食了,在一个山坡上,它看到一头肥壮的公牛在吃草。

身子瘦弱、疲乏无比的狮子暗想:要是公牛没有角就好了,那我就可心轻而易举地将它制服。可它长了角,身体又如此强壮,要是以硬碰硬,它的双角肯定会刺穿我的胸膛。

狮子只得智取,不敢硬攻。它慢慢地走到公牛身边,非常友好地说:"我真羡慕你啊,公牛先生。你的头是那么的漂亮!肩是那么的宽阔!腿和蹄又充满了力量!可是,美中不足的就是有两只角,我真搞不明白你怎么受得了这两只角,它让你英俊的外貌受到了极大的损害。难道你不知道吗?"

公牛说:"我还真没好好想过这个问题呢。不过,经你这么一提,我倒真觉得这两只角有点碍事了。对了,我真的很英俊吗?"

狮子说:"我说的都是真话,你其实是很英俊的,假如没有那两只角的话。虽然我认为你是英俊的,但其他动物就不一定这么想了。"

狮子说完就走了,躲在树后面看着。公牛等到狮子走远了,就把自己的脑袋往石头上猛撞,一只角先撞碎了,接着另一只角也碎了,公牛的头很快就变得平整光秃了。

狮子见公牛已自毁双角,就大吼一声,跳出来大声道:"现在我可不怕你了!多谢你把两只角都搞掉了,我先前没有攻击你,正是这两只角妨碍了我啊!"

轻轻地告诉你

老刘听到这里说:"你的意思是,当别人赞美你时,要想一想是不是有什么目的?"

我说:"是啊老刘,赞美是调节人际关系的润滑剂,尤其是真诚而又恰如其分的赞美。但赞美有时却会被一些别有用心的人利用。所以,在接受别人的赞美时,一定要保持清醒的头脑,想一想对方是不是有什么目的,切不可被赞美冲昏

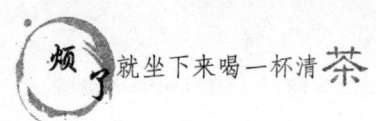

了头脑。你就是被别人赞美得不知所以然了,才开始心生邪念的,正所谓害人之心不可有,防人之心不可无啊。现在你既然已经幡然悔改,就不能再心生邪念,还要去报复和陷害别人了。至于那个陷害你的人,他终究逃不过'害人即害己'的下场的。"

4 平常心可以给我们安静平和

依依的烦恼

依依好长时间不来了,这天却突然造访。她一见我就打开了话匣子,说:"小元师傅,每次我到你这里都心平气和的,可是一回到单位,我的心胸就开始浮躁起来。因为我总是看不惯单位同事们的懒惰,尽是做些表面上眼皮底下的事情,领导在一个样,领导不在一个样,我想多干些工作吧,又怕她们讥笑我。昨天因为这种事情我差一点和一个同事翻脸,哦,她不干工作也就算了,为什么还不让我干?"

小元的故事

我说:"我明白了,依依大姐,你的这份责任心和出发点都是值得赞扬的,但是你处理这件事情的方式就有些问题了,你对同事发脾气了。知道你为什么发脾气吗?那是因为你不能够保持住在这里得到的那种平和。"

依依说,你一提醒,我也觉得是这么回事。

我说很好,那我还用不用给你讲故事呢?依依说,要讲啊。

有这么一位虔诚的佛教信徒,每天都从自家的花园里,采撷鲜花到寺院供佛。一天,当她送花到佛殿时,碰巧遇到无德禅师从法堂里出来,无德禅师非常欣喜地说道:"你每天都这么虔诚地以香花供佛,根据佛家经典记载,常以香花供佛者,来世当得庄严相貌的福报。"

信徒非常高兴地回答道:"这是应该的,我每次来您这里礼佛时,觉得心灵就像洗涤似的清凉,但回到家中时心就烦乱了。作为一个家庭主妇,如何在烦嚣的尘世中保持一颗清净纯洁的心呢?"

无德禅师反问道:"你以鲜花供佛,对花草总有一些常识,我现在问你,你如何保持花朵的新鲜呢?"

信徒答道:"保持花朵新鲜的方法,莫过于每天换水,并且在换水时把花梗剪去一截,因为这一截花梗已经腐烂,腐烂之后水分不易吸收,花就容易凋

第七章
禅是处世修养一道亮丽的风景线

谢！"

无德禅师说:"保持一颗清净纯洁的心,其道理也是一样的。我们的生活环境就像瓶里的水,我们就是花,唯有不停地净化我们的身心,变化我们的气质,并且不断地忏悔、检讨,改掉陋习、缺点,才能不断吸收到大自然的食粮。"

信徒听后,作揖感谢道:"谢谢禅师的开示,希望以后有机会亲近禅师,过一段寺宇中禅者的生活,享受晨钟暮鼓,菩提梵唱的宁静。"

无德禅师说:"你的呼吸就是梵唱,脉搏跳动就是钟鼓,身体就是寺宇,两耳就是菩提,无处不是宁静,又何必等机会到寺宇中生活呢?"

依依的感悟

依依听到这里,说:"小元师傅的意思是,要我无论身在何处,都要保持一份安静平和?"

我说:"是的,依依大姐,只要我们能够日日更新、时时自新,就会摆脱世俗的困扰,清除心灵的尘埃。所以,只要我们用心去做,不论我们身处何地都能够保持一份安静平和。这样才不会什么都看不惯,就能心安理得地做好自己的工作了,而和同事之间的关系也会自然而然融洽了。"

依依说:"可是,怎样才能清除心灵的尘埃,让自己保持这份平静平和呢?"

我说,那我就再给你说一个信徒和禅师的故事。

有个信徒问慧海禅师:"您是有名的禅师,可有什么与众不同的地方?"

慧海禅师答道:"有。"

信徒问道:"是什么呢?"

慧海禅师答道:"我感觉饿的时候就吃饭,感觉疲倦的时候就睡觉。"

"这算什么与众不同的地方呢?每个人都是这样的呀。"

慧海禅师答道:"当然是不一样的!"

"为什么不一样呢?"信徒问道。

慧海禅师说道:"他们吃饭时总是想着别的事情,不专心吃饭;他们睡觉时也总是做梦,睡不安稳。而我吃饭就是吃饭,什么也不想;我睡觉的时候从来不做梦,所以睡得安稳。这就是我与众不同的地方。"

慧海禅师继续说道:"世人很难做到一心一用,他们在利害得失中穿梭,囿于浮华的宠辱,产生了'种种思量'和'千般妄想'。他们在生命的表层停留不前,这是他们生命中最大的障碍,他们因此而迷失了自己,丧失了'平常心'。

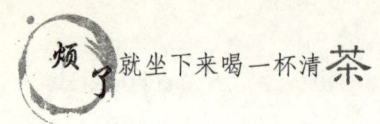

要知道,只有将心灵融入世界,用心去感受生命,才能找到生命的真谛。"

轻轻地告诉你

我轻轻地对说:"依依大姐啊,禅师说得比我好,世人很难做到一心一用,你在做工作的时候,为什么去想别的同事没做呢?这就是你的杂念啊,只有心无杂念,才能拥有一颗真正的平常心。你要知道,每个人都有一颗平常心,但很少有人能体会到真正的平常心,所以平常心是很难得的。一个人只有心无杂念,把功名利禄看破,把心中的怒火和烦躁都去掉,才能拥有一颗真正的平常心。"

5 看透本质,不高估也不贬低别人

霏霏的烦恼

霏霏终于找到了一个好单位,老总非常赏识他的人品和能力,说他踏实勤奋,而且灵活机动,并且很忠诚。可是,突然他们单位又进来了一位硕士生,说起企业的管理来一套一套的,自称能将哈佛管理的3000个案例倒背如流,把霏霏这个本科生一下子就比下去了,霏霏又恢复了往日的郁闷。这天,他闷闷不乐地对我说:"小元师傅,你不知道这个人有多嚣张,我们公司上下几十号人,没有一个他能放在眼里,我是我们部门的主管,可是有什么事情他从不给我说,都是跳过我这一关而直接向老总汇报,把我搞得非常难堪。烦着呢……"

小元的故事

我说:"霏霏啊,就这点破事也值得郁闷?我看你还是主动让贤,把部门主管的位置给了他算了。"

霏霏说:"喂,小元师傅,你这是什么意思啊,人家来找你求教,你怎么打击人家?他是什么东西,我一看就知道他是个纸上谈兵的马谡,把位置让给他,准保不出几天就被倒腾个样子来。"

我说:"很好嘛霏霏,就是这样,看人就要看透本质。看你如此可教,和尚我就给你也说个这样的故事听听,解解闷。"

从前有一个年轻人,自认为对"空"的意义理解得很透彻,于是对众人夸下海口:走遍天下,也没人能够难倒他。

确实,这个年轻人的确天资过人,在与他人论禅时从未遇到过敌手,这使得他在当地小有名气。因此,这位年轻人每经过一座禅林,当地的禅师都会以特别的礼仪接待他，这就更使得这位年轻人目中无人、心高气傲了。其实，也不能怪他自大，他能一口气把《大品般若》里的"二十空"讲述十来个小时之久，这样的本事非一般人可以拥有。

因此，人们建议年轻人去结交一位在当时最有名望的坐禅大师。

刚在那位大师对面坐下，年轻人便按捺不住，不住地夸耀自己的悟境之高："心、佛与众生，是三重皆空，现象的真性是空；无悟无迷，无凡无圣，无施无受！"

那位大师嘴衔一支烟管，静静地听着。其间请年轻人喝茶水，又请年轻人享用水果。但一心想卖弄的年轻人将茶水和水果都推到了一边，依旧坐在那里口若悬河地说个不停……

就在这时，大师忽然举起烟管，狠狠地敲了一下年轻人的脑壳。

年轻人愤怒了，气势汹汹地站了起来，看上去像一只好斗的小公鸡。

大师看了看年轻人，微笑着说："既然一切皆空，试问怒从何来？"

霏霏的感悟

霏霏一听，大乐，说："好，改天我也要搞个烟管，找机会敲他几下，我就不信自高自大的人没有露出破绽的一天。"

我说："你这个小青年，哈，不过你的后半句说得挺在理。那些自高自大的人，往往会把心思都放在卖弄才华或者朝自己的脸上贴金上了。因此，他们是无法深刻地领悟到人生真谛的。即使他们一时名声在外、风光无限，但他们终究会露出破绽。"

霏霏一听我赞扬他，便面露喜色。我说："不过呢……"

霏霏连忙说："不过什么，小元师傅？"

我说，这样吧，我再给你说个故事。

坦山禅师和云升禅师同是日本明治时代的著名禅宗学者，但这两人性格迥异，师兄坦山放浪不拘，酒肉不戒，为人所不齿；而师弟云升则庄重严肃，弘扬佛法，深受信徒的尊敬。

一天，云升从坦山门前经过。当时，坦山正在喝酒，看见云升后他大声叫道："师弟！歇歇脚，过来喝杯酒。"

云升禅师十分不屑，就讥讽道："酒肉不戒，又如何能够修成正果。"

坦山听了大笑，仍旧劝道："别管那么多了，还是过来喝一杯吧。"

云升边走边回绝道："我不会喝酒。"

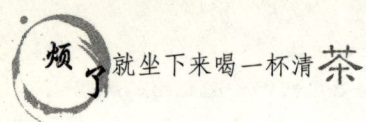

这下把坦山惹怒了,他不高兴地说:"连酒都不会喝,真不像个人!"

云升一听,也十分生气,大声质问道:"自己放浪形骸且不管,怎么还敢骂人?"

坦山理直气壮地问道:"我怎么骂人啦?"

"你说我不像人,还不是骂我吗?"

"你的确不像人!"

"我怎么不像人?我不像人像什么?你说!"

"你像佛。"

云升听后,哑然无言。

轻轻地告诉你

霏霏一听,更加乐了,笑得前仰后合起来,说:"这一类故事我听过好多,可怎么一从你的嘴里出来就这么好玩,又很有哲理呢?"我说:"霏霏啊,我的意思希望你能明白,在没弄清这个人的真实水平以前,千万不要妄下定论。其实,在有些时候,别人并没有那么坏,是我们把人家想坏了。所以,在生活中,我们应该学会以公正平和的心态去对待周围的人与事,在没弄清事情的真相前不要妄下定论,以免把同事之间的关系搞僵了。"

6 与人交往切忌私心太重

小露的烦恼

小露这天过来了,我总感觉她有点鬼鬼祟祟的味道,似乎有什么不想让更多的人知道的事情。我不问她,只等她开口说话。小露说:"小元师傅,最近我的那个新婆婆来过你这里没有?"我说没有。她说:"你不知道啊,小元师傅,我的这个婆婆老文太太,原来还是个有钱的主呢。前几天我听说她有两处别墅,一个给了她唯一的一个女儿,还有一栋在她名下,我想把她和我公公请到我们家里住,我们伺候他们两位老人,可是小勇坚决不同意,说我这么做有点太卑鄙了。真把我气死了。"

小元的故事

我说道:"小露姐姐啊,我听了你刚才的这些话,感到你这个人实在是太可怕了,不过呢,我还是想说几句心里话,不知道你是否愿意听小僧一言?"

第七章
禅是处世修养一道亮丽的风景线

小露说:"说实在的,小元师傅,我有时候也觉得自己挺可怕的,我今天就是来听你讲故事的,你说吧。"

在很久以前,梵授王在波罗奈治理国家,菩萨将他转生为树神。

有一天,一个渔民带着鱼钩,与小儿子一起到渔民经常去捕鱼的水池钓鱼。他投下鱼钩,没想到鱼钩钩住了水底下的一个树桩,怎么拉也拉不上来。

他心中暗想:肯定是钩住了一条大鱼。我让儿子回去告诉他妈妈,让她想办法与邻居们吵起来,这样,谁也顾不上来这里,这条鱼就归我一个人了。

于是,他吩咐儿子:"孩子,去告诉你妈妈,我们钓着了一条大鱼,让她和邻居们吵架。"

孩子走后,他还是拉不动鱼钩。他担心绳子被拉断,便脱下衣服,放在岸上,自己跳进水里去摸鱼。结果他撞在树桩上,把双眼撞瞎了。同时,有一个小偷把他放在岸上的衣服也偷走了。

他疼痛难忍,用手捂着双眼,摇摇晃晃地爬出水池,摸索着寻找衣服,而此时他的老婆正在想法和邻居吵架。她把棕榈叶挂在自己的一只耳朵上,在一只眼睛上涂抹了黑烟灰,怀里抱着一只狗,到邻居家里去串门。

一位女友对她说道:"你把一只棕榈叶挂在耳朵上,一只眼睛涂上了黑烟灰,怀里抱着狗,像抱着宝贝儿子,到处串门,难道是疯了?"

"我没有疯。你怎么无缘无故出口伤人?咱们到村长那里去评理,我要让他罚你八个金币。"

这样,两人吵吵闹闹地来到村长那里。村长问清吵架缘由,便判这装疯闹事的女人有罪。于是,人们把这女人捆起来,用鞭子抽她,命令她快交罚金。

树神看到这个女人在渔村以及她丈夫捕鱼的不幸遭遇,站在树杈上说:"人啊!你在水中和地上都做了错事,因而才会两头倒霉。"

说罢,念了一首偈颂:眼睛衣服丢,老婆耍无赖。水中和陆上,两处都失败。

小露的感悟

小露说:"我怎么听得云里雾里的?这和我有关吗?"

我说:"我的意思是想告诉小露姐姐,私心是一个人的致命弱点。如果一个人私心太重,任贪婪作祟,无论是友谊、快乐还是生命都将随之丧失。所以,在任何时候,清心寡欲、取舍有道对我们都有很大的帮助。你只想着自己,而不为他人着想,最终吃亏的还是自己。不管是水中还是地上,只要是私心太重,都会

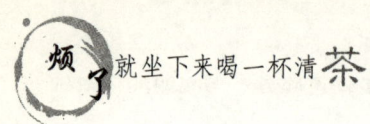

招致失败的下场。"

小露心中有点胆怯起来,说:"小元师傅,不会这么严重吧?"

我说,这样吧,小露姐姐,我再给你说个故事吧,你看看是不是比这个还要严重。

从前,有一个婆罗门为了方便行人,在旷野中挖了一口井,并放了一只瓦罐在井边,这样放牧和过路的人都能喝到水、洗上澡。

一天傍晚,一群饥渴的野狐来到井边,喝着地上的残水。但野狐中的野狐王却不愿喝地上的残水,而是把头伸到井边的瓦罐中去喝水。喝完水后,它就把罐戴在头上,高举着一阵乱摔,结果摔破了瓦罐,瓦罐口却还套在它的脖子上。

其他野狐对野狐王说:"这个瓦罐对过路人有这么大用处,你为什么要打破它呢?"

野狐王说:"我这样做是为了快乐。只要我心里快乐,哪里还管其他的事情!"

有一个过路人见瓦罐被野狐王摔破,就告诉婆罗门:"你放在井边的瓦罐破了。"

婆罗门又把一个新罐子重新放在那里,可不久又被野狐王打破了。这样连续有14个瓦罐被野狐王打破,野狐们每次都劝阻野狐王不要这样做,但它根本就听不进去,依然我行我素。

婆罗门想:我该去察看一下,是谁把罐子打破的。

于是,婆罗门悄悄地躲在井边。傍晚时分,他看见野狐王又在做坏事。他心想:我是为人们做点好事才挖这口井的,怎么能让野狐王破坏掉呢?

于是,他便做了一个非常坚固的木罐子,大小能让野狐王的脑袋进去,但不容易出来。他把木罐拿到井边,然后拿着一根木棍藏起来等着。

行人喝完水后,野狐王又跑来了,它再把脑袋钻到木罐中喝水,喝完后又高举木罐使劲地摔;不料这次罐子怎么也摔不破,而且脑袋卡在罐子里拔不出来。这时婆罗门跑上去,把野狐王打死了。

轻轻地告诉你

我说道:"小露姐姐啊,人常说'天作孽犹可为,自作孽不可活'。我们做人处世千万不能太自私,不能为了一己暂时的快乐或者一己私利,就不顾周围人的感受,侵犯别人的利益。这样只能引得人神共愤,正所谓'多行不义必自毙'啊!"

/第七章/
禅是处世修养一道亮丽的风景线

7 待人接物不要藐视任何人

阿嘉的烦恼

阿嘉遇到了一件不大不小的烦心事,他的公司成立后,正在招聘人才,可是到目前为止,他的助手副总经理的位置还空缺着,他说:"来的人大都是虚有其表,中看不中用的。前几天来了一个人,家庭背景也不好,听说还离过婚,破衣烂衫的,胡子也不刮,不过在我和他谈话的时候,发现他肚子里还有点墨水。可是我转念又一想,像他这样不修边幅、家庭的事情都处理不好的人怎么可能成为我的助手,帮助我打理好一家公司呢?我非常犹豫,公司不能正常运作起来,我心里很急啊。"

小元的故事

我说:"阿嘉老总,你先别急,喝杯茶,听我讲一个故事,我们看看能否从中找出一些有用的道理来,供你借鉴。"

阿嘉喝了一口茶,很恭敬地等待我讲。

你知道一休禅师以机智聪慧而著称。在别人犯错时,他从不直言相劝,而是任由其错下去,然后找到一个机会,以机智幽默的方式将对方的错误巧妙地表达出来,让人在轻松幽默中接受教育,并深刻反省。

一休禅师的门下,有位做将军的弟子。这天,这位弟子请他吃斋饭,一休非常高兴。他给弟子们讲完经法,就如约来到将军府。因为来时匆忙,没有来得及换衣服,而守门的警卫看他穿得破破烂烂的,以为是哪里来的臭和尚,无论如何都不准他进去。一休禅师无奈,只好回去换了一件崭新的袈裟,门卫这才放他进去。

将军左等右等,就是不见一休禅师来,心里不禁有些着急。他刚想出门去看一看,却与迎面而来的一休禅师撞了个满怀。见到禅师穿了一件崭新的袈裟,将军很是奇怪,但也没有多问,只是把禅师迎到客厅。

开始用餐时,一休禅师自己不吃,只是把饭菜往衣袖里装。将军见了,更加纳闷了,忍不住问道:"师傅,您是不是想为家中老母或者寺里的僧众带些饭菜呀?如果是这样,那就请您先用吧,过一会儿我叫人给他们送去就是了。"

一休禅师说道:"你今天是请我的袈裟吃饭的,不是请我吃饭的,所以我就不吃,只给袈裟吃。"将军听了,更是迷惑不解。

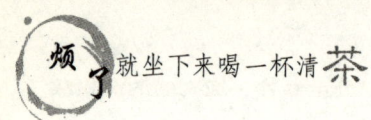

一休禅师说:"我第一次来时穿了一件旧衣服,你的门卫把我挡在了外边。我只好回去换了一件袈裟,他才放我进来。既然你们以衣服的新旧作为邀请客人的标准,所以我就想,你们可能只是邀请衣服吃饭的,我就只好把饭菜给衣服吃了。"

将军听完,开怀大笑,继而则陷入了深思。

阿嘉的感悟

阿嘉惭愧地说:"小元师傅的意思我明白,在待人接物或者选拔人才时,应该看才而不看貌。"

我说:"是的阿嘉老板,要评价一件事情,就要看它的内在价值,而不是只看表面。同样,在评价人时也不能以貌取人,而要看这个人的内心,看这个人的实际行动。有的人穿得再好,却是金玉其外,败絮其中。而有的人虽然不注重穿着,却是真正的智者,是真正有思想有作为的人。"

阿嘉说:"小元师傅这么说,我非常赞同,也颇有同感,我就因为曾经看不起人而吃过大亏,所以这次才犹豫不决的。"

我说是吗?我也听说过这么一个故事呢,要不要我们重温一下?阿嘉说当然好,温故而知新嘛。

从前,博罗村有一个名字叫称伽拔吒的人。他的家庭历代都是百万富翁,但到了他这代家道败落,最后终于一贫如洗。所有的亲朋好友全都冷落他,都以轻蔑的眼光看他。

于是,他离开这个令他伤心的地方,到异国他乡去开始了新生活。很多年后,他赚了非常多的钱,踏上了归途。

亲友们听到他回国的消息,态度全都有所改变,纷纷拿着食物、香花,准备了各项娱乐,在半路上迎接他。他得知后,故意穿着破旧的衣服,混杂在前头仆人的队伍里行走。

他离开家乡的时候还是青年,如今成了富翁却已是老人了,当然谁也记不清他的面孔。

"请问哪一位是衣锦还乡的称伽拔吒先生?"

亲友们向行进的队伍打听。

他摆出一副陌生的脸孔回答道:"在后面!"

于是,众人都向后面去打听。

"哪一位是称伽拔吒先生?"

第七章
禅是处世修养一道亮丽的风景线

"最前面的那位就是他。"

亲友们听了,回头找到他,责问道:"我们特地来迎接你,你说在后面,原来是欺骗我们,为什么要这样做呢?"

不料,他却冷冷地回答道:"你们想看的称伽拔吒,坐在后面的骆驼上的钱袋里。我可不是你们说的那个称伽拔吒呀!当年,我穷途末路时,诸位理都不理我,而现在却忙着来迎接。事实上,你们不是要迎接我,只不过是惦记着我的财产——后面骆驼背上就放着那些财产!"

轻轻地告诉你

我笑笑,问道:"阿嘉老板,这个故事可与你发生过的有点类似?"阿嘉说:"尽管不一样,但是意义差不多吧。"我说:"是啊,我们决不要看不起任何人,因为谁都有发迹的可能。在生活中,有人爱用势利的眼光去看别人,在别人穷困失意时冷落、轻视别人。但贫穷和失意不会伴随谁一辈子,看不起别人的人,最终会被别人看不起。"

8　给欲望的链条上把锁

小晨的烦恼

小晨最近又换了一辆新车,他这么春风得意,不知道找我还有何事。小晨说:"小元师傅,我现在终于可以扬眉吐气地生活了,我现在自己开了一家房地产开发公司,完全和安妮没有任何经济关系了。不过说实在的,我办这家公司的积蓄也是在她的公司里辛苦得到的报酬。恩归恩,情归情,我也不瞒你小元师傅,我现在对安妮这个男人婆越来越没有兴趣了……"

我打断了他的话说:"这么说你现在想和小倩和好了?"小晨一听就笑了:"什么啊,人常说好马不吃回头草。我是又遇见了一位红颜知己啊,可是我不知道该怎么和安妮提这件事。"

小元的故事

我说:"我想问一句,这位红颜知己是你的同行,还是下属,还是你的上级领导?"小晨说:"都不是,是市电视台的一位主持人。"

我说:"是这样啊,那我祝你明年找一个省电视台的,后年再找一个央视的主持人,人往高处走嘛,祝你步步高升游龙戏凤。"

烦了就坐下来喝一杯清茶

小晨涨红了脸说:"小元师傅,你不要讽刺我好不好?有什么话你直说就是了。"

我说:"你觉得我是在讽刺吗?你什么时候听见我有话直说过了?"小晨说:"那小元师傅,你就还给我讲个故事也行啊。"

我说,好吧,我就给你讲个关于欲望的事情。

有一位禁欲苦行的僧人,准备离开他所住的村庄,到无人居住的山中去隐居修行,他只带了一块布当作衣服,就一个人到山中居住了。

后来他想到当他要洗衣服的时候,需要另外一块布来替换,于是就下山到村庄中向村民们乞讨一块布当作衣服,村民们都知道他是虔诚的僧人,于是毫不犹豫地就给了他一块布。

当这位僧人回到山中之后,发觉在他居住的茅屋里面有一只老鼠,常常会在他专心打坐的时候来咬他那件准备换洗的衣服。他早就发誓一生都遵守不杀生的戒律,因此他不愿意去伤害那只老鼠,但是他又没有办法赶走那只老鼠,所以他回到村庄中,向村民要了一只猫来饲养。

得到了一只猫之后,他又想,猫要吃什么呢?我并不想让猫去吃老鼠,但总不能跟我一样只吃一些水果与野菜吧!于是他又向村民要了一只乳牛。这样那只猫就可以靠奶牛维持生活了。

但是,在山中居住了一段时间以后,他发觉每天都要花很多时间来照顾那只母牛,于是他又回到村庄中找到了一个可怜的流浪汉,他带着这无家可归的流浪汉到山中居住,帮自己照顾乳牛。

那个流浪汉在山中居住了一段时间之后,跟僧人抱怨说:"我跟你不一样,我需要一个太太,我要正常的家庭生活。"

僧人想一想也有道理,他不能强迫别人一定像跟他一样,过着禁欲苦行的生活……

这个故事就这样继续演变下去,你可能也猜到了,后来,整个村庄都搬到山上去了。

小晨的感悟

小晨说:"多谢小元师傅,我知道该怎么去做了,欲望太多,最后会一事无成。"

我说:"是啊,欲望就像是一条锁链,一个牵着一个,永远都不会满足。我们每个人都有欲望,但欲望太多了人生就会变得疲惫不堪,更无法静下心来去做真正想做的事，直到你失去了一切的时候，让你后悔莫及啊。"

小晨说："话是这么说，可是真正做起来，不知道该有多难啊！"我说："世上的事情没有什么难易之分，只有做与不做的道理。如果你有心情，我再给你说一件有关欲望的事情。"

小晨说多谢小元师傅，没放弃我这个自以为是的人。

有一位古董商专做老式红木家具生意。有一次，在一处偏僻的小山村里，他无意间发现了一个非常珍贵的老工红木旧柜子。惊喜过后，古董商动起了心思。

他先是与柜子的主人闲扯聊天，然后又假装在不经意间小心翼翼地扯到了柜子上。随后，他开价600元人民币准备购买。

那个偏僻山里的人，淳朴得让人吃惊，他哪里见过这么多钱？他把古董商看得直发毛。最后，山里人终于同意了，古董商一颗"怦怦"乱跳的心才算稳了下来。

可他马上又后悔得不行。原来，他看到山里人这么爽快地答应下来，就觉得吃亏了，心想：根本就不应该出600元，也许400元就够了。但是他又不能反悔，因为那样对方可能会看出破绽，于是他不死心地围着房前房后细细琢磨起来。

真巧，居然又找到了一把脏兮兮的红木椅子！他对主人说："这个柜子实在是太破了，拿回去也修不好，只能当柴火烧。"

山里人喃喃地说："要不，你就别要了。"

古董商大度地一挥手："说出的话，哪能随便咽回去？这样吧，你干脆把那把椅子也送给我得了。"

山里人本来就有些自感惭愧，听他这样一说，当然感激地连忙点头。

古董商笑道："我明天早上来取这些柴火。"

第二天，当古董商带着车来装运柜子和椅子时，看到门前有一堆柴火，山里人走出来说："您大老远的来一趟不容易，我已经替你把柴火劈好了。"

轻轻地告诉你

两件转手就能大赚一笔的珍贵家具，瞬间变成了一堆柴火，不过那个古董商说得好：'其实，这600元应该算学费，因为从此我知道了过分贪婪将意味着什么。'小晨啊，我们都需要给自己的欲望上一把锁，把某些欲望锁起来。如果锁不住自己的某些欲望，这些欲望就会令人变得贪婪，最终要把你自己给害死的，你明白吗？"

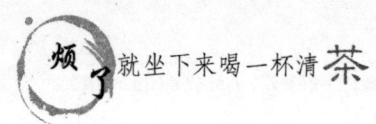

9 诚信不可兑水，害人最终害己

小马的烦恼

这一天，有一个叫小马的人慕名来找我，他说："小元师傅，你认识小武吧？"我说："我们是很好的朋友啊，怎么了？"小马说："说来惭愧啊，我就是经常到小武的门市里面闹事的那个人，没想到他那么能忍，我去了他的门市闹事不下百回，结果他硬是不在乎我的挑衅，总是笑呵呵地好言以待。后来我一打听，原来他是在你这里取的经书。你知道小元师傅，由于我天天把搞垮他的事情惦记在心，做起事情来也不够专心，我们的顾客越来越少，现在连房租都交不起，只好关门了。我是个下岗工人，还要养活一家子的人，我不知道该怎么办才好。"

小元的故事

我刚开始还有点不喜欢他，但是听他说着说着，就不免怜悯起他来。我说："小马啊，你知道你失败的真正原因是什么吗？"

小马说："我知道，我不该天天到小武那里闹事，耗费了我大量的时间和精力。"

我说："这只是其一啊，小马兄弟，你愿意听我讲个故事吗？"小马说："我来就是让你给我上课的啊！"

有这么一对夫妻，丈夫是个老实人，为人真诚、热情。他们下岗后开了家烧酒店，自己酿酒自己卖。他们酿的酒人称"小茅台"，有道是"酒香不怕巷子深"，一传十，十传百，酒店生意兴隆，常常是供不应求。

看到生意这么好，夫妻俩便决定再添置一台酿酒设备，扩大生产规模，增加酒的产量。这样，一可满足顾客需求，二可增加收入，早日致富。

这天，丈夫外出购买设备，临行之前，把酒店的事都交给了妻子，叮嘱妻子一定要善待每一位顾客，诚实经营，不要与顾客发生争吵……

一个月以后，丈夫外出归来。妻子一见丈夫，便按捺不住内心的激动，神秘兮兮地说："这几天，我可知道了做生意的秘诀，像你那样永远也发不了财。"

丈夫一脸愕然，不解地说："做生意靠的是信誉，咱家的酒好，卖的量足，价钱合理，所以大伙才愿意买咱家的酒，除此之外还能有什么秘诀？"

妻子听后，用手指着丈夫的头，自作聪明地说："你这榆木脑袋，现在谁还

第七章
禅是处世修养一道亮丽的风景线

像你这样做生意。你知道吗？这几天我赚的钱比过去一个月挣的钱还多。秘诀就是，我给酒里兑了水。"

丈夫一听，肺都要气炸了，他没想到妻子竟然会往酒里兑水，他重重地打了妻子一记耳光。他知道妻子这种坑害顾客的行为一定会把他们苦心经营的酒店牌子给砸了。

"酒里兑水"这件事还是被顾客发现了，从那儿以后，尽管丈夫想了许多办法竭力想挽回妻子给酒店信誉所带来的损害，但酒店的生意日渐冷清，后来就不得不关门停业了。

小马的感悟

小马说："我明白了，小元师傅的意思是，无论是做人还是做生意，都容不得半点水分，重信誉贵在持久。"

我说："是的，诚信乃是为人之本。一个人一旦失去了信誉，什么事都很难做成。所以，想要成就一件事，首先就要树立起自己的信誉，更为重要的是，要保持这种信誉。据我估计，小武的门市一开，你们那里的生意少了，就是说明了这一点，你们没有很好地坚持住自己的信誉，在服务里兑水一时半会儿不知道，可是时间一长，自然会露出马脚的。"

小马说："你说得不错，我们的确是在心理上出现了这种想法，唉……惭愧啊。"

我说："这只是其一，还有更重要的一点。"

小马说："还有其二？"

我说是的，不信我再给你说一个懒汉的故事。

有个懒汉伙从早到晚都躺在一张床上，嘴里不知嘟哝些什么。"你嘟哝什么？"人们指责他，"你为什么不找点活儿干干？"

懒汉答道："我也在干活儿啊。我整天念经，祈祷老天爷把我从穷困中解脱出来。一旦老天爷听到了我的苦苦哀求，他就会赐给我幸福的。"

有一次，懒汉听说住在附近一个岛上的人都是独眼的。这个懒汉欢欣万分，他寻思：老天爷听到了我的祈祷，给我带来了幸福。我立即到独眼人居住的那个岛上去，诱骗一个独眼人上我的上船，运载到我居住的这个岛上来。

他把自己的想法告诉了左邻右舍。

邻居们听后都很惊奇："你干吗要这样做？"

"我把他放在笼子里，供人出钱观赏。这样的畸形人谁都想参观。"

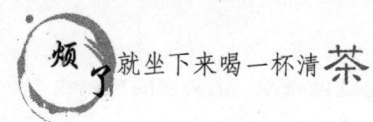

懒汉立刻来了精神，他借了条船，直奔目的地。当小船刚刚靠岸，懒汉立即看到了他所要寻找的人迎面向他走来。

啊！我的福气真大！财富自己主动送上我的门来了！懒汉不禁得意忘形。

心怀鬼胎的懒汉向独眼人深深鞠了一躬，假惺惺地笑道："多少年了，我一直想拜见一下像您这样好看的人……"

独眼人看了懒汉一眼，彬彬有礼地回答："我也终生都想拜见一下像您这样好看的人。"

阴险的懒汉又对他说道："我恳请您先到我家拜访，让咱俩赶紧坐上小船去我家吧！"

独眼人答："我衷心感激您对我的殷勤邀请，但是，首先，我恳请您先光临我家，我的一家人将会感到很高兴。"

"我很高兴迈进你家的门槛儿。"懒汉嘴上这么说，而心里却在琢磨：明天，你将坐在我的笼子里供人参观，白花花的银币将从四面八方流进我的口袋里。

懒汉刚走进独眼人的家，独眼人的兄弟们就从四面八方把他围了起来，争先恐后地嚷道："瞧！瞧！这个人有两只眼！真是个畸形人！他打哪儿来呀？"

"现在，我告诉你们，赶紧把这个人捆绑得结实一点！"独眼人命令他的家人。

懒汉来不及眨一下眼就被捆起来了。

轻轻地告诉你

我说："小马啊，你猜最后怎么着了？我告诉你啊，独眼人向他的兄弟们说：'让我们庆贺一下吧！我们贫苦的生活终于结束了。我们将把这个怪物关进笼子里让大家出钱参观。谁都想看一看这个长有两只眼的人，我们很快就可以发财了。'不到一个钟头，懒汉就坐到了笼子里。独眼人岛上的居民们从四面八方匆匆赶来观看这个稀罕的双眼人，每个观众都付给看笼子的主人一点钱。懒汉终生都坐在那个笼子里，再没出来过。小马啊，我想要说的是，如果有害人之心，往往会害了自己。与人相处千万不可有害人之心，害人之心是一种害人害己的邪念。很多时候，有害人之心非但害不了别人，反而会害了自己。善良做人，踏实做事，才是发展之路，才是幸福的源泉。"

/第七章/
禅是处世修养一道亮丽的风景线

10　宽恕他人的错，不妨撒点小谎

小兰的烦恼

小兰肯定心里有气，一来到寺院就面带杀气的。她说："小元师傅，你可能还不知道，我家是住在一楼的，我的小狗正在院子里耍得高兴，突然四楼阳台上的一盆兰花掉了下来，把我的小宝贝当场砸死了。我就去找四楼的人，谁知道她平时装得和气善良，一到有事情竟然和我撒起泼来。我说你就是不赔我的小狗给我道个歉总可以吧？你猜她怎么说？她说我凭什么给你道歉，是我把花盆扔下去的吗？是风，你去找风向你道歉吧，我的花摔烂了，我去找谁啊？"

小元的故事

我笑了，我说："你们这些女士吵起架来可真有意思。哎，对了，那她的花摔坏了不知道找谁，你怎么不让她找你啊？"

小兰说："你说什么啊小元师傅？"我说："让她找你赔她的花啊，不可以吗？"

小兰说："小元师傅，我不明白你是什么意思？凭什么啊？"

我说，这样吧，我照例给你说个故事。

一位住在山中茅屋修行的禅师，有一天趁夜色到林中散步，在皎洁的月光下，他突然领悟自性的般若。

他喜悦地走回住处，看见自己的茅屋里有一个小偷光顾。找不到任何财物的小偷要离开的时候，在门口遇见了禅师。原来，禅师怕惊动小偷，一直都站在门口等待，他知道小偷一定找不到任何值钱的东西，早就把自己的外衣脱掉拿在手上。

小偷遇见禅师，正感到惊愕的时候，禅师说："你走老远的山路来探望我，总不能让你空手而回呀！夜凉了，你带着这件衣服走吧！"

说着，就把衣服披在小偷身上，小偷不知所措，低着头溜走了。

禅师看着小偷的背影穿过明亮的月光，消失在山林之中，不禁感慨地说："可怜的人呀！但愿我能送一轮明月给他。"

禅师目送着小偷走了以后，回到茅屋赤身打坐，他看着窗外的明月，进入空境。

第二天，他在阳光温暖的抚触下，从极深的禅室里睁开眼睛，看到他披在小偷身上的外衣被整齐地叠好放在门口。禅师非常高兴，喃喃地说："我终于送了

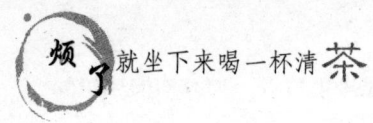

他一轮明月!"

小兰的感悟

小兰说:"小元师傅的意思,不是真的让我给她买一盆兰花吧?"

我说:"我觉得你不妨试一下效果。人人都会犯错,'知错能改,善莫大焉',给别人一次机会,有时能够避免事态的恶性发展,甚至可以挽救一个人的灵魂,这只需要我们的宽容。"

小兰说:"就是我愿意给她买花,可是我以什么借口送给她呢?我总不能说是我的小狗不好,爬上四楼把她阳台上的花给碰掉了,或者说我的小狗太不够强壮,没有把她的兰花接住保护好?这也太滑稽了吧?你们出家人不是从来都不主张打诳语的吗?你这不是教我说谎话吗?"

我说,这样吧小兰姐姐,我再给你说个故事吧。

一个年轻人去拜访一位住在大山里的禅师,他们正在讨论关于美德的问题。

这时候,一个强盗也找到了禅师,他跪在禅师面前说:"禅师,我的罪过实在是太大了,很多年来我一直都寝食难安,难以摆脱心魔的困扰,所以我才来找你,请你为我澄清心灵。"

禅师对他说:"你可能找错人了,我的罪孽可能比你的更深重。"

强盗说:"我做过很多坏事。"

禅师说:"我曾经做过的坏事肯定比你还要多。"

强盗又说:"我杀过很多人,闭上眼睛就能看见他们的鲜血。"

禅师回答说:"我也杀过很多人,我不用闭上眼睛就能看见他们的鲜血。"

强盗说:"我做的一些事简直没有人性。"

禅师回答:"我都不敢想以前我做的那些没有人性的事。"

强盗听禅师这么说,就用一种鄙夷的眼神看了看禅师,说:"既然你是这么一个人,为什么还在这里自称为禅师,还在这里骗人做什么!"于是他起身轻松地下山去了。

年轻人在旁边一直没有说话,等到那个强盗离去以后,满脸疑惑地向禅师问道:"你为何要这么说,我很了解你是一个品德高尚的人,一生中从未杀过生。为什么要把自己说成是个十恶不赦的坏人呢?难道你没有从那个强盗的眼中看到他已经对你失去了信任了吗?"

禅师说道:"他的确是已经不信任我了,但是你难道没有从他的眼神中看出他有一种如释重负的感觉吗?还有什么比这样更能让他弃恶从善呢?"远处传来那个强盗欢乐的叫喊声："我以后再也不做坏人了！"这个声音响彻了山谷。

年轻人激动地说："我终于明白了什么叫作美德！"

轻轻地告诉你

我说："小兰姐姐啊，说一些谎言，有时也是一种美德。关于美德，大多数人认为应该是那些传统的观念，比如行善、尊老、爱幼等美好的品德。其实，美德的体现是不拘于形式的，为了让别人快乐，或许有时开脱别人，有时说一些谎言或做一些不该做的事，同样都是一种美德。"

11 做一个诚实而乐于助人的人

处世的烦恼

一个人从出生的那一天起，就不再是母胎中那个单独的个体，而是人类群体的一个组成部分，随着时间的流逝，直到我们离开这个留恋的世界为止，我们都在和亲人、朋友、同事甚至是素不相识的一些陌生人不断地接触着。随着接触的增加，我们的烦恼也在增加，处世的好坏直接影响着我们的心情乃至生活。我们该怎样去掉这些烦恼、提高自己的修养和素质，让我们在这个世间与人相处得更好一些呢？

小元的故事

好吧，我现在就先给大家讲一个诚实的人应聘时面对机会所发生的故事。

一家跨国公司因业务需要，正准备招聘一名高级职员担任要职，待遇相当诱人。

在激烈的竞争中，有一个年轻人荣幸地成为了复试中的一员。人事部主管告诉年轻人，复试将由董事长主持。这家公司的董事长是一位大企业家，他的经历充满了传奇色彩，并且他年龄并不是很大，据说只有40岁左右。

听到这些，年轻人非常紧张，一连几天，他从管理经验、专业知识及穿戴方面都做了精心准备，以期更好地展示、推销自己。

复试是单独面试，年轻人一到小会客厅，坐在正中沙发上的一个人便站起来，人事主管介绍说此人正是董事长。

"啊！是你？竟然是你⋯⋯"董事长说出了年轻人的名字，并且快步走到年

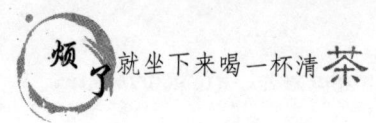

轻人面前，紧紧握住了他的双手。

"这不是在做梦吧，竟然在这里找到了你！我找你找了很长时间了！"董事长一脸的惊喜，激动地转过身对在座的人嚷道："先生们，我向你们介绍一下，这位就是救我女儿的那位年轻人！"

年轻人的心狂跳起来，还没容得年轻人说话，董事长就把年轻人一把拉到他旁边的沙发上坐下，说道："真抱歉，当时我只顾看女儿了，也没来得及向你道谢。"

年轻人竭力抑制住心跳，抿了抿发干的双唇，说道："很抱歉，我以前从未见过您，更没救过您的女儿。"

董事长着急地说："难道你忘记了？5月30日，在一个湖边……肯定是你，错不了！我记得你的左脸上有块黑痣。年轻人，你骗不了我的。"董事长一脸的得意。

年轻人站起来说："董事长，我想您肯定是弄错了。我真的没有救过您女儿，因为我从来没有过机会救落水的人。"

年轻人说得很坚决，董事长一时间愣住了。忽然，他又笑了："年轻人，我很欣赏你的诚实。"

几天后，年轻人成为了该公司的职员。

有一次，年轻人和人事主管闲聊，年轻人问："救董事长女儿的那位年轻人找到了吗？"

"他女儿？你是说董事长的女儿？"人事主管哈哈大笑起来，"告诉你，有好多人因为他女儿而被淘汰了。其实，董事长根本就没有女儿。"

处事的感悟

接下来我再给大家说一个一休禅师要娶人家女儿的故事。

有一天，一休的一个信徒来向他哭诉自己债台高筑，已经到了山穷水尽必须自杀的地步，请一休务必要帮助他。一休婉言劝解，并问他除死之外是否真的没有别的办法可想吗？信徒摇摇头说没有，因为他除了一个女儿之外，已经一无所有，于是一休建议他找一个乘龙快婿来帮他还债。信徒一听此言，近乎绝望地说："师父啊！我的女儿只有八岁，怎能嫁人呢？"

"那你就把女儿嫁给我吧！"一休微笑着说。

信徒大惊失色道："这，这怎么可以！你是我的师父，怎么能做我的女婿？"但是一休胸有成竹地挥挥手说："没问题，让我做你的女婿，帮你还债，你快回去宣布此事吧!"

于是,一休要娶妻的消息立即轰动全城,到了迎亲那天,看热闹的人挤得门前水泄不通。一休抵达之后即在门口摆上桌子,上置文房四宝,然后他在桌前便写起字来了。一休著有《狂云集》,本来就是诗、歌、书法方面的才子,众人一见他优美的书法,忘情地欣赏,争相购买,反而忘了原来要凑的是什么热闹。结果卖书画的钱积了好几箩筐。

一休问信徒:"这些钱够还债吗?"

信徒高兴得几乎流下泪来,连说:"够了,够了。"

信徒频频向一休鞠躬,只差没跪下来表达自己的感激之情了。

"好了,问题解决了,我这个女婿也不用做了,还是做你的师傅吧。"一休长袖一摆,飘然而去。

轻轻地告诉你

通过这两个故事,我想要告诉大家的是,处世修养有一条是非常重要的,那就是诚实。只有诚实做人、诚实做事的人才会得到别人的尊敬与器重,尤其在机会面前,更应该保持诚实的品质。机会固然重要,但做一个诚实的人更重要。除此之外,还有一个至关重要的事情,那就是帮助别人。帮助别人并不是非要出多少人力物力,有时只需要一点智慧。那些能够用自己的聪敏和睿智为别人分忧解难的人,会显得更加聪慧、更加令人尊重。为人处世只要谨记诚实做人、诚实做事、乐于助人,那么,我们在这个人世间和人相处还有什么可烦恼的呢?

第八章
Tea 给每一位品尝生活清香怡人的一杯清茶

/第八章/
给每一位品尝生活清香怡人的一杯清茶

生活,就像一杯淡淡的白开水,可以冲泡成芬芳的绿茶、红茶、菊花茶……没有它,再好的茶叶也只能看到它最平凡的一面,无法让人领略到那醉人的芬芳;它也可以与可可豆粉融合,冲成涩涩苦苦的、耐人回味的、香气扑鼻的、与众不同的咖啡,在平淡无奇中蕴育着伟大。生活更是一杯由淡水添加相关物质后发酵而成的美酒,会饮者品尝到的是甘甜醇香,不会饮者体味到的却是辛酸苦辣。这就是生活的禅机。懂得了生活的禅理,我们的生活就是每天的朝霞晨露,沐浴着我们的希望;就是每天的阳光雨滴,让心情多姿多彩;就是每天的晚霞夕阳,辉映我们温馨的家园;就是每天的华灯初上,给我们梦一样的畅想。

1 超然平和的心态才能享受生活

小薇的烦恼

这一天,小薇和小炎夫妇带着他们的小女儿来看我。他们两个已经有点发福,小薇显得很富态,一副中年妇人的模样,小炎的将军肚也挺了起来,小女儿聪明活泼,看起来好幸福的一个小家庭。但是小薇却说他们现在一点都没有感到幸福,生活平淡无趣不说,还总是有一种恐惧感,因为他们不知道未来的生活是什么样子,一会儿担心货币贬值,一会儿担心孩子的未来,一会儿又担心自己的身体,一会儿又担心战争什么的……总之,感觉现在的生活好乏味、好郁闷,还感到了生活的劳累,而且这种心理上的累时常表现在身体上,总是感觉浑身疲倦,干什么都懒洋洋的,提不起精神来。

小元的故事

我认真地听她说完,笑了笑说:"不管是富人还是贫民,都有这种亚痛苦、亚烦恼、亚劳累的现象,你们之所以会有这样的感觉,是因为你们没有调整好自己的生活心态啊。"

小炎说:"是吗?亚痛苦、亚烦恼、亚劳累?是不是相当于人们常说的亚健康一类的说法?"

我说道理是一样的,只不过亚健康是身体上的,而亚痛苦、亚烦恼、亚劳累是心理上的。这样吧,我还是给你们讲个故事。

有这样两个人:一个是体弱的富翁,一个是健康的穷汉。这两个人相互羡慕着对方。富翁为了得到健康,乐意让出他的财富;穷汉为了成为富翁,随时愿意舍弃健康。

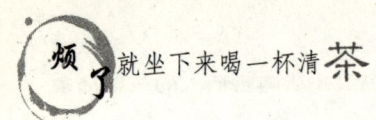

一个闻名世界的外科医生发现了人脑交换的方法。富翁赶紧提出要和穷汉交换大脑，穷汉也非常乐意，其结果是：富翁将会变穷，但能得到健康的身体；穷汉将会富有，但将病魔缠身。

手术成功了，穷汉成为了富翁，富翁变成了穷汉。

不久以后，成了穷汉的富翁由于有了强健的体魄，又有着成功的意识，渐渐地又积累起了财富。可同时，他却总是担心自己的健康，一感到有些轻微的不舒服便大惊小怪。由于他总是那样担惊受怕，久而久之，他那极好的身体又回到原来那多病的状态中，也就是说，他又回到以前那种富有而体弱的状态中。

由穷汉变成了富翁的那位总算有了钱，虽然身体孱弱，但他总是忘不了自己是个穷汉。他不想用换脑得来的钱相应地建立一种新生活，而是不断地把钱浪费在到用的投资中，真正应了"老鼠不留隔夜粮"这句话。钱不久便被他挥霍殆尽，他又变成了原来的穷汉。然而，由于他无忧无虑，换脑时带来的疾病不知不觉地消失了，他又像以前那样有了一副健康的身子骨。

最终的结局是：两个人又回到了各自原来的模样。

小炎的感悟

小炎说："小元师傅的意思，不会是在暗示我们，如果再这样下去，我们就会回到过去的贫困线上吧？"

我说："是的，非常有可能。知道为什么吗？因为你们不知道，要想生活得幸福，最重要的是要具备平和的心态。一个不具备平和心态的人，即使有幸获得某些东西，也迟早会失去。其实，不必羡慕别人，也不要担心失去自己的名声、金钱、地位和健康等，只需做好最真实的自己，珍惜并享受眼前拥有的财富即可。"

小炎说："小元师傅说得好。可是我们的生活的确是太平淡无奇了，我突然发现我们辛苦创造来的生活无法享用呢。"

我说，这样吧，我再给你讲一个享受生活的故事。

在一个黄昏下的海滩上，有一位不知从哪里来的老翁，每天都坐在一块固定的礁石上垂钓。无论运气怎么样，钓多钓少，两个小时的时间一到，老人便会收起钓具准时离去。

一个年轻人对老人古怪的行为产生了极大兴趣。他问老人："当你运气好的时候，为什么不一鼓作气钓上一天？这样一来，就可以满载而归了！"

"钓那么多鱼用来干什么？"老者平淡地反问。

第八章
给每一位品尝生活清香怡人的一杯清茶

"可以卖钱呀!"年轻人觉得老者傻得可爱。

"卖了钱用来干什么?"老者仍平淡地问。

"你可以买一张网,捕更多的鱼,挣更多的钱。"年轻人迫不及待地说。

"挣那么钱来干什么?"老者还是那副无所谓的神态。

"买一条渔船,出海去,捕更多的鱼,再赚更多的钱。"年轻人认为有必要帮助老者进行一下规划。

"赚了钱再干什么?"老者仍显出那副无所谓的样子。

"组织一支船队,赚更多的钱。"年轻人心里直笑老者的愚钝不化。

"赚了更多的钱再干什么?"老者已准备收竿了。

"开一家远洋公司,不光捕鱼,而且运货,浩浩荡荡地出入世界各大港口,赚更多更多的钱。"年轻人眉飞色舞地描述道。

"赚了更多更多的钱还干什么?"老者的口吻已经明显地带有嘲弄的意味。

年轻人被这位老者激怒了,没想到自己反倒成了被问者。年轻人大声道:"当然是为了享受生活!"

老人笑道:"我每天钓上两小时的鱼,其余时间嘛,我可以看看朝霞,赏赏落日,种种花草,会会亲朋好友,我已经在享受生活了。"

老人说完后,打点好行装,扬长而去。

轻轻地告诉你

我轻轻地说:"小薇小炎啊,你们现在就是缺乏这种看待人生的超然心态,所以才无法真正享受生活的美好。因为生活充满了艰辛,所以我们应学会享受生活。享受生活并不是不思进取,更不是及时行乐,而是要以一种超然的心态看待人生。我们还应知道,享受生活与赚钱多少无关。"

2 做钱的主人,生活才有乐趣

小珊的烦恼

小珊和阿嘉夫妇各自开着自己的车,一起来到寺院,可真够排场的。小珊一见我就说:"小元师傅,你快救救我们吧,我现在穷得只剩下钱了……"我说我知道。小珊说:"你知道?为什么?"我说:"因为你们每次来,除了把钱带走,什么都忘在我这里了,你们看,这是你们的亲情,这是你们的友情,这是你们的过去,这是你们的将来……还有……"阿嘉说:"行了行了小元师傅,不要再羞

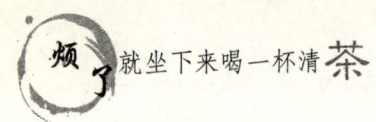

辱我们了，我们现在真的生活得很不快乐。"

小元的故事

我说："我知道，你们却不知道，你们之所以生活得不快乐，那是因为你们没有把自己当成金钱的主人，而是在做金钱的奴隶。"

小珊说："金钱的奴隶？"

我说，当然啊。咱们打个比方，你们两个来寺里看我，完全可以开着一辆车来，何必开两辆车呢？我又不是不知道你们很有财富，你们何必在我面前摆谱呢？其实你们就算是打车来，我还是一样招待你们啊。

阿嘉说："是的，小元师傅，这一点我们以后一定注意。"

我说不仅仅如此啊，这样，你们还是听我讲一个故事。

从前，有位信徒对默仙禅师说："我的妻子贪婪而且吝啬，对于行善做好事，连一点儿钱财都不舍得，您能发发慈悲，到我家里去，向我太太开示，行些善事吗？"

默仙禅师是个痛快人，听完信徒的话就随他去了。

当默仙禅师到达那位信徒的家里时，信徒的妻子出来迎接，可是却连一杯茶水都舍不得端出来给禅师喝。于是，禅师握着一个拳头说："夫人，你看我的手，天天都是这样，你觉得怎么样呢？"

信徒的夫人说："如果手天天这个样子，这是有毛病，畸形的啊！"

默仙禅师说："对，这样子是畸形！"

接着，默仙禅师把手伸展开成了一个手掌，并问："假如天天这个样子呢？"

信徒夫人说："这样子也是畸形啊！"

默仙禅师立即说："夫人！不错，这都是畸形，只知道贪取，不知道布施，是畸形。只知道花用，不知道储蓄，也是畸形。钱要流通，要能进能出，要量入为出。"

握着拳头暗示过于吝啬，张开手掌则暗示过于慷慨。信徒的太太在默仙禅师这么一个比喻之下，对做人处事和经济观念以及用财之道便豁然领悟了。

阿嘉的感悟

阿嘉说："小元师傅说得不错，做人啊，的确是要做金钱的主人，而不能做金钱的奴隶。"

/第八章/
给每一位品尝生活清香怡人的一杯清茶

我说："当我们拥有了财富，过于铺张或过于吝啬，都容易被金钱所驱使。对于金钱，我们应取之有道，而且要把它用在有意义的事情上。不管是什么时候，都要做金钱的主人，而不是做金钱的奴隶，这样你的生活才有乐趣可言。"

小珊说："话是这么说，可是实际把握起来很难啊。过于铺张我们从来不会，但是小黑师傅，你说我们辛辛苦苦赚的钱，分分毛毛都沾着我们的汗水和智慧，能不珍惜吗？"

我说："小珊大姐啊，开两辆车来还不叫铺张？又有谁的钱财是凭空生出来的呢？钱财又是何物？这样吧，你再听我讲一个事情。"

从前，有一位国王，名叫难陀。这个国王拼命聚敛财宝，希望把财宝带到他的后世去。他心里想：我要把一国的珍宝都收集到我这儿来，不能让外面有一点剩余。

因为国王贪恋财宝，所以他规定：谁想结交他的女儿，就要带着财宝当见面礼。他吩咐在身边侍候他的人说："要是有人带着财宝来结交我的女儿，就把这个人连同他带的财宝一起送到我这儿来！"他用这样的办法聚敛财宝，全国没有一个地方还有金钱宝物，所有的金钱宝物都进了国王的仓库。

那时有一个寡妇，只有一个儿子，她对他极为疼爱。这个儿子看见国王的女儿姿色美丽、容貌非凡，非常喜欢。但是他家里没有钱财，没法结交国王的女儿。为了这事，他生起病来，身体瘦弱，气息奄奄。母亲问儿子："你害了什么病，怎会病成这个模样？"

儿子把事情告诉了母亲，说："我要是不能和国王的女儿交往，必死无疑。"

母亲对儿子说："可是国内金钱宝物，一无所剩，到哪里去弄到宝物呢？"母亲又想了一会儿，说："你父亲死的时候，口里含有一枚金钱。你要是把坟墓挖开，可以得到那枚钱，自己用那钱去结交国王的女儿吧。"

儿子照着母亲的话，就去挖开父亲的坟，从口里取出那枚金钱。他拿到了钱，来见国王的女儿。国王的女儿便把他连同那枚金钱送去见国王。国王见了，说："国内所有的金钱宝物，除了我的仓库中，都荡然无存。你从哪里弄到这枚金钱的？你今天一定是发现了地下的窖藏了吧！"

国王用了种种刑法，拷打这寡妇的儿子，要问清楚他得到钱的地方。寡妇的儿子回答国王说："我真的不是从地下的窖藏中得到这枚金钱的。我母亲告诉我，先父死的时候，口中含着一枚钱。我挖开坟墓，由此得到了这枚钱。"

国王派了个亲信去检查真假。这亲信果然看见了此人父亲口中放钱的地方，

217

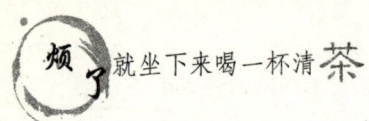

这才相信了。国王听了亲信的报告，心里暗自想道：我先前聚集一切宝物，想的是把这些宝物带到后世。可是那个父亲，一枚钱尚且带不走，何况我这样多财宝呢？

轻轻地告诉你

故事讲完了，我问小珊："钱财为何物？"

小珊答道："身外之物。"

我语重心长地说："是啊，阿嘉老总，小珊大姐，钱财乃身外之物，生带不来死带不去！虽说没有钱财不行，但千万不要把钱财看得太重，更不要刻意去追求。只有把自己当成钱的主人，具有了这种超然心态的人，才能够找到生活的真正乐趣啊。"

3　一瞬间和一件事的幸福快乐

小晨的烦恼

小晨这一天来找我，说："小元师傅，我听了你的话，和那个电视台的节目主持人分了手，回到了安妮的身边，可是我发现生活怎么如此枯燥无味，是不是我这个人做什么事情都做不长久，和人相处的时间久了，就厌倦就腻味呢？我们两个的夫妻生活现在没有一点幸福快乐可言，烦恼透顶。"我说："小晨啊，难道说你们两个就没有一点可以值得你回忆的事情？哪怕只是一瞬间的美好？"小晨说没有。我说："你们是怎么结婚过了这么多年的？那你为什么还要抛弃小倩和安妮结婚？"

小元的故事

小晨一下子懵了。我说，这样吧，我们还是在别人的事情上找我们的影子吧，听我给你讲个别人的故事。

一个商人和一个樵夫经常会路过同一条小路，商人忙于贩卖，每次都能赚很多钱。樵夫每天都要上山砍柴，一天下来，仅够糊口而已。

然而，商人整天都愁眉苦脸，并不快乐。樵夫每天歌声不断，笑声朗朗，很幸福。

有一天，商人又与樵夫相遇，他们同坐在一块大石头上休息。

"唉！"商人叹道，"我真不明白，小伙子，你穷得叮当响，怎么那样快乐呢？你是否有一个无价之宝藏而不露呢？"

"哈哈！"樵夫笑道，"我也不明白，您拥有那么多财富，不用为吃穿发愁，为什么不快乐呢？"

"唉！"商人说，"我虽然富有，但我的一家人总是为了钱财吵得不可开交，没有一个为我付出一丁点儿真心实意。当然，我一回到家他们就会喜笑颜开，可是我始终弄不明白，他们是对着钱笑还是对着我笑。我虽然家财万贯，但我却常常感到自己实际上是一个一无所有的穷光蛋，能快乐吗？"

"哦，原来如此！"樵夫道，"我虽然一无所有，但我时时感觉到我拥有永恒的幸福，所以我经常会乐不可支。"

"是么？那么你家里一定有一个贤惠的妻子。"商人说。

"没有，我是个快乐的光棍。"樵夫道。

"那么，你一定有一个不久就可以娶进门的未婚妻。"商人肯定地说。

"没有，我从来没有过什么未婚妻。"

"那么，你一定有一件使自己快乐的宝物？"

"假如你要称它为宝物的话，也可以，那是一位美丽的姑娘送给我的。"樵夫说。

"哦？"商人好奇地问道，"是一件什么样永恒的宝物，令你如此幸福呢？一件金光闪闪的定情物？一个甜蜜的吻？还是……"

"这个美丽的姑娘从来没有同我说过一句话，每次在村里与我相遇，她总是匆匆而过。三年前，她要去另一个城市生活了，就在她临走之前，上车的时候，她……"樵夫沉浸在幸福之中了。

"她怎么样？"商人急切地问。

"她向我投来了含情脉脉的一瞥！"樵夫继续说，"这一瞬间的目光对于我来说已经足够我幸福一生了。我已经把它珍藏在我的心中，它成了我瞬间的永恒。"

小晨的感悟

小晨说："拥有一瞬间的美好回忆，就是一种快乐和幸福。我现在能回想起来的何止是一个瞬间啊，简直太多了。"

我说："这不就是了吗？小晨啊，一个人即便有大量的金钱和崇高的地位，也不一定能够拥有快乐和幸福。我们所追求的快乐幸福和金钱、地位等没有多大关系，它只跟一个人对于快乐和幸福的理解有关。有时候即便是一个瞬间的美好

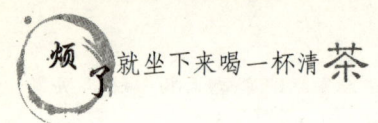

回忆,也会成为一个人快乐和幸福的理由,还是好好想想,去享受生活吧。"

小晨说:"可是,小元师傅,一个人总不能一辈子靠回忆生活吧,哪怕是过去的东西再美好,可是毕竟是过去啊,现实和身边不能快乐,又何谈幸福快乐呢?"

我说,那我就再给你说个故事。

有一位作家被邀请参加笔会,坐在她身边的是一位匈牙利的年轻男作家。

她衣着简朴、沉默寡言、态度谦虚,男作家不知道她是谁,他认为她只是一个不入流的作家而已。

于是,他有了一种尽居高临下的心态。

"请问小姐,你是专业作家吗?"

"是的,先生。"

"那么,你有什么大作发表呢,能否让我拜读一两部?"

"我只是写写小说而已,谈不上什么大作。"

男作家更加证明自己的判断了。

他说:"你也是写小说的,那么我们算是同行了,我已经出版了339部小说,请问你出版了几部?"

"我只写了一部。"

男作家有些鄙夷,问:"噢,你只写了一本小说。那能否告诉我这本小说叫什么名字?"

"《飘》。"女作家平静地说。那位狂妄的男作家顿时间便目瞪口呆。

女作家的名字叫玛格丽特·契尔,她的一生只写了一本小说。现在,我们都知道她的名字,但这则典故中那位自称出版了339本小说的作家的名字却已经无从查考了。

小晨说:"这个作家真的太可笑太狂妄了,幸亏是遇见了《飘》的作者,哈哈。一生能写一本这样的书,的确比写一万部毫无意义的书要强一万倍啊。"

我说:"一生只要干好一件事,这辈子就没有白过,这辈子都是快乐的。一辈子如果干了许多可有可无的事,三心二意不能专注于一件事,其实对于生命而言,那才是真正的悲哀呢。"

轻轻地告诉你

我笑了笑说:"小晨啊,当我们遇到生活中平凡的事情,不妨换一种心态试试,你会发现专注地做一件事是非常快乐的。告诉你吧,快乐是一种心态,很多

/第八章/
给每一位品尝生活清香怡人的一杯清茶

人之所以缺少快乐，是因为缺少一种快乐的心态。其实，人生处处都有快乐，只要我们有一种快乐的心态，专一做一件事，做成功了，快乐和幸福也就到来了。"

4 为自己挖一口井

彤彤的烦恼

彤彤沮丧地来找我，话没出口就先哭了起来。停了许久，她才说："小元师傅，你说这勤奋踏实的人是不是没有好报应啊，我在单位是那么努力，以公司为家，奉献了我的工作热忱和智慧，而别的同事却懒懒散散，三天打鱼两天晒网，我也从来没有在乎和心中不平过，可是，那天我一到公司，一夜之间我们偌大一家公司竟然宣布倒闭了，我突然间就失业了。而那些平时不怎么认真做工作的同事很快就找到了新的单位，而我过去太专心于本职工作，竟然到现在还闲在家里……你说，老天为何如此不公平呢？"

小元的故事

我说："彤彤啊，我认为你的勤奋踏实和你的失业没有什么直接关系，关键还是在你自己啊。"

彤彤说："什么？和我自己有关系？难道我做得还不够好吗？"

我说，你做得是还不够好。彤彤你先别哭，听我给你说个故事。

从前，有两个小和尚分别在相邻两座山上的庙里，山之间有一条小溪，他们每天都会在同一时间下山去溪边挑水，久而久之，他们便熟识了。

突然有一天，左边山上的和尚没有下山挑水。一个星期过去了，一个月过去了，左边山上的和尚仍然不见踪影。右边山上的和尚决心去看看到底发生了什么事。等他来到左边山上的庙里之后，不禁大吃一惊，因为他的朋友竟在练太极拳，而且精神很好，一点也不像一个月没喝水的人。

练拳的和尚带着右边山上的和尚走到庙的后院，指着一口井说："这五年来，我每天做完功课后都会抽空挖这口井。一个月前，井口终于冒出了清水，我也就不必再下山挑水了，可以腾出更多的时间练我喜欢的太极拳。"

我说道："彤彤啊，我们是不是也应该为自己挖一口井呢？在你紧张匆忙的生活中，哪怕每天拿出很少的一点时间多读几页书，多学习一点实用的知识，多留意一些别人平时不在意的事情，不经意间，你的积累也许就能在关键时刻助你

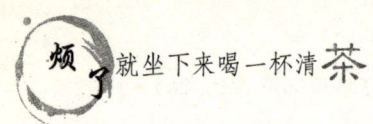

一臂之力。你这次的失败,就是因为你没有为自己掘一口井啊。"

彤彤的感悟

彤彤说:"我明白了,小元师傅,只怪我自己平时没有多长一个心眼,为自己留一条后路。"

我说:"你错了,彤彤,你误会了我的意思。我的意思是'积水成渊,蛟龙生焉',不要小看了那一点点的收获,或许正是因为这一点一滴努力,你就会走在别人的前面。记住,先人一步处处黄金,多留意从你身边溜走的时间,和时间赛跑,那你就会离成功不远了,也不会败得这么惨了。"

彤彤说:"可是我现在该怎么办呢?小元师傅你帮帮我好吗?给我指一条生活的道路。"

我说,彤彤啊,美好的生活是靠自己争取的,任何人都帮不了你。这样,我还是给你说个故事听听,看你能不能从中发现些什么。

有一个佛教的信徒在屋檐下躲雨,看见卫位禅师正撑伞走过,于是就喊道:"禅师!佛法不是讲求普度众生吗,度我一程如何?"

禅师道:"我走在雨里,你躲在屋檐下,这里有雨,而檐下无雨,何必需要我度你呢?"

信徒听禅师这样说,便立刻走出屋檐,站在雨中:"现在我也在雨中了,应该可以度我了吧?"

禅师说道:"我也在雨中,你也在雨中,我没有淋雨是因为我带伞了,而你淋雨是因为没有带伞。准确地说,不是我度你,而是伞度我。如果要度,不必找我,请自找伞吧!"

那信徒站在雨中被淋得浑身湿透,他说:"不愿意度我就早说,何必绕这么大的圈子,我看佛法讲求的不是'普度众生'而是'专度自己'!"

禅师听了不但没有生气,反而心平气和地说:"想要不淋雨,就要自己找伞。真正悟道的人是不会被外物所干扰的。雨天不带伞,一心只想着别人肯定会带伞,肯定会有人帮助自己的,这种想法最是害人。总想着信赖别人,自己却不肯努力,到头来必定是什么也不能得到。只想依靠别人,不肯利用自己潜在的资源,只把眼光放在别人身上,这样怎么能够取得成功呢?"

轻轻地告诉你

我轻轻地说:"彤彤啊,想要找到好的工作,开始重新生活,你求谁都没有用，只有靠自己的实力才能真正找到幸福的生活，正所谓'求人不如求己，救助自己还要靠自己'。自性自度，求人不如求己，佛理如此，生活也是如此。当遇到难题时，不要寄希望于他人的救助，而应靠自己的努力去解决。你能明白吗？"

5 随遇而安和毒树结症

霏霏的烦恼

霏霏说："小元师傅，毕业以后参加工作这么长时间了，按理说我应该生活得越来越从容才对，可是我发现我越来越无法适应现在的社会了，对身边的人和事物总是有一种奇怪的看法，或者说没有一件让我顺心满意的，看到不讲公德的人我想说，看到不注意环境的人我想说，看见说脏话的人我更看不惯，看见不好好工作的人我还想说……总之，我的生活现在是万事不顺心，郁闷之极。"

小元的故事

我说："看来这么多年你还是去不掉'郁闷大哥'的绰号啊，这样吧，霏霏，我照例让故事来回答你的问题。"

在一个三伏天，禅院的草地枯黄了一大片。

"快撒点草种子吧！好难看啊！"小和尚说。

"等天凉了。"师父挥挥手，"随时！"

中秋，师父买了一包草籽，叫小和尚去播种。

秋风起，草籽边撒边飘。"不好了！好多种子都被吹走了。"小和尚喊。

"没关系，吹走的多半是空的，撒下去了也发不了芽。"师父说，"随性！"

撒完种子，跟着就飞来几只小鸟啄食。"要命了！种子都被鸟吃了！"小和尚急得跳脚。

"没关系，种子多，吃不完！"师父说，"随遇！"

半夜一阵骤雨，小和尚早晨冲进禅房："师父！这下真的完了！好多草籽被雨冲走了！"

"冲到哪儿，就在哪儿发芽吧！"师父说，"随缘！"

一个星期过去了，原本光秃秃的地面，居然长出了许多青翠草茵。一些原来没播种的角落，也泛出了绿意。

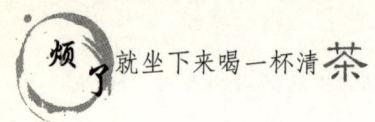

小和尚高兴得直拍手。

师父点头:"随喜!"

霏霏的感悟

霏霏说:"妙啊,小元师傅,一切顺其自然,才能够更好地生存和发展,才能真正地享受生活。"

我说:"不错,随遇而安,不是玩世不恭和自暴自弃,而是人生中的一种洒脱和成熟。无论你走到哪里,只有适应你周围的环境,一切顺其自然,才能更好地生存和生活。"

霏霏说:"可是,小元师傅,这么多年来,我一直都去不掉这个郁闷的症状,是怎么回事?就算是好一段时间,可是过一段就又开始反复起来,实在是郁闷。"

我说,那我就再给你讲个故事。

从前,有一位守园人看守着一座官家园林。园子中长着一棵毒树。这棵树虽有毒,但长得非常好,大大的枝丫伸向空中就像一把撑开的伞。许多游人来到园中游玩观赏,停在这棵树下乘凉休息,结果沾上了毒气,有的头痛欲裂,有的腰酸背痛,有的甚至躺在树下再也起不来了。

守园人知道了这是一棵毒树,又亲眼目睹众人在树下休息后不是得病就是亡命的遭遇,就决心用斧子砍掉它。

他找来一把一丈多长的长柄斧子,远远地站着砍倒了毒树。可奇怪的是,不到十几天,毒树又重新长起来了,而且枝叶变得更加茂盛,团团簇簇,煞是好看,还有那说不出的种种奇妙之处,众人见了没有不喜欢的。

由于众人不知底细,看到这么一个好地方都纷纷争着抢着到这棵毒树下来乘凉。可是还没等太阳的影子移开,人们就又遭到了毒害的厄运。

守园人见了,又像以前一样,拿着长柄斧子远远地砍树。可是没多久,树又长出来了,而且长得比被砍之前更加好看。就这样,守园人砍了一次又一次,但每次砍后不久毒树又重新长出更好看的枝叶来。

那个守园人的族人、亲戚、妻子、儿女、仆人等,都是因贪图在这树荫下乘凉而中毒。只剩下守园人孤身一人,日夜忧愁苦闷,哭哭啼啼地在路上走。

后来,他碰到了一位禅师,就向禅师哭诉着自己的不幸遭遇。

/第八章/
给每一位品尝生活清香怡人的一杯清茶

轻轻地告诉你

我停了一下,喝了口茶又说:"你猜禅师怎么说,霏霏?禅师听后,对守园人说:'这些不幸遭遇和痛苦完全是你自己造成的!要想法堵住流水,就得高筑堤坝;要想砍绝毒树,就必须挖掘树根!像你每次砍掉的仅是毒树的枝干,就好比是给毒树修剪枝叶一样,怎么能叫砍树呢?你现在赶紧去挖掉这毒树的根吧!'霏霏呀,我们在解决问题时,不要被问题的表面现象所迷惑,而要找到问题的关键所在。只有抓住了问题的关键,才能从根本上解决问题。生活中的诸多事情都是如此啊。"

6 一只铁桶和一只宝石项圈

小兰的烦恼

小兰和小辉夫妻吵吵闹闹地来到了寺院。小兰说:"小元师傅,给你说件家丑,你可别笑话我。我家里好端端的,却成了废品收购站了,院子里,床底下,柜子上,全是瓶瓶罐罐化学试剂,我打扫卫生都没法打扫,你不知道有多烦人,你知道这些东西都是从哪里来的吗?都是小辉从单位拿回来的。你说那些东西能值几个钱,成天还提心吊胆的,害怕万一哪个有毒的伤了孩子,你拿它做什么呢?拿回来也卖不成钱。"小辉说:"又不是我一个人拿,说不定哪一天单位倒闭了,连这几个东西也捞不着,不拿白不拿。"

小元的故事

我长叹一声,说:"人的心理大都不过如此啊!但是你可曾想过,贪小便宜,最终是会加倍地失去的。"

小辉说:"失去什么?我不明白,最多这些试剂过期,本来就不是我的,也没有什么好可惜的。"

我说,那我就给你说个贪小便宜吃大亏的事情听听。

从前,一个村子里住着一个金匠和一个铁匠。他们俩来往较多,渐渐成了朋友。铁匠心地善良,而且非常刻苦勤劳。金匠也同样辛辛苦苦地工作,但心眼有些不好,总爱占小便宜。

每天傍晚,金匠都要到铁匠家里来,东拉西扯地瞎聊,临走时他总要拿走铁匠做的一件东西。可怜的铁匠做成一件东西不容易,而且他又很穷,可是为了朋友之间的友情,他从来不对金匠说什么,也从不拒绝。

有一天,铁匠花费整整一天的工夫做了一只铁桶,这只铁桶做得非常好,铁匠想:这只桶可以卖不少钱!这时,金匠进来了。他很喜欢这只铁桶,提起铁桶对铁匠说:"你弟媳妇见了这只桶,一定会很高兴!"

金匠提着铁桶走了,可怜的铁匠只能眼睁睁地看着他把铁桶拿走。铁匠受的损失太大了,一连好几天,他一直都在想:金匠每天来拿东西,到哪天才有个完呢?

第二天,铁匠又来到金匠家。金匠说:"你弟媳妇见了你的铁桶,高兴得不得了!"

铁匠说:"这么一点儿薄礼就让你们夫妇这样喜欢,我真是感到太高兴了!"

这时,铁匠的目光落到了金匠店里的一只金项圈上。这只项圈非常贵重和漂亮,上面镶嵌着珍珠和宝石,是金匠花了好几个月的工夫才做成的。

铁匠拿起项圈对金匠说:"我的好兄弟,你的手艺真是太高了!这项圈做得多好啊,你嫂子一定非常喜欢,她戴了准高兴!"

铁匠说完就拿着金项圈回家去了。金匠既不能阻拦也不能去把项圈讨回来,因为他以前从铁匠家拿东西是从来不还回去的。

金匠垂头丧气地坐在那里,心里想:到现在为止,我从铁匠家里拿回来的东西算在一起,价值总共也不会超过金项圈的一半!

从此,这位金匠便再也不去拿他铁匠朋友的东西了。

小辉的感悟

小辉乐了,说:"拿了人家一个铁桶,却失去了一个宝石金项圈,这才是真正的贪小便宜吃大亏。哈哈,好玩。"

我说:"是啊,在生活中,有些人爱贪小便宜。就像小兰担心的那样,虽然失去这些试剂你没有失去什么,可是万一真的毒害了孩子呢?所以,我建议你还是赶紧想想如何处理那些贪来的小便宜吧。"

小辉说:"这些化学试剂倒是很好处理,回头我扔了它们就算了,可是我现在养成了这种习惯,你说该怎么办?说实在的,我有个银行的朋友比我更厉害,家里的条件很好,也很富有,就是喜欢偷偷摸摸的从人家口袋里拿几十块钱,拿人家一盒烟,什么都捞不着了,见桌子有个空饮料瓶都要放到摩托车的后备箱里带走。"

我说,这样吧,我们还是照例从故事中寻找答案如何?夫妻二人点了点头。

慧能禅师见弟子终日打坐，有一次便问道："你为什么终日打坐呢？"

弟子回答："我参禅啊！"

慧能禅师说："参禅与打坐完全不是一回事。"

弟子回答："可你不是经常教导我们要守住容易迷失的心，清净地观察一切，终日坐禅不可躺卧吗？"

慧能禅师说："终日打坐，这不是禅，而是在折磨自己的身体。"

弟子糊涂了。

慧能禅师紧接着说道："禅定，不是整个人像木头、石头一样地死坐着，而是一种身心极度宁静、清明的状态。我们的心灵本来很清净安宁，只因为被外界的物相迷惑困扰，如同明镜蒙尘，就活得愚昧迷失了。"

弟子躬身问道："那怎样才能祛除妄念，不被世间之事所迷惑呢？"

慧能禅师说道："思量人间的善事，心就是天堂；思量人间的邪恶，心就化为地狱。心生毒害，人就沦为畜生；心生慈悲，就处处是菩萨；心生智慧，无处不是乐土；心里愚痴，处处都是苦海了。"

弟子终于有所醒悟。

轻轻地告诉你

我说："你们明白了吗？"二人迷茫。我笑道："正所谓善恶从心生啊，所有的习惯都是从心里产生出来的，只有祛除心中的妄念，才不会被世事所迷惑。一个人能达到心静的境界，就不会迷茫，可很少有人能做到，因为这世上有太多的诱惑和烦恼。虽然我们不可能完全抛开世间之事，但有一点是要尽力做到的，那就是不要被外界的环境所干扰。看见别人拿，你不去从心里考虑它，也就没有了拿与不拿的抉择。没有了抉择，那习惯又从何来呢？自然，这种恶习就会消失，你的生活也就轻松了。"

7 唱歌的红公鸡和笼子里的鸽子

老刘的烦恼

老刘带了很多礼物来看我，我让他先把礼物放在门外再进来。他气愤地说："你们怎么都这样，没有一个人和我共享成功的喜悦呢？"我见他把东西放在门外，说好了，现在我可以与你享受成功的喜悦了，你说说你的成功吧。老刘说："小元师傅，我按照你指引的，一切从零开始，现在又成了富甲一方的小财

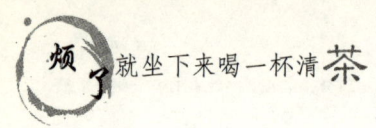

神,那天我举行了一个自助酒会,很郑重地邀请阿嘉和那个害过我的人,谁知道他们都没有来,谁也没有给我面子。"

小元的故事

我说:"老刘啊,我同样不会给你面子,不过我会给你说一个故事。"

在一片草地上,有两只公鸡为争夺一条小虫子而怒冠相向。

"这条虫子归我,因为是我先发现的!"红公鸡说。

"不错,这条虫子是你先发现的,可你别忘了,它是我亲手抓住的。"花公鸡毫不示弱地说,"所以,它应该完全归我。"

"你抓住的又怎样,你擦亮眼睛看看,你惹得起我吗?我可是鸡王的三太子啊!"红公鸡说罢,啪的一声张开双翅,抖了抖头上血红的冠子,便准备扑过来教训花公鸡。

花公鸡也不是省油的灯,它松开爪子,把虫子放在一边,迎头向红公鸡啄去,只一下,便啄下了几根红公鸡平日引以为荣的漂亮羽毛。

"哼,找死,竟敢在太岁头上动土!"红公鸡看着花公鸡嘴里衔着几根自己的羽毛,且头皮爆裂似的痛,禁不住恼羞成怒。它猛地一拍翅膀,像一支利箭似的射向花公鸡,在花公鸡还来不及反击时,就已用双爪紧紧地抓住了花公鸡的背部,将整个身子都压到花公鸡的身上。花公鸡不堪重负,倒在了地上,红公鸡趁机对它又啄又抓。

花公鸡彻底认输了,它不停地哀求,红公鸡才停下来,说:"你这没出息的东西,滚到一边去吧!"说完,红公鸡又猛地用力一脚把花公鸡踢进了草丛中去。

红公鸡看着战利品和一地鸡毛,高兴地站在高处放声大唱,不想上面刚好有一只老鹰飞过,它听到鸡鸣时,就俯冲下来,只轻轻一抓,红公鸡就成了它的俘虏。

花公鸡因失败而满面羞愧,不敢出头,躲进草丛中,避过了这场灾难。

老刘的感悟

老刘面红耳赤地说:"小元师傅的意思,我是只得意忘形的红公鸡?"

我说:"老刘啊,其实这是一种普遍现象,不管他是谁,只要得意忘形了,往往就会有灾难的来临。在我们的生活中,没有永远的胜利者,也没有永远的失败者。很多人获得胜利之后会极其兴奋,甚至是得意忘形。殊不知,得意忘形之

第八章
给每一位品尝生活清香怡人的一杯清茶

时,往往就是灾难来临之际。"

老刘说:"我明白我明白,小元师傅。可是你不知道最近我有多顺,现在连着半个月打麻将,我没有输过一场,每场最少的也要赢个万儿八千的。"

我说,老刘啊,如果我们不是多年的朋友,我刚才就下逐客令了。这样吧,我不妨趁你高兴,再给你说个故事。

从前菩萨化身为鸽王,带领着自己属下的500只鸽子在国王的花苑中寻找食物。

国王见后,便命人张网来捕,结果,鸽王与这500只鸽子全部落网,无一逃脱。国王命人将鸽子们装进笼里,用粳米与肥肉喂它们,以作佳肴之用。

鸽王被关进笼里后,便开始一心向佛,忏悔自己的过失,兴起行善的念头,希望能让众鸽得以逃脱,远离灾难。

它对其他鸽子说:"佛经中说,戒贪是第一重要的。因贪得富贵者,就像是饥饿的人得到有毒的饮食一样,只能得到一时的快乐。你们只要绝食,不吃那些美味,就可保全性命了。"

众鸽说:"都已经被关在这笼里了,还有什么希望呢?"

鸽王说:"贪婪者都不会有好下场的。"于是,它开始绝食,慢慢地瘦了下来,到了可以从笼中缝隙中飞出去时,它又对众鸽说道:"如果你们能够绝食,变得像我现在这样瘦,就可以自由地飞走了。"

说完就从笼中飞了出去。

轻轻地告诉你

我说:"老刘啊,我要告诉你的是,千万不要为了一时的快乐而留下终身的遗憾,失去美好的生活。贪图一时的快乐,是人性中的致命弱点。古往今来,因禁不住利欲的诱惑而身败名裂的大有人在。因此,为了能够平静幸福地生活,我们就应该学会遏制自己的贪欲,万不可为了一时的快乐而失去终生的幸福。"

8 合理控制欲望,享受幸福生活

毛毛的烦恼

毛毛说:"小元和尚,好久不见你还挺想你的。不过这次想你不是想你的故事,而是想你能给我说个方法,怎样才能尽快地赚到很多钱,我真的不想上这个破班了,一个月一两千块钱的工资……"我说:"毛毛啊,我这里就有很多

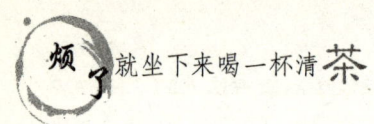

赚钱的方法，我想教给你，可就是不知道你拥有了很多钱是为了什么？"毛毛说："这还用说，买车，购房，穿名牌，用高级化妆品，旅游……多着呢，有了钱什么不能干？"我说："那你做这些又是为了什么呢？"毛毛说："当然是为了开心快乐呗。"

小元的故事

我说："毛毛，我还是想跟你说个故事。如果你听后觉得没有什么意思，也没有什么感想，那么我再教你赚钱的方法也不迟。"毛毛说好。

从前有一个商人生意做得很红火，虽然请了好几名账房先生，但是，总账还是靠他自己做。因为钱的进项又多又大，他天天从早晨打算盘到深更半夜，累得他腰酸背疼、头昏眼花。更惨的是，每天晚上上床后，他还会想到第二天的生意，一想到白花花的银子，他就又兴奋又激动，根本无法睡个安稳觉。

白天忙得不能睡觉，夜晚又兴奋得睡不着觉，就这样，这个商人患上了严重的失眠症。

商人隔壁住着靠做豆腐维生的小两口，两人每天清早起来磨豆浆、做豆腐，说说笑笑，快快活活，甜甜蜜蜜。墙这边的商人在床上翻来覆去，摇头叹息，对这对穷夫妻又羡慕又妒忌。他的太太也说："我们有这么多银子有什么用啊？整天又累又担心，还不如隔壁那对穷夫妻活得开心快乐。"

商人早就认识到自己还不如穷邻居生活得轻松洒脱，他太太话音一落，便说："他们是穷才这样开心的，富起来他们就不同了，很快我就让他们笑不出来。"

说完，商人翻下床，去钱柜里抓了几十把金子和银子，扔到了邻居的院子里。

这对夫妻正在边唱歌边做豆腐，忽听到院子里扑通扑通直响，提灯一照，只见满地都是闪闪的金子和白花花的银子。这对夫妻连忙放下豆子，慌手慌脚地把金子和银子捡回来，心里兴奋和紧张极了，因为这金银足够他们生活好几辈子的。

这些金银可把这对磨豆腐的小夫妻愁坏了，他们不知道把这些财富放到哪里才好。藏到房里怕不保险，藏到院里怕不安全。从此，便再也听不到他们说笑，更听不见他们唱歌了。

商人和他太太开玩笑说："你看，他们再也笑不起来唱不起来了吧，早该让他们尝尝有钱人的滋味了。"

/第八章/
给每一位品尝生活清香怡人的一杯清茶

毛毛的感悟

毛毛说:"真有你的,小元和尚!你的意思是拥有太多的金钱,就会失去生活的快乐?"

我说:"是的,毛毛,一个人开始总是为了生存和生活的需求而创造财富的,但当个人财富超过了一生的需求后,情况也许就不同了。如果你处理得当,它可能会为你增添无穷的快乐和幸福;如果处理得不好,则会令你失去快乐和幸福,甚至变成一种生活的负担。"

毛毛说:"按说吧,我的工资也足够我用的了,可是,我怎么就老是忍不住想发财呢?特别是有一个同学毕业后成了人家的二奶,我的天,你看她天天那个气派劲,真是羡慕死人。"

我说:"毛毛已经不是过去开朗的小丫头了,看来已经被世俗所迷惑了啊,这样,我再给你说个小故事。"

从前,有个山民靠打柴为生,他长年累月地辛苦劳作,却仍改变不了困顿的局面。他自己也不记得曾在佛前烧了多少柱高香,祈求佛祖降好运,帮他出苦海。

佛祖果然慈悲,有一天,山民无意中在山坳里挖出了一个百十来斤的金罗汉。转眼间他便过上了从前做梦都无法梦到的生活,又是买房又是置地。而他的宾朋亲友一时间竟多出了十几倍,从四面八方赶来向他祝贺。

可是,这个山民只高兴了一阵,继而却犯起愁来,食不知味,睡不安稳。

"偌大的家产,就是贼偷,一时也不能偷个精光,看你愁得像个丧气鬼!"他老婆劝了几次都没有效果,不由得高声埋怨起来。

"你一个妇道人家怎能理解我的愁事呢,怕人偷只是原因之一啊!"山民叹了口气,说了半句便很懊恼地用双手抱住了头,又变成了一只闷葫芦。

停了许久他才说:"十八尊罗汉我只挖到一个,其他十七个不知在什么地方?要是那十七个罗汉一起归我所有,那该有多好啊。"

这才是他犯愁的最大原因。

轻轻地告诉你

我说:"毛毛啊,一个人要是贪得无厌,就永远不会有生活的快乐。在人的一生中,要学会合理地控制自己的欲望,只有这样,才能够生活得幸福。而如果贪婪成性,欲望是没有止境的,同样,陪伴自己的痛苦也是没有止境的,因为,贪欲与痛苦是成正比的。"

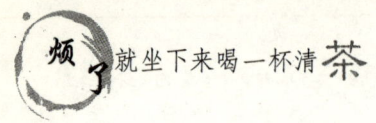

9 长期安逸享受就等于进地狱

依依的烦恼

这一天，依依带着女儿媛媛来到了寺院。两个人都很烦恼，但是所烦恼的事情却截然不同。依依现在已经不上班了，因为公司效益不好，加上有了阿陶的高收入，她可以整天在家里享受安乐的日子，可是最近却感到了空虚和无奈。而媛媛因为结了婚，嫁了个不太富有的丈夫，整天为一些琐事忙碌和烦恼，非常羡慕母亲悠然自得的生活。

小元的故事

我说："这样，我先给依依大姐说个世尊释迦牟尼在法会上给诸比丘僧讲的一个故事吧。"

这个故事说的是两个商人，各自带领着一支有500个商人的商队，在波罗奈地区筹集了金钱、资粮，准备好许多帆船，决定远行寻宝。

他们扬帆起航，乘风破浪，驶向大海深处。

商船在大海中行驶了很长时间。这一天，他们突然发现了一座宝岛出现在他们眼前。在那个岛上有众多的珍宝、美女，使他们一个个看得目瞪口呆。

这时，第一队商人的头领看到此景，随即说道："我们舍财舍命去寻宝，辛辛苦苦来到这里，这里的美女、财宝无奇不有，人生一世能够享受这些也就足矣！我们不如就住在这里吧！"

众人听了，正在犹豫不决之际，正好有一个天女路过此处，心中怜悯这些商人，便在空中对众商人说道："你们在此地虽然暂时能享受一些快乐，但这一切都将不长久，再过七天，这个小岛将要被大海吞没！"

这个天女说完，即消失而去！

又有一个魔女从此经过，她想让这些商人都被大海吞没，即在空中对众商人说道："你们不要走，这个宝岛怎会被海水吞没呢？如失去机会，这些勾人魂魄的美女、奇妙的珍宝，再去哪儿找呢？刚才那个天女是骗你们呢，你们可别相信她所说的！"

她说完后，也随即消失而去。

那第一队商人的头领听后，即对他的手下说道："你们不要信那第一个天女的话，我们大家还是呆在这岛上，享受五欲之乐吧！"

第八章
给每一位品尝生活清香怡人的一杯清茶

第二个商队的头领则对他的手下说道:"你们切莫因为贪享一时之乐而将性命丢掉,还是快快装些珍宝,不要贪恋此地。那第一个天女的话是真实不虚伪的啊!"

果然,过了七天后,如第一个天女所说,大海的波涛将宝岛吞没了。第二个商队的人,由于早有防备,都呆在船上,所以安然无恙。而那第一支商队的人,由于只顾贪恋玩乐,都被大海吞噬了。

媛媛的感悟

媛媛说:"小元师傅的意思,是在告诫我妈妈不要一味地贪图享乐,要不就会被享乐所吞噬?"

我说:"没错。世人大都贪图享乐,殊不知,正因为贪图享乐,人才会失去自我。如果一个人一味地贪图享乐的话,最终也会被享乐所吞噬。"

依依陷入了沉思,说:"是这样,我以后要尽量找点活儿干干才行。"

媛媛说:"既然已经有了享受的条件,就要去享受它,何必这样自找苦吃呢?难道只有沉湎于生活的辛苦,每天买菜、做饭、工作、带孩子、打扫卫生等等这些烦琐的事情,才不会被吞噬吗?如果我能像妈妈这样有条件享受生活,才懒得干这些辛苦的事情呢。"

我说:"媛媛,我也给你讲一个关于享乐的故事如何?"媛媛说好啊。

有个人死后,去了阎罗殿。他看到那里的人生活得非常安逸。这个人想:我活着的时候太辛苦了,现在我死了,终于可以享受了。每天除了吃饭睡觉,没有别的事情,也不用辛苦地工作了,这样的生活实在是太好了!这简直就是天堂!

然后,他向负责人问道:"这里是地狱吗?我实在难以想像地狱居然这样好!"负责人说:"没错!过一段时间你就知道这才是真正的地狱。"

这个人心想:怎么会呢!这里天天山珍海味,想吃什么就吃什么;还有舒适的床铺,想睡多久就睡多久,从来都没有人管。早知道这样,我早就不活了,活着还不如死掉呢!

于是,他就整天吃了睡,睡了吃,快乐得像个神仙。可是时间长了,他就觉得十分寂寞和空虚,于是他去找负责的人,说道:"我每天除了吃饭就是睡觉,和猪有什么区别?我不想过这样的生活了,你还是给我找一份工作吧!辛苦点我也愿意。"

负责人答道:"这里从来就没有工作,想要什么只要一想,马上就能得到,

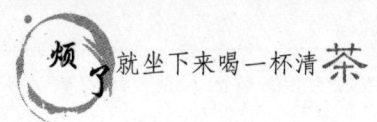

只有工作不能得到!"那个人没有办法,只好回去了,又过了一段时间,他实在无法忍受这样的生活,又去找那个负责人,说道:"我不想在这里住了,这种生活实在让人难以忍受,你还不如让我下地狱!"

负责的人说:"已经告诉过你了,这里本来就是地狱,你还以为这里是天堂呢?实在是太笨了!这才是真正的地狱。"

故事说完了,我问媛媛:"现在你还觉得生活太辛苦吗?"

媛媛答道:"我明白了。"

轻轻地告诉你

我笑了,说:"很好,媛媛,我告诉你啊,适当的安逸和享受是每个人所必需的,但决不可长期贪图享乐。一个人如果长期贪图享乐,就会把自己变得无所事事,最后难以忍受空虚。这就等于是把自己送进了地狱。幸福快乐的生活又从何谈起呢?"

10 经历风雨,才能快乐生活

小楠的烦恼

小楠和小虎不知道怎么凑到一起来到寺院,两个人今年已经大学毕业。小楠刚上了几天班竟然就被辞退了,又连续试了几个单位,还在等消息,心里非常烦躁。小虎正在一家外企上班,老是受人排挤,前几天下班后摩托车还丢了,正在生闷气呢,所以他们的父母让他们来找我说说话。小楠说:"生活为何如此艰难?我们年少时的梦想怎么和现实相差得有这么远?"小虎说:"小元师傅,你能告诉我生活的快乐在哪里吗?怎样才能得到快乐的生活?"

小元的故事

我说:"你们的问题并不独特,但是我却无法解答。这样,我来说个小故事,你们看看其中有没有要找的答案。"

有一个屡屡失意的年轻人来到普济寺,慕名寻到老僧释圆,沮丧地对他说:"人生总不如意,活着也是苟且偷生,有什么意思?"

释圆静静听着年轻人的叹息,后来吩咐小和尚说:"施主远道而来,烧壶温水。"

不一会儿,小和尚送来了温水。释圆抓了茶叶放进杯子,用温水沏了,茶叶静静地浮着。年轻人不解地询问:"宝刹怎么用温水泡茶?"释圆笑而不语。年

第八章
给每一位品尝生活清香怡人的一杯清茶

轻人喝一口细品，不由得摇摇头："一点茶香都没有呢。"释圆说："这可是名茶铁观音啊。"

释圆又吩咐小和尚："再去烧壶沸水。"过了一会儿，小和尚提着一壶沸水进来。释圆又取过一个杯子，放茶叶，倒沸水。茶叶在杯子里上下沉浮，丝丝清香不绝如缕。释圆又提起水壶注入一线沸水，茶叶翻腾得更厉害了，一缕更醇厚更醉人的茶香袅袅升腾。释圆就这样注入了五次水，杯子终于满了，那绿绿的茶水清香扑鼻，入口沁人心脾。

释圆笑着问："施主可知道，同是铁观音，为什么茶味迥异吗？"年轻人思忖着说："冲沏的水不同。"

释圆点头："用水不同，则茶叶沉浮就不一样。温水沏茶，茶叶轻浮水上，怎会散发清香？沸水沏茶，反复几次，茶叶沉沉浮浮，终释放出四季的风韵——既有春的幽静、夏的炽热，又有秋的丰盈和冬的清冽。世间芸芸众生，又何尝不是沉浮的茶叶呢？那些不经风雨的人，就像是温水沏的茶叶，只在生活表面漂浮，根本就浸泡不出生命的芳香来；而那些历经风雨的人，如被沸水冲沏的酽茶，在沧桑岁月里几度沉浮，才会有那沁人的清香啊。"

小虎的感悟

小虎说："小元师傅的意思很明显，只有经历风雨的人生才是有滋有味的人生。是吧？"

我说："没错。想让一杯茶清香怡人，茶叶就必须要经得起沸水的反复冲泡，否则就不可能散发出茶香来。人生也如茶，只有经历风雨的考验才会变得有滋有味。"

小楠说："我会鼓足信心的，你放心，小元师傅，我不会再这样畏惧风雨了。"

小虎说："小元师傅，可是怎样才能拥有快乐的生活呢？"

我说，我们还是从别人的故事里找点启发吧。

有一天，无德禅师正在院子里锄草，迎面走过来三位信徒，向他施礼，说道："人们都说佛教能够解除人生的痛苦，但我们信佛多年，却并不觉得快乐，这是怎么回事呢？"

无德禅师放下锄头，安详地看着他们说："想快乐并不难，首先要弄明白为什么活着。"

三位信徒你看看我，我看看你，都没料到无德禅师会向他们提出这个问题。

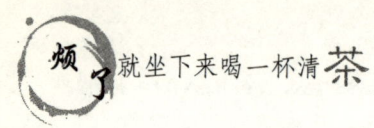

过了片刻，甲说："人总不能死吧！死亡太可怕了，所以人要活着。"

乙说："我现在拼命地劳动，就是为了老的时候能够享受到粮食满仓、子孙满堂的生活。"

丙说："我可没你那么高的奢望。我必须活着，否则一家老小靠谁养活呢？"

无德禅师笑着说："怪不得你们得不到快乐，你们想到的只是死亡、年老、被迫劳动，而不是理想、信念和责任。没有理想、信念和责任的生活当然是很疲劳、很累的了。"

信徒们不以为然地说："理想、信念和责任，说说倒是很容易，但总不能当饭吃吧！"

无德禅师说："那你们说有了什么才能快乐呢？"

甲说："有了名誉，就有一切，就能快乐。"

乙说："有了爱情，才有快乐。"

丙说："有了金钱，才有快乐。"

无德禅师说："那我提个问题，为什么有人有了名誉却很烦恼，有了爱情却很痛苦，有了金钱却很忧虑呢？"

信徒们无言以对。

无德禅师说："理想、信念和责任并不是空洞的，而是体现在人们每时每刻的生活中。必须要改变生活的观念、态度，生活本身才能有所变化。名誉要服务于大众，才有快乐；爱情要奉献于他人，才有意义；金钱要布施于穷人，才有价值，这种生活才是真正快乐的生活。"

轻轻地告诉你

我看了看小虎说："小虎啊，我们为什么生活得不快乐？那是因为我们的人生缺少些必须要有的东西：理想、信念和责任。我们所有的行为应该为理想、信念和责任服务，正像无德禅师所说，必须要改变我们生活的观念和态度，把理想、信念和责任贯穿于我们的生活，我们才能快乐地生活。"

11 学会放下，让心灵回归自然的家园

生活的烦恼

人生在世，离不开衣食住行。食品衣物需要去做、去买；住房需要购置、安

/第八章/
给每一位品尝生活清香怡人的一杯清茶

置；安置好了，需要与邻居友好相处；行走旅游，难免与人相识相遇……而满足我们这些需求的前提，就是要通过我们的劳动获得，这样每个人都从一个独立的个体，无形之中就转化成群体的一部分，而群体中有形形色色，就避免不了会产生许许多多的欢喜和忧愁、开心和烦恼……总之，只要你生活在这个世界，就会产生数不清的问题和遭遇，前面的麻烦还没有消失，后面的麻烦又层出不穷。怎么办？难道人生真的就不能无忧、无虑、无烦恼地快乐生活了吗？

小元的故事

我要说的是，不是这样的，这些烦恼都是一种表象，虽然生在心里、表现在脸上，但它们并不是根深蒂固、不可祛除的顽症，我们完全可以掌握它们，控制它们，让我们的生活变得轻松美好起来。现在我就给大家说一个让心灵回归自然的故事。

从前，有一个流浪汉在看不见尽头的路上长途跋涉，他背着一大袋沉重的沙子，一根装满水的粗管子缠在他身上。他右手托着一块奇形怪状的石头，左手拿着一块岩石，脖子上用一根旧绳子吊着一块大磨盘，脚腕上系着一条生锈的铁链，铁链上拴着大铁球。他头上顶着一个已腐烂发臭的大南瓜。

这个流浪汉一步一挪吃力地走着，每走一步，脚上的铁链就会发出哗哗的响声。他呻吟着，他抱怨自己的命运如此艰难，他抱怨疲倦在不停地折磨着他。

正当他在炎炎烈日下艰难行走时，迎面来了一位僧人。僧人问："喂，疲倦的流浪人，为什么你不将手里的石头扔掉呢？"

"我真蠢！"流浪汉明白了，"我以前怎么没想到呢？"他扔掉了石头，觉得轻了许多。

不久，他在路上又遇到一位僧人。僧人问他："告诉我，疲倦的流浪汉，你为什么不把头上的烂南瓜扔了呢？你为什么要拖着那么重的铁链呢？"

流浪汉答道："我很高兴你能给我指出来，我没意识到我在做什么事。"他解开脚上的铁链子，把头上的烂南瓜扔到路边摔得稀烂。他又觉得轻了许多。但随着他继续往前走，他又感到了步履的蹒跚。

后来，他又遇到了一位僧人。僧人见到流浪汉十分惊异："啊，好人，你扛了一口袋沙子，可一路上有的是沙子；你带了一根大水管，好像要去穿越大沙漠，可你瞧，路旁就有一条清亮的小溪，它已伴随着你走了很长一段路了。"听到这些话，流浪汉又解下了大水管，倒掉了里面已经变了味的水，然后把口袋里的沙子倒进了一个洞里。

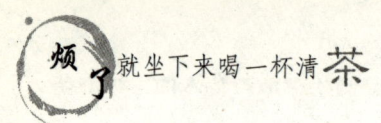

他站在路上,看着落日沉思。落日的余辉映照在他身上。突然,他看到脖子上挂着的磨盘,意识到正是这东西使他不能直起腰来走路。于是他解下磨盘,把它远远地扔进了河里。

他卸掉了所有的负担,徘徊在傍晚凉爽的微风中,他突然发觉自己找到了心灵的归宿。

通过这个故事我想对大家说的是,人生中本就有许多忧愁烦恼,如果自己再给自己加上一些额外的精神负担,就会累得一生都直不起腰来。只有把强加在自己身上的负担卸下来,才能找到真正的快乐和心灵的家园。

生活的感悟

好了,现在大家知道让心灵回到快乐的家园,重要的是卸下负担,我就再给大家说一个放下的故事。

佛陀在世时,有一位名叫黑指的婆罗门,两手拿了两个花瓶,来到佛陀的座前,想把这两个花瓶都献给佛陀。

佛陀对黑指婆罗门说:"放下!"

婆罗门把他左手拿的那个花瓶放下。

佛陀又把:"放下!"

婆罗门又把他右手拿的那花瓶放下。

然而,佛陀还是对他说:"放下!"

这时黑指婆罗门说:"我已经两手空空,没有什么可以再放下了,请问现在你要我放下什么?"

佛陀说:"我并没有叫你放下你的花瓶,我要你放下的是你的六根、六尘和六识。当你把这些统统放下,再没有什么了,你将从生死桎梏中解脱出来。"

黑指婆罗门抓了抓自己的脑袋,心想:我真愚昧啊!我到这里来的目的就是为了这个"放下",为了精神的解脱。

他终于悟到了"放下"的真义。"放下"心中的一切贪欲、愤恨和妄想,才能自由自在。

人生在世,有太多的东西放不下,有了功名,就对功名放不下;有了金钱,就对金钱放不下;有了爱情,就对爱情放不下;有了事业,就对事业放不下……这些重担与压力,使很多人生活得非常艰苦。朋友们,我想通过这个故事告诉大家的是,在必要的时候,放下不失为一条解脱之道。

第八章
给每一位品尝生活清香怡人的一杯清茶

轻轻地告诉你

也许你会说，谁都知道放下是一条解脱之道，可是说起来容易，做起来谈何容易？怎样才能放下来？那好，我现在跟大家说一个如何放下的故事。

镜虚禅师带着他的弟子满空云游四方。满空出家不久，还不习惯这样在外面行走，觉得太累了。

一路上，满空不住地嘀咕，嫌行囊太重，想找个地方歇歇脚。而镜虚禅师却总是说："再走一会儿吧，再走一会儿吧。"但走了半天，镜虚禅师不仅不歇，反而越走越快，满空跟在其后面，跑得气喘吁吁。

师徒俩走了好长一段山路后，进入了一个村庄，满空说："师傅，咱们在这里休息一下吧？再走我就累死了。"

正在这时，一个妇女迎面走来，镜虚禅师赶忙跑过去，抓住了那个妇女的双手。妇女吓坏了，尖声大叫："救命啊！非礼啊！老和尚非礼啊！"

妇女的家人和邻居听到声音，急忙赶了出来，一看到这种情况，都非常生气，齐声喊打。镜虚禅师见势不妙，赶紧松手，撒腿就跑。满空也被吓坏了，背起行囊跟在师傅后边，飞也似的跑了起来。

师徒俩一路狂奔，一刻也不敢停，顷刻间便跑过了几里山路。回头看看没人追来，二人便一屁股坐了下来。

满空擦了擦额头上的汗，生气地埋怨道："师父，没想到您竟会做出这样的事情。跟您学习，我还能参禅悟道吗？我还是回家算了。"

谁知镜虚禅师听了不仅不生气，还嘿嘿地笑了一下，问道："现在，你背上的行囊还重吗？"

满空回头一看，顿时便明白了师傅的用意。

朋友们，听完了这个故事你们是否明白了呢？其实，放下是很容易做得到的，当我们有了某一种负担和烦恼时，只需从心里转念一想，就能把那些包袱给放下来。我的意思是说，放下包袱的最好方法就是忘记包袱的存在。在人生的道路上，在生活的轨道里，我们越是想着深重的负担，就越是觉得不堪重负。相反，如果我们能够把心思转移一下，放在别的事情上，让忙碌替代那些痛苦和烦恼，不再时时关注自己的负担和包袱，就会忽视它的存在，从而使自己变得轻松。这时候，你会突然发现，生活原来这么轻松、快乐、幸福和美好。